新 潮 文 庫

殺人犯はそこにいる

隠蔽された北関東連続幼女誘拐殺人事件

清 水　潔 著

新 潮 社 版

10527

まえがき

関東地方の地図を広げ、北部のある地点を中心に半径一〇キロほどの円を描いてみる。そこは家々が立ち並び、陽光の中で子供達が笑い声をあげる、普通の人々が普通に暮らす場所だ。

その小さなサークルの中で、一七年の間に五人もの幼女が姿を消しているという事実を知ったらあなたはいったいどう思うだろうか。彼女たちはいずれも無残な遺体となって発見されたり、誘拐されたまま行方不明となっている。しかも犯人は捕まっていない。

これは小説ではない。事実だ。

「この小さな街に、幼女に手を出して殺人まで犯す人間が、何人もいるはずはないんです」娘を失った家族の一人は同一犯による事件であろうと訴えた。

私もそう思う。

だが、捜査当局がこれを「連続事件」と見なさなかったらどうなるだろう。あるいは、一件の事件で犯人を逮捕し、他は「解決済み」としていたら。しかも、逮捕された「犯人」が冤罪《えんざい》だったとしたら?

日本のどこにでもあるようなその街で、あなたが住んでいるかもしれない普通の街で、あなたは刑に服することもない「殺人犯」と、日々すれ違うことになる。道で。公園で。パチンコ屋で。スーパーマーケットで。あなたには幼い娘がいるかもしれない。妹がいるかもしれない。孫娘がいるかもしれない。六人目の被害者が出ないと、誰が言えるのか。明日、事件に巻き込まれるのが、自分にとって大事な誰かでないという保証は、どこにもない。

現実に、そんな状況が生まれた。いわゆる「足利《あしかが》事件」をめぐって。

警察は菅家《すがや》利和《としかず》さんという男性を「誘拐殺人犯」として逮捕し、凶悪事件に怯《おび》えていた市民は胸を撫《な》で下ろし、それぞれの日常生活へと戻っていった。最高裁は無期懲役の判決を下してマスコミは大きく報じた。検察は起訴し、

だが実際、菅家さんは冤罪だったのだ。不当な捜査と杜撰《ずさん》な証拠、虚偽の自白を根拠として、菅家さんは一七年半もの間、刑務所に閉じ込められた。恐ろしいことだ。国家は、そうと決めればひとりの罪もない人間の自由を奪い、時間を奪うことができ

る。もっと怖《おそ》ろしいことに、国家は同時に「真犯人」に特典を与えた。「時効」という名の砂時計だ。後に司法は誤りを認め、菅家さんの冤罪が判明したにもかかわらず、「真犯人」は不逮捕のライセンスを得た。

だが――それでよいのか？

冤罪が確定したのならば、警察は事件を再捜査すればよいのではないか？　検察も動けばよい。メディアはこの危険性を報じる必要がないのか。

私は一介の記者だ。ならば知り得たことを報じるしかないと思っている。それが仕事だ。新聞を振り出しに、長く雑誌にいた。カメラマンだったこともあるし、現在はテレビ局に籍を置いている。だが、やっていることに変わりはない。現場に通っては地を這《は》うように事件、事故ばかり三〇年も相手にしてきた。調査報道と呼ばれるフィールドが私の戦場だ。

週刊誌記者だった時に『遺言――桶川《おけがわ》ストーカー殺人事件の深層』という本を執筆したことがある。「三流」週刊誌が「一流」メディアの垂れ流す「官庁発情報」に対して真剣な調査報道で闘いを挑もうとすると、いったいどれだけ労力を払わねばならなかったか。それでも私は独自取材の末に犯人を見つけ出し、警察の捜査の問題点も報じた。

自慢がしたくて、今さらにこんなことを書いているのではない。

本書に記す事件と、「桶川事件」の構造が驚くほど似ているのだ。

あのとき私は、警察が自己防衛のためにどれほどの嘘《うそ》をつくのかということを知った。警察から流される危うげな情報にマスコミがいかに操作されるか、その現実を思い知った。そうやって司法とマスコミが作り上げた壁は、ものすごく厚く、堅い。一介の記者など本当に無力だ。その片鱗《へんりん》を伝えるためだけに、私はあの時、本を一冊書く羽目になったのだ。

だが、残念なことに、状況はなんら変わっていない。

いや、悪くさえなっている。もちろん、三〇年間もマスコミの端っこにしがみついている私にもその責任の一端はある。それでも私が本書で描こうとしたのは、冤罪が証明された「足利事件」は終着駅などではなく、本来はスタートラインだったということだ。司法が葬《ほうむ》ろうとする「北関東連続幼女誘拐殺人事件」という知られざる事件と、その陰で封じ込められようとしている「真犯人」、そしてある「爆弾」について暴《あば》くことだ。

何より、伝えたいことがある。

この国で、最も小さな声しか持たぬ五人の幼い少女達が、理不尽にもこの世から消えた。
私はそれをよしとしない。
絶対に。

二〇一三年一一月

清水　潔

章扉写真
黒住周作（第二章）
手塚昌人（第五、一一章）
地図製作　アトリエ・プラン

本文中の年齢、肩書き等はいずれも当時のものです。

目次

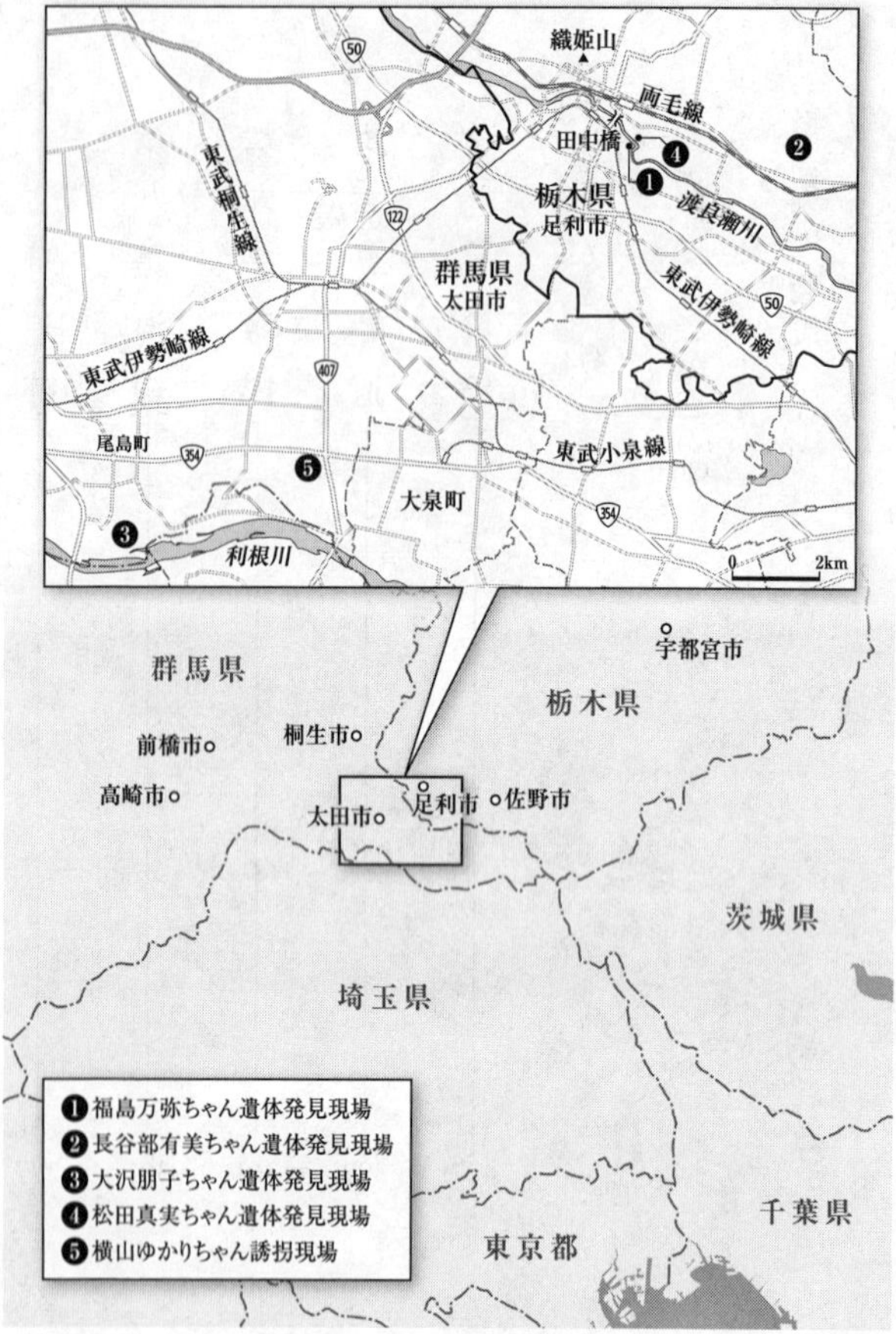
織姫山
両毛線
田中橋
❶
❷
❹
栃木県
足利市
渡良瀬川
東武桐生線
50
122
群馬県
太田市
東武伊勢崎線
50
407
尾島町
354
❺
東武小泉線
大泉町
354
❸
利根川
0
2km
宇都宮市
群馬県
栃木県
桐生市
前橋市
高崎市
足利市
佐野市
太田市
茨城県
埼玉県
千葉県
東京都
❶福島万弥ちゃん遺体発見現場
❷長谷部有美ちゃん遺体発見現場
❸大沢朋子ちゃん遺体発見現場
❹松田真実ちゃん遺体発見現場
❺横山ゆかりちゃん誘拐現場

殺人犯はそこにいる

隠蔽された北関東連続幼女誘拐殺人事件

ベッドの周りに、気配があった。

幾人かの……子供だ。

女の子だ。

笑い声がする。

数人の幼い女の子が、ベッドの周りでスキップをしているらしい。

奇妙な状況にもかかわらず、不思議と私はそれを恐ろしいとは思わず、身を横たえたまま彼女達の楽しげな気配を感じている。

その時だ。一人の少女の声がしたのは。

「はい、どうぞ」

私は少女から箱を受け取っていた——動けなかったはずの私が、なぜかベッドの縁に腰掛け、そのブリキ製の箱を受け取っていた。

「箱を開けて……？」

私の手のひらに小さな缶を載せた丸顔の少女が、小首を傾《かし》げて私を見上げ、ねだるようにそう言った。

それは、キャンディーかクッキーでも入っていそうなかわいらしい缶だった。ただの四角い箱形ではなかった。家だ。家の形をしていた。傾斜のついた屋根はフタになっている。全体は金色で、カラフルな瓦《かわら》や扉や窓が描かれている。

せがむ少女の声を聞きながら、私はフタを開けようとする。だが、その開口部の縁にはぐるっと透明なテープが巻かれていた。よく見ると、缶の一部は錆《さ》びている。

私は、ようやくそのテープの端を探し出すと、ゆっくり剝《は》がしはじめる。テープは意外に柔らかく、私の剝がす力で伸びながらも、少しずつ少しずつ缶から剝がれていく。そして私は、爪《つめ》を使ってそのフタをそっと開けた……。

第一章 動機

五人の少女たち

「午後三時四八分釈放です！　再審前の釈放です！」

「菅家さーん、おめでとうございますーっ！」

五〇センチほど開かれたワゴン車の窓から、報道陣の絶叫や連写するカメラのシャッター音、激しく明滅するフラッシュが、怒濤《どとう》のごとく雪崩《なだ》れ込んできた。二〇〇九年六月四日、千葉刑務所から滑り出した車の窓から菅家利和さん（62）は身を乗り出し、車の周囲で揉《も》み合う取材陣に手を振っていた。前代未聞《みもん》のＤＮＡ型再鑑定により、冤罪《えんざい》が確定的となった菅家さんは、一七年半に及ぶ刑務所生活から釈放された。検察が自ら白旗を上げたのだ。

取材者であるはずの私もなぜか同じ車内にいて、フラッシュを浴びながら、両足を踏ん張ってビデオカメラを構えている。ファインダーをのぞき込み、ゴマ塩頭の初老の男性を追い続ける。

上空では轟音《ごうおん》をあげて旋回する何機もの取材ヘリ。刑務所の門を出れば、この車を追跡するべくオートバイが何台も投入されるに違いない。突然起こった「再審前釈放」という異常事態に、各メディアは持てる力のすべてを繰り出しているようだった。

菅家さんと初めて顔を合わせてからまだ五分も経《た》っていない。だが、それなりにお互いを知っている……そんな不思議な関係だ。

一七年半もの獄中生活——私は菅家さんにかけるべき言葉を探していた。「お疲れさまでした」だろうか。「長かったですか」だろうか。いったいどんな言葉をかければよいのか、迷うまま車は進んでいく。時間は無い。結果、自分の口から飛び出した言葉はあまりに陳腐だった。

「菅家さん、今、外に出ましたよ……」

私に目を向けた菅家さんはにっこりと笑うと、「とても嬉《うれ》しいです」と言い、何度もうなずいた。

ワゴン車は刑務所を離れ、国道を進み、記者会見場に設定された千葉市内のホテルへと向かう。車窓に流れるのはありきたりな「外」の風景だったが、菅家さんはいつまでも珍しそうに見つめていた。

ここまでの二年にも及ぶ取材に、いま、ひとつのピリオドが打たれようとしていた。

だが、それは終了などという意味ではない。この日こそが真のスタートという意味でだ。

「北関東連続幼女誘拐殺人事件」

紆余《うよ》曲折を経て実現した菅家さんの釈放によって、ようやくその事実が水面に浮上するはずだった。奇妙な話に聞こえるかもしれないが、私が確信した真実を伝えるためには、とにかく、この人には刑務所を出てもらわなければならなかったのだ──。

その二年前に話は遡《さかのぼ》る。

二〇〇七年六月、場所は日本テレビ報道局。

速報のチャイムやら誰だかの怒声、若いスタッフが走り抜ける振動が錯綜《さくそう》する一角、ずらりと並ぶテレビモニターの下に、崩れそうに資料が堆積《たいせき》するデスクがある。新聞、雑誌を経て、テレビ局の社会部記者となっていた私の席だ。

肩書きこそ違うものの、やっていることは以前と何ら変わりはない。記者クラブに所属することもなく、ただ現場に通い、企画取材や調査報道を担当する。日々のストレイト・ニュースや番組制作に追われる若いスタッフ達に埋もれるように、一つの事件、事故にこだわり、彼らにしてみれば謎《なぞ》めいているであろうネタを仕込んではゴソゴソ取材をする。雑誌記者時代のように殺人犯を追跡したり、警察が投げ出したような未解決事件を調べたり、地を這《は》うような仕事は相も変わらずだ。

「メシ食いませんか？」

デスクで地方紙を広げていた私に声をかけてきたのは杉本敏也社会部長だった。元陸上選手だという彼は、警視庁、司法という事件クラブのキャップを経たベテラン記者であり、今や立派な管理職だ。

「ついに、リストラの肩たたきですか？」冗談で応じた私が連れていかれた先は、普段の自分にはまるで無縁の地、華の銀座であった。細く暗い石畳の裏通りに入って何度か路地を曲がり、小さなくぐり戸を抜ける。そこは見事な白木のカウンターがしつらえられた鮨屋《すし》だった。私にはどうにも不似合いな場所としか思えない。何しろ私の足下は軽登山靴だ。事件、事故、災害。いつどんな現場に行くかわからないから、いつもこうだ。

中トロ、ウニ、あなご。

普段は新橋ガード下のもつ焼き屋あたりに出没しては煙に燻《いぶ》されている私だ。リストラ話も忘れ、豪華な握りに舌鼓《したつづみ》を打った。最後のカッパ巻きに右手を伸ばそうとしたその時だった。杉本部長の口からひそやかに言葉が滑り出した。

「実は、報道特番をやりたいんですよ」

私は鮨から手を引いた。腕を組んだ。天井を仰いだ。

「ほお……そうですか」口ばかりの返事が鮨屋の静かな空気の中を漂っていく。

大きな目をキラキラさせて語り出した部長の言葉は熱気に満ち、やがて明らかになった構想は壮大なものだった。テーマを決めて一年間報道する。しかもその結果〝日本を動かす〟のだという。

やられた。

これはミッションではないか。しかも、かなり難度の高い――。

『ACTION 日本を動かすプロジェクト』というのが後に決まる番組名だが、それにしても、一年かけての報道である。私は冷静を装《よそお》いながら目を回す。しかも、〝日本を動かす〟と来た。そんなスケールの大きな仕事が週刊誌上がりだか週刊誌崩れだかのチンピラ記者にできるとは到底思えなかった。だが……すでに鮨の大半は胃袋の中だ。今からカッパ巻きだけでも返したら勘弁してはもらえないものか。そんなセコい考えが私の脳裏をかすめていることなど知るよしもない部長は、大きな目をさらに見開いて言葉を継いだ。

「清水さんだと、未解決事件とか、どうですかね……?」

〝未解決事件〟か。その言葉の響きは確かに何やら事件記者の心を動かす。しかし、〝日本を動かす〟というプロジェクトでそんな案件を担当したらどうなるか。事件を「解決」するしかないではないか。〝動かす〟とはそういうことだ。そうはいっても私は警察官でも検事でもなんでもない。その辺にいる普通の記者だ。調べて取材して伝えるのが仕事で、「事件解決」は業務外である。確かにこれまで記者の本分をはみ出したような仕事も経験してきたが、そこまでスペックは高くない。

鮨に釣られた自分を呪《のろ》いながら、私は白木のカウンターに向かってそっとため息をつくしかなかった。

数日後、私は会社のカフェテリアに一人の女性を呼び出した。

名を杉本純子という。私を奈落《ならく》の底に突き落とした部長と同じ名字で、ややっこしいからフルネームで呼ぶことにする。杉本純子は以前はいわゆるワイドショーのレポーターだった。初めて言葉を交わしたのは確か一九九八年の「和歌山カレー事件」の現場だ。私は写真週刊誌「FOCUS」の記者だった。以後、どれだけ現場で行き合ったことか。で、今はなぜか同じ会社で働いている。ならば巻き込んでやろうと企てた。

九九年、一躍注目が集まった埼玉県の「本庄保険金殺人事件」では、八木茂という会社社長が主人公だった。周囲で続いた怪死事件を取材するため、続々と押しかける報道陣に対し八木は堂々と応対、自身が経営する居酒屋で二〇三回も有料記者会見を続けて、「これは事件にならないよ」と自信満々に答え続けていた。

この男は私の取材や記事が気にくわなかったらしく、「おめえんとこの記事はなんなんだ」と会見で私を面罵《めんば》したうえ、〝ワースト記者〟として居酒屋の壁に私の名前を貼《は》り出した。手配書きというか、要は晒《さら》し者であった。こちらはまだ匿名《とくめい》報道だったにもかかわらず、あちらは実名〝報道〟。私からすれば名誉毀損《きそん》であるその貼り紙を指さし、腹を抱えて笑っていたのも杉本純子であった。殺人事件の容疑者からの評価など、〝ワースト〟で結構だ。

杉本純子は大乗り気で、早速に「未解決事件」のリストを携えてやってきた。私は彼女にこんな注文をつけてあった。「どうせやるなら時効が近い事件にしよう」と。この頃は、まだ重大事件に「公訴時効」があった。死刑になるような重大事件でも二五年逃げ切れば無罪というやつだ。そして私は、その時効というやつが大嫌いだった。放置していたらそのまま消えてしまいそうな事件こそ動かしてやろう。そう思ったのだ。

そのリストに挙がった「未解決事件」の数は二十強もあった。「世田谷一家殺害事件」「八王子スーパー〈ナンペイ〉射殺事件」などの有名な事件から、私が知らないような事件まで、事件概要をまとめたそのペーパーはそこそこの分量があった。そのリストの検討を進めていると、整然と並んだ文字列の一つに私の目がすっと吸い寄せられた。

〈パチンコ店で誘拐〉

まだ解決していなかったのか……。

「横山ゆかりちゃん誘拐事件」。九六年七月に群馬県で起きた幼女誘拐事件だった。発生当時、私はこの事件を少しだが取材したことがあったのだ。

太田市のパチンコ店から四歳の女の子、横山ゆかりちゃんの姿が消えた。防犯カメラに記録された不審な男が重要参考人として公開されている。誘拐事件と考えられる……という状態のまま、捜査は行き詰まっていた。事件内容の詳細が明らかになっていないため、時効の期日すらはっきりしていない。

ビデオ映像の中の男は真夏だというのに黒っぽい長袖《ながそで》ジャンパーとダブダブのズボンという姿だ。パチンコ台には目もくれず、大股《おおまた》で店内を闊歩《かっぽ》している。いつの間にか男は長イスに座っていたゆかりちゃんと並ぶと、彼女の耳元で何かをささやく。なぜか嬉しそうな動きを見せるゆかりちゃん。男は、店の外を指さすと表に出る。少し遅れてゆかりちゃんも後を追うように店を出て行ってしまう……。

なんとも後味の悪いこの映像だけを残し、彼女の行方は今も杳《よう》として知れない。群馬県警はビデオの男を誘拐事件の重要参考人として手配した。幾度も映像がテレビで流れ、ポスターが日本中の街頭に貼られた。札幌で、大阪で、鹿児島で、私はこのポスターを何度も見てきた。だが有益な情報は出なかった。男の正体もわからないままだ。特徴的な歩き方がわかる動画まで残されていて、なぜ犯人は特定されないのか。

頭の隅で、イヤな感じの違和感がちくちくと私に信号を送る。

黒、青、緑。私はリストを手に、四色ボールペンのボタンをカチカチと適当に押し続けた。最後に飛び出した色は赤だった。

この事件だ。

私は、ペン先を紙面のその欄に押し当てると、ぐるっと丸をつけた。

まずは事前リサーチに入ることにする。書類山積みのデスクに戻り、杉本純子と手分けしてパソコンのキーを叩《たた》き、資料室で古い新聞やら何やらを引きずり出し、当時のニュース映像も探す。けっこうな分量だ。事件の周辺を調べ始めただけですぐに意外な事実に突き当たった。

「ゆかりちゃん事件」の六年前に、隣の栃木県でもパチンコ店から幼い女の子が誘拐されるという事件が起きていたのだ。

九〇年五月、足利市で発生した「松田真実《まつだまみ》ちゃん事件」。

こちらは「足利事件」――と呼ばれていた。

四歳の真実ちゃんは、親と一緒にやって来たパチンコ店から行方不明となり、翌日、近くの渡良瀬川《わたらせがわ》の河川敷から遺体で発見されていた。真実ちゃんはゆかりちゃんと同い年だという。

足利ってどのあたりだったろうか……私はデスクの山を崩さないように注意しながら、かなり年季の入った関東の地図帳をそっと抜き出し、開いた。

群馬県と栃木県、県は異なるが二つの事件が起きた太田市と足利市は隣接しており、車や電車で簡単に移動できそうな隣町だった。地図に定規を当ててみれば、行方不明になった現場、つまり二つのパチンコ店は直線距離で一〇キロ程度しか離れていない。車なら二〇分ほどだろうか。

これはただの偶然なのか？

調べていくと、足利市での事件はそれだけではなかった。「真実ちゃん事件」の六年前にも幼い女の子が誘拐され、殺害される事件が起こっていた。八四年一一月の「長谷部有美《はせべゆみ》ちゃん事件」だ。

五歳になる有美ちゃんが姿を消したのもパチンコ店。一年四ヶ月後に、有美ちゃんは市内の畑から遺体となって発見されていた。

パソコンに向かい、画面上に時系列順に並べて一旦《いったん》整理してみる。

・八四年　栃木県足利市　長谷部有美ちゃん　殺害
・九〇年　栃木県足利市　松田真実ちゃん　殺害
・九六年　群馬県太田市　横山ゆかりちゃん　行方不明

年月は開いているものの、ずいぶんと狭いエリアに集中している印象だ。幼女ばかりが連続して三つの誘拐・殺害事件の犠牲となっている。

なんだって誘拐現場がパチンコ店なんだ？　そもそもパチンコ店から幼い女の子が誘拐され、重大な結果を残した事件とは、日本中でもそんなに多いものなのか？　三件の事件が起きた八四年から九六年の一二年間に絞り、同様の事件を探してみる。全国の警察に問い合わせたり、新聞検索を行ったりしてみたが、似たケースはほとんど見つからない。

ちょうど隣の席でパタパタとパソコンを叩いていたディレクターの斉藤弘江にも聞いてみる。「あのさあ、栃木でパチンコ店からの誘拐って、聞いたことある？」

斉藤は生粋の栃木人だ。地元の事件ならば事情に詳しいかと尋ねてみれば、回答はパーソナルなものだった。

「あぁ、知ってますよぉ〜、子供の頃、おじいちゃんによく言われました。『パチンコ店に行くと、人さらいがいるぞ。近づくな』って。何度も注意されましたよ」パタパタ。

なるほど。栃木県的には結構知られているのか……。

しかし、事件が起こっていたのはパチンコ店だけではなかった。この地域では、幼女誘拐・殺害事件が他にもあったのである。さらに遡る七九年八月、足利市内で五歳の幼い女の子が自宅近くの神社から姿を消している。「福島万弥《ふくしままや》ちゃん事件」だ。さらに八七年九月には、群馬県の尾島町（現太田市）で八歳の大沢朋子《おおさわともこ》ちゃんが公園から姿を消した。そして二人は、どちらも河川敷から遺体となって発見されていたのである。

五人中、三人が河川敷で遺体発見——？

私は地図帳の太田市のページを開き、朋子ちゃんが消えた公園と横山ゆかりちゃんが消えたパチンコ店を探し出す。指でなぞってみると二つの現場は直線距離でわずか五キロしか離れていない。

近い。なんだこの距離は。

これは太田市、こっちは足利市などといちいちページをめくるのが面倒になってきた私は、二枚の市街地図を買ってくると共有の作業スペースで広げた。見れば県境はまるでリアス式海岸のように複雑に入り組んでいる。

杉本純子もハサミを持ち出し、県境に沿って紙切り芸のようにハサミを入れてゆく。二枚の地図をテープで止めれば、でっかい足利市と太田市の合体地図のできあがりだ。誘拐現場や遺体発見現場など、判明している場所に色分けした丸いシールを貼っていくと、そのシールは貼り合わせた大きな地図の中心部に集まってしまった。つまり、いずれも県境付近。

七九年　栃木県足利市　福島万弥ちゃん　五歳　殺害
八四年　栃木県足利市　長谷部有美ちゃん　五歳　殺害
八七年　群馬県尾島町　大沢朋子ちゃん　八歳　殺害

九〇年　栃木県足利市　松田真実ちゃん　四歳　殺害
九六年　群馬県太田市　横山ゆかりちゃん　四歳　行方不明

三年から六年というスパンをおいて、事件はまるで栃木／群馬県境を往復するように発生していた。一七年間に、五件の幼女誘拐・殺害事件が半径一〇キロ圏内で起きている。長く事件取材に当たってきたが、こんな地域は見たことがない。

事件の「共通項」を並べてみる。場所や日時の類似もそのまま「犯行の手口」ということになる。

・幼女を狙《ねら》った犯罪である。
・三件の誘拐現場はパチンコ店。
・三件の遺体発見現場は河川敷のアシの中。
・事件のほとんどは、週末などの休日に発生。
・どの現場でも、泣く子供の姿などは目撃されていない。

ふつふつと脳裏に文字が浮かび上がる。

同一犯による、五件もの連続幼女誘拐殺人事件――？

名付けるなら「北関東連続幼女誘拐殺人事件」だろうか。

だが、そんなことありうるのか？ 警察も認めていない、マスコミも報じていない連続重大事件？ 模倣犯も含んでいる可能性はないのか。だが、模倣犯がいたとしても、なぜわざわざ狭いエリアの中で真似《まね》する必要があるのか。脳の中で論争が始まる。

軽々しい判断などできない。リサーチを拡大して栃木、群馬、埼玉と、周辺で起きた別の幼女関連の事件も探してみる。いくつかの未解決事件が浮上する。日光、今市、桐生……。一件ずつ細かく調べていく。八件ということか？ いや、違う。共通項が減りすぎる。エリアと年代も広がり過ぎだ。ならば逆に減らすことはできるか。共通項を再検討しては引き算を試みる。四件ならどうだ？ だめだ。減らせない……。

やはり、五件だ。

私は、局に保存されていた五件の事件のそれぞれのニュース映像を見直すことにした。誘拐現場のパチンコ店の外観、周辺を捜索する警察官の姿、遺体発見現場の空撮。河川敷で風に揺れるアシの葉と光る川面《かわも》。そして、五人の少女の顔写真――いたいけな五人の子供達の顔に、私は改めて見入った。

丸顔で、ちょっと寂しげな目を向ける福島万弥ちゃん。

幼稚園服に黄色いバッグをタスキがけした長谷部有美ちゃん。

どこかの公園か、ツツジの花を背にした大沢朋子ちゃん。

黒髪に体育用の赤い帽子を載せた松田真実ちゃん。

ボーダー柄のシャツにおさげ髪でにっこり笑う横山ゆかりちゃん。

撮影者への信頼を物語る笑顔、カメラなど気にせぬ自然の表情、少しすました顔。

この世に生を享《う》け、かつては確かに存在していた丸顔の五人の女の子達が、私の目の前に並んでいた。彼女達は、たまたま小さなサークルの中にいたというだけで命を絶たれ、消えたというのか。

疑念は膨らみ続ける。何かがおかしい。

ハサミを入れた地図にくっきりと浮かぶ県境。私はそれを見つめながら別の問題にも思い当たる。

足利の三件は栃木県警。

太田の二件は群馬県警。

県境が捜査の足かせになった可能性はどうだ。それぞれの県警の捜査や思考もぶった切って、県境が捜査の壁となることは考え得る。もちろん、形式上は各県警間に情報提供はある。だが、それは建前だ。特に、隣接する警察のほとんどは仲が悪い。県境の川で浮かんだ水死体を県警同士、竹竿《たけざお》で押しつけ合う映画のシーンなど見たことがないだろうか。面倒な事件《ヤマ》はお隣にお任せしたいし、すぐに解決できそうな事件なら奪いあう。各県警の関係がそういうものであることは、長年現場にいれば自然とわかることだ。

某県警の捜査員から、こんな愚痴を聞いたことがある。

「こっちの所轄《しょかつ》に住んでいる女性が行方不明になって殺された可能性があるっていうんで捜査してたんだ。数日後に隣の県で遺体が見つかったんだよ。でもあっちは、ウチの事件なんだから出張ってくるなって言うんだ。事件って言ったって、あっちにしてみりゃ遺体が棄《す》てられただけだろって。あっちは捜査も甘いんだよなぁ」

人も車も電車も自由に行き来できる生活圏であっても、警察には「あっち」と「こっち」がある。五件の事件の舞台はそんな複雑な地域だった。

もちろん、県境を越えただけで情報が途絶し、捜査が難航するのでは困る。そこで警察組織の頂点に位置する警察庁は、捜査強化の目的で「広域重要事件特別捜査要綱」というものを策定している。例えば、私も取材に当たったが、製菓会社社長を誘拐したり菓子に異物を混入させるなどして世間を騒がせた「グリコ・森永事件」や、警官を襲撃して拳銃《けんじゅう》を奪い、強盗事件や射殺事件を立て続けに引き起こして日本をパニックに陥《おとしい》れた「勝田清孝連続殺人事件」などがそうだ。

一九八九年一〇月、私は埼玉県の山間部である殺人事件の取材に当たっていた。「警察庁広域重要指定事件一一七号」。それは、埼玉と東京で連続した幼女誘拐殺人事件の警察庁による呼称だった。この日は「引き当たり」という実況見分で、容疑者を現場に立ち会わせる予定だった。

だが、肝心の男は現れない。

天候は最悪だ。激しい風雨が顔まで叩きつけてくる。底冷えする山中で、私はひたすらその男を待ち続けた。雨具を通して私の全身はずぶ濡《ぬ》れだ。商売道具のニコンF4は電気系トラブルですでにおシャカ、頼みの綱は機械式のF2だけだった。

土砂降りの現場に車で連行されてきた男は、宮崎勤といった。四歳から七歳の四人もの女の子を殺害し、遺体を毀損した上で被害者宅前にその遺骨を置くというおぞましい事件を引き起こした男だ。その後宮崎は、身辺に捜査が及ばないのをいいことに、「今田勇子」という変名で犯行声明をマスコミに送りつけるなどということまでやった。罪もない幼い女の子の命を奪い、その上遺族の心をズタズタにするという卑劣極まりない犯罪者だった。

男は、頭からすっぽりとコートを被《かぶ》って顔を隠して現れた。刑事達に囲まれ、数歩歩いて立ち止まり、ただ地面を指さした。女の子を遺棄した場所だろうか。周囲を埋め尽くしたマスコミ陣は、こぞってレンズを向けた。あちらこちらからシャッター音が響く。

警察の言い分とすればこうだろう。人権上、犯人の顔は見せられませんが、それらしき写真は撮らせてあげましょうか。そんな声まで聞こえてくるようで、ファインダーをのぞいていた私はむっとした。これではマスコミ向けのショーではないか。私はその場で声を上げたかった。きちんと面《つら》を出せ、宮崎。お前の権利をどうこう言っている場合か。最大の人権侵害は殺人だろうよ。私は、壊れた方のカメラをこの史上最悪野郎に投げつけたい気持ちをぐっとこらえた。

弱い者を狙う犯罪が許せない。弱者の尊厳を平気で奪う事件に我慢がならない。子供の命であればなおさらだ。

「宮崎事件」の四件の誘拐現場は埼玉県入間《いるま》市、飯能市、川越市、そして東京都江東区とバラバラだった。宮崎は車を使って自在に移動しており、四つの誘拐現場を含む円を描けばその半径は約二五キロとなる。

事件が発生した期間は八八年八月から八九年六月までの一〇ヶ月間。その重大事件に対して警察庁が広域重要指定としたのは八九年九月一日だ。だが、肝心の宮崎は実は指定前の七月に別件で捕まっている。警察にとってはなんとも情けないことに、都下八王子で仕出かした別の女の子へのわいせつ事件で被害者の父親が警察に突き出したのだ。すでに身柄を確保した被疑者に今さら広域重要指定とはなんなのか。犯人逮捕のためでなく、立件、公判維持のために各警察署は仲良くやってね、という意味なのか。

そんな「一一七号」に比べれば、半径一〇キロ圏内で繰り返される北関東のこの事件の方が私にはよほど「同一犯」の手口に見える。

しかし……だ。

私が立てた仮説は、実を言えば致命的な欠陥を抱えていた。

私は最初からそれに気がつきつつ、あえて無視を決め込んで調査を続けていたのだ。私のようなバッタ記者でも気づく五件もの連続重大事件を、警察や他のマスコミが知らぬはずもなかろうし、気づけば黙ってもいないだろう。なぜこれまで騒がれなかったのかといえば、そこには決定的な理由が存在していたからだ。

すなわち、事件のうち一件はすでに「犯人」が逮捕され、「解決済み」なのである。

前述の松田真実ちゃんが命を奪われた事件、通称「足利事件」だ。パチンコ店から真実ちゃんを連れ出し、殺害したと自供して栃木県警に逮捕されたのが菅家利和さんだった。逮捕時、四五歳。幼稚園の送迎バスの元運転手だった。

犯人とされた決定的理由は「自供」と「ＤＮＡ型鑑定」。

日本で初めてと言われるＤＮＡ型鑑定の証拠採用で、菅家さんの判決は確定していた。当時の新聞縮刷版を広げてみれば「科学捜査の結果」「一〇〇〇人に一・二人のＤＮＡ型」などと誇らしげな警察のコメントが随所で躍っていた。菅家さんはすでに無期懲役囚として刑務所に収監されている。

つまり、事件の連続性は断たれていたのである。

これではマスコミも騒ぐわけがない。

ではこれはバッタ記者の妄想なのか？

当初は、足利市内で起きた三件の事件、「真実ちゃん事件」と「福島万弥ちゃん事件」、「長谷部有美ちゃん事件」については「連続事件」と認識されていた。実際、菅家さんの取り調べもその方針で厳しく行われた。だが、「真実ちゃん事件」以外の二件は不起訴という曖昧《あいまい》な結末だった。マスコミはマスコミで、たとえ大きな連続事件でも、一時期は大騒ぎしても、一件で犯人逮捕、起訴、有罪判決となれば、他の事件への関心は極端に低下する。その結果、連続事件すべてが解決したかのようなイメージだけが一人歩きしてゆく。

ただ、私にしてみれば、どうにも違和感を覚えずにはいられないのだ。ではなぜ「連続事件解決」後に太田市で「横山ゆかりちゃん事件」が起きているのか？　連続事件犯は獄中にいるはずにもかかわらず。私が欠陥に気づきつつ、調査を続けた理由はそこにあった。

そうは言ってもハードルは高い。高すぎる。「足利事件」は最高裁の上告棄却で有罪が確定しているのだ。最高裁判所である。皇居の傍ら、三宅坂に花崗岩《かこうがん》を積み上げてそそり立つ荘厳なるあの要塞《ようさい》だ。居並ぶ裁判官は「識見が高く法律の素養がある」方々。日本の司法の頂点が出した結果は揺るがしようもない。連続誘拐殺人事件などと言い立てたところで、私など向かいの堀に転げ落ちていくダンゴ虫程度の存在であろう。

それでも私は自分の感じた違和感を頼りに、まさにダンゴ虫のようにデスクで背中を丸めて資料を漁《あさ》り続けた。

その菅家さんは冤罪を訴えているという。弁護団もつき、再審請求を行っているらしい。だが、誤判や冤罪を言い立てる受刑者などいくらもいる。そもそも「自供」である。誰でもない、本人が犯行を認めたのだ。そしてその犯行の物的証拠たるや「科学警察研究所」が行ったＤＮＡ型鑑定だ。ドラマのモデルにもなった科学捜査の最高機関、科警研のDNA型鑑定に誤りなどあろうはずもない。その鑑定により判明した一〇〇〇人に一・二人しか存在しない男が犯行を自供していたら――そりゃあ真犯人だろうよ。

疑いの余地などない。連続事件なんて妄想であった。ははは。あほ臭い。まったくもって時間の無駄遣いだった。

脳内で、堀に落ちゆくダンゴ虫は加速度を増してゆく。やめだ、やめやめ。こんな危うげな事件にこだわっていたら〝日本を動かす〟どころか、自分が異動になっちまうぜ。私は合体地図を畳んでデスクにぽんと放り投げる。今日もよく働いた。もういい時間だ。パソコンの電源を落とし、バッグにあれこれぶち込んで立ち上がろう。よし、ガード下のもつ焼き屋でビールでもひっかけて帰ろう。赤ちょうちんが呼んでいる。私は立ち上がるとデスクに背を向けた。

その一瞬、脳裏をよぎる顔――。

いいのか？　これで？　本当に？　ならば菅家さん逮捕後に起きた、類似事件の「横山ゆかりちゃん事件」は別人の犯行ということでいいんだな？　手口はたまたま似ていただけなのだな……。よせばいいのに、私は背にしたはずのデスクの前で首を捻《ひね》ってしまう。巡らせた視線はさっき放り投げた地図を捉《とら》える。なんだか気持ちが悪い。どうにも奇妙な感じなのだ。

私は普通のおっさんで、普通であることには割と自信がある方だ。普通であろうと心がけてもいる。その感覚が、一連の事件を調べるほどに、何かヘンだと私に告げる。ショルダーバッグをさげたまま片手を伸ばし、畳んだ地図をぱらりと開く。中央に集中する丸いシール。そのうち一枚だけが「終了」しているという違和感。

ゆっくりとイスに戻る。

やはりおかしい。

おかしいんだよ。何かが。

バッグを足元に置くと、無意識に胸ポケットから安物のボールペンを取り出す。これまた意味もなくノックボタンをカチカチと押す。イスをぐるりと廻すと頭の後ろで両手を組み、やけにまぶしい天井の照明を仰ぐ。

仮にだ。あくまで仮にだが、万が一、いや一〇〇万が一でも、菅家さんが冤罪だったら……。

それが記者にとって危険な「妄想」であることは百も承知だった。私だってこの道は長い。冤罪など滅多やたらに無いことは知っている。刑事事件における日本の有罪率はなんと九九・八パーセントである。しかも今回、証拠は「自供」と「DNA型鑑定」という豪華セットだ。まともな記者なら目も向けたくない大地雷原であろう。だが、それでもあえてだ、証拠は「自供」と「DNA型鑑定」だけと考えてみることはできるか？　菅家さんは誤認逮捕で、冤罪だったらどうなる？

五件の事件の見方は大きく変わる。

オセロと見紛《みまご》う白黒逆転である。判決が確定した「足利事件」が黒から裏返れば盤面は一気に白へ、つまり「北関東連続幼女誘拐殺人事件」へと変貌《へんぼう》する。そして同時に、否応《いやおう》なく、次の事実とも直面しなくてはならなくなる。

真犯人が、今もどこかで平然と暮らしている——。

五人もの幼い女の子が巻き込まれた事件で、逮捕をすり抜けた殺人犯が、現在ものうのうとしているとしたら。死刑相当の事件で、殺人犯が野放しになっているのだとしたら？

何も知らない人々が、極悪非道な罪を犯した男と日々路上で、スーパーで、パチンコ店ですれ違っていたとしたら。すぐそこで、自分の幼い娘と他愛ない会話を交わしている子供好きに見える男が、連続幼女殺しの真犯人だとしたら。もしも、明日、六人目の被害者が出てしまったとしたら——。

そんなことがあってはならなかった。私は脳裏に浮かぶ情況に焦《あせ》りを感じる。調査が無駄となり、「足利事件」がきちんと解決しているなら、それはその方がよいのだ。

だが、この可能性に気づきながら見過ごした場合はどうなる？

結局、私の目は再び資料の山へと戻る。どこかにあるはずの手がかりを求めて。

日を追うにつれリサーチは拡大していく。

かつて、誰かに言われたことがある。一〇〇調べて一〇を書け。一〇しかわからなければ一しか書くな。私自身を納得させるためには、はっきりとした根拠を探し続けるしかない。新聞記事や関連記録、報道資料に起訴状、冒頭陳述書、判決文の写しなど、あらゆる資料に当たる。会社、図書館、資料室に籠《こ》もり、テーブルの上にファイルやら紙っぺらを積み上げては崩すような作業を連日繰り返した。自供内容を読み込んでは矛盾点を探したり、現場の地図と突き合せたり、パソコンを叩いてはあちこちに電話取材を試みたりした。DNA型鑑定の基礎的な勉強も始めた。

どんな資料も鵜呑《うの》みにしない。警察や検察の調書や冒頭陳述書は被告人を殺人犯として破綻《はたん》がないように書かれている。報道は報道で、司法からの情報を元にしている。弁護人は弁護人で被告人を弁護するために資料を作成している。

私は記者だ。誰かの利害のために取材したり書いたりはしない。事実を基準にしなければならない。青臭い言い方をすれば、「真実」だけが私に必要なものだ。対立する見解があるときは双方の言い分を聞け、とはこれまたこの稼業《かぎょう》を始めた時に叩き込まれた教えだ。

事件を調べだしてから二週間目のことだった。

私は奇妙な事実に突き当たっていた。

西日が射《さ》し始めたその部屋で紙の山に埋もれていた私は、それまで脳のどこかにひっかかっていた薄い資料を手にしていた。何度もその資料を出したりしまったりを繰り返していたのに、ふとした瞬間に何かが囁《ささや》いたのだ。

私はその資料を開くと、その意味するところに気づき、固まった。メディアも司法関係者もほとんど誰も注目してこなかった事実のようだった。確かに、何気なく見過ごしてしまいそうな薄さだった。その資料に関わりがありそうな別の資料を捜し出してては黒い表紙のファイルに綴《と》じてゆく。見る間に分厚くふくれあがったその黒いファイルは、何度見返しても相互に矛盾などないようだった。

そこから立ち上がるのは一人の男の影――ある「推論」が私の脳を直撃する。

次の日、私は五人の丸顔の少女達の顔写真をプリントアウトすると、デスクの上に並べた。

そして自問する。そもそもの今回の企画の趣旨から言えば、「未解決事件」を追うべきだった。「解決済み事件」を追ってどうするんだ？　それで番組になるのか？〝日本を動かす〟件はどうなるのだ？

私は地図を畳み、少女達の写真を手に取った。何度も赤ちょうちんに向かいかけた私をイスに引き戻した力。そのたびに頭をよぎったのは、この五人の子供達の笑顔だった。

ダメだろう、こんな事件を放置しては……。

何度自問しようと、自分が返す答えはわかりきっていた。私は、五枚の写真を手帳に挟み込むと、今度こそ思い切りよくデスクを後にした。

記者が現場に行かず、取材せず、もたもた考えていて何になる。

飛び込むのだ。現場へ。

第二章 現場

田中橋から望む渡良瀬川の右岸と左岸

現場へ行くとは、すなわち人に会うことでもある。

私は「足利事件」の公判記録や調書などから関係者や捜査員の名前を拾い出し、取材先リストを作成してあった。遺族や証人、調書を取られた人、刑事や弁護士は言うまでもない。可能な限りの人に会い、信憑性《しんぴょうせい》を確認し、深いところへと取材を進める。

そんな準備を終えて北関東に向かったのは二〇〇七年の夏のことだった。

まず行ってみたい場所があった。

標高一一八メートルの織姫山《おりひめやま》。

東京から北へ約七〇キロの栃木県足利市にある小さな山の頂に立ったのは、熱い風が吹く真夏の午後だ。眼下に広がる古い町並みを貫くように渡良瀬川が水面《みなも》を光らせ、穏やかに流れている。美しいその景色の中で幼い女の子を狙《ねら》う事件が三件も起きていた。右手に目をやれば大きな工場が見える。こちらは群馬県太田市だ。この町でも二件……。

県境をまたぎ、しかも数年置きという微妙なスパン。警察が認めていない連続事件だ。その取材が一筋縄でいかないことだけはわかっている。

二つの町を繋《つな》ぐ国道四〇七号線の県境に行ってみる。そこには県名を記した標識が一本立っているだけで、走る車のナンバーも「とちぎ」「群馬」が混ざりあい、仕事や買い物に向かう人々は県をまたぐ意識も希薄だろう。警察の捜査となれば国境と同じかもしれないが、一般市民にとって県境などそんなものだ。

国道四〇七号から県道に入り、足利市方面に向かうと渡良瀬川の河川敷に沿って道は続く。群馬県から栃木県に流入した渡良瀬川は流域面積がぐんと広がる。戦前に架けられたというクラシックなトラス橋が目を引いた。緑が多く、手入れされた運動公園では、ジョギングやサッカー、野球を楽しむ人々の姿が目立つ。動物の形をした遊具やブランコが見える。平和そのものの光景から目を転じ、土手の裏手を見れば、パチンコ店が立っている。松田真実ちゃんが連れ去られた店だ。このパチンコ店からおよそ四〇〇メートルの中州で真実ちゃんは遺体で発見された。

日本テレビに、「引き当たり」のニュース映像が残っていた。逮捕され、河川敷に連行された菅家さんの姿をカメラマンが超望遠レンズで捉《とら》えたものだ。菅家さんは屈強な捜査員に囲まれると、その中に埋没してしまうような小柄な男性だった。帽子を深く被《かぶ》り、手錠をかけられて腰縄を打たれ、枯れたアシの中を歩いている。すぐ脇《わき》の強面《こわもて》の刑事が口を開いて何かを問いかけていたが、声までは拾えていない。菅家さんはさかんに首を傾《かし》げては、自信無さげに周囲を指さしていた。

その中州へ足を運んでみた。

堆積《たいせき》した砂の上に私の背を超す高いアシが茂っていた。太陽がギラギラと照りつける中、私はいつもの軽登山靴でアシの茎を踏み分け、あてもなく歩き回る。今となっては、遺体が遺棄された現場は正確にはわからない。

雉《きじ》がかん高く鳴いた。

驚いて立ち止まるが、一瞬後には、川のせせらぎの音だけの静寂に戻った。

青空を背にした数本のクヌギの木。その枝と葉が川風にうねっている。

昼なお寂しい場所。

ここに四歳の女の子が遺体で放置されたのだ――。

私は真夏の陽射《ひざ》しの中、その場に立ち尽くす。

たかだか十数年前の事件なのに、取材はまるで歴史調査のようだ。

事件が起きたのは一九九〇年の五月一二日。発生時刻は、もうずいぶんと日が伸びた初夏の夕方だった。土手の裏手に並ぶ二軒のパチンコ店の広い駐車場には、事件当時、数多くの栃木ナンバーと群馬ナンバーが入り混じって駐車してあった。

その日、仕事を終えた父親に連れられて、真実ちゃんはパチンコ店に来ていた。父親がパチンコ台に向かっている間、彼女は一人で店内や駐車場で遊んでいた。その様子を見ていたパチンコ店の若い女性従業員がいたという。

まずはその女性だ。すでに足利を去っていたが、直接取材が原則だ。訪ね歩いてなんとか捜し当てた。当時より少々貫禄《かんろく》を増した印象の女性は私の質問を反芻《はんすう》すると、遠い記憶を紐《ひも》でたぐるように口を開いた。

「でんぐり返し、っていうんですかね？　あれを私に見せてくれたんですよね。駐車場で下が固いのに……。活発でかわいい子だっていう印象ですね」

丸顔でおかっぱ頭の真実ちゃんは、淡いオレンジ色のトレーナーに赤いスカート、赤いサンダル履きだった。人見知りもせずにニコニコと笑顔で話しかけてきたという。まだ四歳だ。無邪気な盛りだったわけだ。

女性は、前日も店に来ていた真実ちゃんを見ている。駐車場で一人遊ぶ姿が気になって、つい注意した。

「知らないおじさんについていっちゃダメだよ。アイスとかお菓子とかあげるって言われても、絶対にダメだよって言ったんです」

「大丈夫、真実ちゃん、行かないよ」元気にそう答えたという。

事件当日、真実ちゃんの姿を見た人は他にもいた。

日本テレビのニュースに別の女性のインタビューが残されていた。当時、パチンコ店の駐車場には小さなプレハブの両替所が設置されていた。そこに勤務する女性である。その女性の話では、真実ちゃんは前日一緒に遊んだ野良猫《のらねこ》を探していたという。取材VTRには真実ちゃんが捜していたその猫も記録されていた。前足をきちんと揃《そろ》えて座る茶色の太った猫だった。真実ちゃんは、あの猫に会えたのだろうか……そんなことを考えながら、今度はその女性を捜して市内を歩き回ってみる。しかし残念ながら、女性はすでに亡《な》くなっていた。改めて、歳月の重さに気づかされる。

両替所の隣には家が一軒立っている。その主人に話を聞いてみると、果たして事件当日に真実ちゃんを見ていたという。

「うちは柴犬《しばいぬ》を数匹飼ってましてね。当時はちょうど子犬がいた頃だったんで、時々子供が見に来るんですよ。中に入られて何かあったら危ないんで、注意したんです。その門のところに立ってたんですよ……」と主人は今も残る門を指さした。

この頃を境に、真実ちゃんの姿は消えてしまう。

時刻は一八時三〇分頃。父親が異変に気づいたのは一九時前後だったという。父親は娘の名前を呼びながら捜し始めた。パチンコ店内や駐車場、道を隔てた渡良瀬川の土手も捜したが見つからない。父親からの連絡で母親も駆けつけたが、どこを捜しても真実ちゃんの姿はない。ついに最寄りの栃木県警足利警察署に救いを求めた。

県警の動きは敏速だった。宇都宮にある県警本部からも捜査員が続々現場に到着する。捜査幹部の一人は現場で父親に会うなりこう怒鳴ったという。

「なぜ子供をパチンコ店に連れてきたんだ！」

捜査幹部の脳裏には、六年前の「長谷部有美ちゃん事件」、一一年前の「福島万弥ちゃん事件」があったのであろう。ついに三件目の事件が起きたという焦燥もあったのかもしれない。

深夜になっても真実ちゃんの安否はわからない。住宅地、工事現場、河川敷と捜索は続く。手がかりは掴《つか》めないまま、日付は変わった。

やがて、悲しい現実が明らかになる。

午前一〇時過ぎに、機動隊員が河川敷の中州から真実ちゃんの変わり果てた姿を発見したのだ。彼女は全裸でアシの中に横たわっていた。死因は首を絞められたことによる窒息死だった。犯人は、すでに逃走。県警は誘拐殺人事件捜査に切り替え、足利署内に捜査本部を設置した。

未解決事件二件を抱えた同じ足利警察署に、積み上げられた三つ目の難問。異常事態だった。

現場の捜索により、脱がされた真実ちゃんの衣服が川の中から発見された。スカート、トレーナー、半袖《はんそで》シャツを丸めて川に投げ込んだものと思われた。半袖シャツには犯人のものであろう精液と体毛が付着し、また、唾液《だえき》も残されていた。この重大な物証から犯人の血液型はB型と判明。

土地勘があり、パチンコ店に出入りする血液型B型の男。ロリコン……そんな犯人像を描いた捜査本部は、足利市内でローラー作戦を始めた。

だが、捜査は難航。

解決が見えない連続事件に子を持つ親達を中心に再発を恐れる声があがる。「三人も殺されて、なぜ捕まえられないのか」警察への批判の声は次第に大きくなっていった。捜査が膠着《こうちゃく》した理由はいくつかある。ひとつには、この手の事件は偶発的なものが多いということが挙げられる。怨恨《えんこん》や人間関係からの捜査は期待できず、手法にも限りがあるのだ。長期に渡るローラー作戦で嫌疑をかけられた市民も数多かった。

市内の商店街で取材をすると、年輩の店主が声を落として話してくれた。

「当時はねえ、刑事さんが熱心に聞き込みやってましたよ。一件も解決できないんだから、必死ですよ。ウチにも何度も来てね。新しいタバコを封を切って勧められるのさ、それを吸うと、吸いがらを持って帰るんだよ。唾《つば》から血液型を調べてんだね。断ると怪しまれるからさ、みんな大人しく応じてたけど……」

血液型がB型であるというだけで疑惑の目を向けられる男性陣はたまったものではない。警察に対する市民感情も悪くなる一方だった。

三連続未解決事件。この重大事に警察庁が知らん顔をできるはずもない。刑事局の山本博一捜査一課長が捜査本部を訪問する。続けて刑事局長が現場視察を行い県警捜査幹部を激励した。事件発生から三ヶ月後の九月には山本捜査一課長が栃木県警本部長として送り込まれ、捜査の陣頭指揮を取ることとなる。山本氏はあの「一一七号」、つまり「宮﨑勤事件」の解決にあたった人物とされていた。当時の新聞にこんなコメントを残している。〈将来のある子供が一〇年間に三人も犠牲になるのは異常なこと。警察の存在をかけて真っ先に取り組むべき事件だと思います〉（朝日新聞九月六日）

警察庁肝煎《きもいり》の事件。栃木の三事件解決は、もはや警察全体の威信がかかっていた。上級官庁である警察庁の意向は地方警察にとっては絶対だ。現場にとっては強烈なプレッシャーだったであろう。

私は、当時の捜査に関わった幹部や刑事を捜し歩いた。県警本部の捜査員が多かったため、取材圏は本部所在地である宇都宮市周辺などにも拡大する。

発生直後から最前線で捜査指揮に当たった幹部宅を訪ねた。木造一戸建ての家の玄関の呼び鈴を押すと、初老の男性が顔を出した。

玄関先で名刺を渡して切り出した。

「足利事件なんですが……」

「……忘れちゃった。何で、いま？」

服役中の菅家さんから、再審請求が起こされているので、と説明した。

男性はすでに職を退いていた。事件解決を求められていた捜査幹部というつらい立場だった彼はうんざりした表情で口を開いた。

「私も刑事になってずっと大きな事件をやってきたんだけど、本庁の連中ってのは……。会議のたびに怒られるわけだよ。この三件は、いつまでに捕まえろと怒鳴られて、忘れられないですね」

別の事件を解決してもダメだ、警視庁は宮﨑を逮捕したぞと言われ、栃木県警は厳しい立場に置かれていたという。

菅家さんについて聞けば、逮捕には確信を持っていた。

「逮捕する前からホシに間違いないと思ったね。誰もが三件とも同じ犯人と思ったんじゃない？　市民もさ……」

事件当日、現場周辺で菅家さんは目撃されていたのか尋ねた。

「いないね。いくら探しても。あの辺りはものすごく聞き込みして廻った。でも出ない。なぜ出ないかというと、菅家はさあ、背が小さくて、目立たないんだな」

別の捜査幹部宅も訪ねる。

「何がなんでも逮捕しろ、上は簡単に言うさ、こっちだって真剣にやったけどさ。市内に住む、B型で、ロリコンの疑いがある男。過去の犯歴からの調べ、そりゃあ、ありとあらゆることを、やった。全部やり尽くした。容疑者は何人も浮かんでは消えた。B型なんてなんぼでもいるわけだ。細かく捜査するしかないわけ。でも、みんなアリバイがあったりして、怪しいのはどんどん消えて……あの男しか残らなかった、もう最後の一人だったんだ」

それが菅家さんだったという。

なぜ彼に注目したのか？　と先の幹部に聞いてみると、きっかけはある警察官の聞き込みだった。

「優秀な駐在がいましてね。これが、かぎつけたんです。すごかったですよ、隠れ家のような家の中が……ロリコンのビデオとかが、たくさん置いてあったんですよ」

週末だけ借家に通ってくる不審な男。そんな話を聞きつけた駐在の巡査部長がその家を訪ねた。菅家さんは求めに応じて駐在を部屋にあげた。そこにはテレビやビデオデッキはもちろん、大量のアダルトビデオも置かれていたという。

〝生活不審者〟。駐在の目にはそう映った。すぐに捜査本部に報告した。小さな借家は〝隠れ家〟に変貌《へんぼう》する。任意で取り調べに応じた菅家さんの血液型はB型だった。

「それとさ、いわゆる子供に対するさ、あれさ。あの男、幼稚園の運転手だろ」

幼児と接する園児バスの運転手、そんな仕事も裏を返せば怪しく思えたという。以後、捜査員達は菅家さんの尾行を始める。

「パチンコ屋の出入りは、あったりしたけど、前兆事案まではなかったんだよね。幼女への声かけなんか……」

前兆事案とは、小さな女の子を追いかけたり、声をかけるなどの行為だ。菅家さんには前科・前歴も無く、尾行によって別件逮捕のチャンスをうかがっても、交通違反ひとつしなかったという。

刑事は菅家さんが勤務していた幼稚園に聞き込みを行った。幼稚園の経営者は菅家さんが幼女殺害の容疑者になっていることを聞かされ、驚いて彼を解雇する。仕事を失った菅家さんは貯金を切り崩して生活することになった。

捜査は行き詰まる。だが、〝最後の一人〟を諦《あきら》めることはどうしてもできなかった。新たな手がかりを求め、捜査員達はある手段に出た。菅家さんが捨てたゴミを調べたのだ。ゴミの収集場所に捨てられたスーパーの袋を捜査員が回収、そのゴミが逮捕への導火線となった。

事件発生から一年半がたった九一年一二月一日早朝。三人の捜査員が菅家さんの借家に踏み込んだ。そして任意で連行。足利署の取り調べ室で厳しい追及が続いた。

菅家さんは否認したが、刑事は言った。

「今は、科学捜査の時代だからな」

刑事が拾いあげたスーパーの袋の中には缶コーヒーの空き缶、タバコの箱や吸い殻、ティッシュなどが入っていた。そこから菅家さんの精液を入手した県警は、ＤＮＡ型鑑定を実施していた。すると、現場に残されていた犯人の精液とＤＮＡ型が一致したという。

実は、連行されたこの日の朝刊には、すでに大きく記事が出ていたのである。〈現場に残された資料、ＤＮＡ鑑定で一致〉〈重要参考人を近く聴取〉〈元運転手、きょうにも聴取〉〈同市内の元運転手（45）〉。新聞に書かれた以上、捜査本部としては何が何でも連行するしかない。真犯人なら、新聞を見て逃亡するかもしれないのだ。

なぜこんなことになったのか、当時の捜査幹部が苦笑いして私に言った。

「うちはね、黙っていたさ。誰にも言うなと。それが朝もうでっかく出てるんだもんな。出したのはサッチョウ（警察庁）でしょうね」栃木県警の捜査状況は本庁から漏れていたのだという。

足利署前にはマスコミや、報道を見た大勢の市民が集まり、逮捕を待っていた。庁舎を包囲したそのエネルギーは二階の取り調べ室にいた四五歳の男に注がれていく。まだか、連続幼女殺人犯はまだ自供しないのかと。

一三時間以上経過した二二時頃、菅家さんは落ちた。

刑事に促されて自供を続け、ついに真実ちゃんの殺害を認める。深夜になり、逮捕状が執行された。

自供はこうだった。

パチンコ店で一九時頃まで遊び、両替をするために外に出た。駐車場の両替所で換金後、自転車で借家に向かおうとした時に、駐車場の片隅で一人遊んでいた真実ちゃんを見かけた。近づくと、真実ちゃんは駐車場の地面に座り、絵か何かを描いているように見えた。「自転車に乗るかい」菅家さんがそう声をかけると、「うん」というような返事をした。そこで自転車後部の荷台に真実ちゃんを乗せたという。

二人乗りで渡良瀬川の土手へ向かう坂道を登っていった。土手の上で左にハンドルを切り、河川敷への下り坂を降りていく。野球場の横を抜け、川に向かう。やがて道はT字路となり、突き当たって終わる。そこに自転車を止めた。

その後、真実ちゃんの手を引いて茂みの中を歩き、川の流れの方に向かった。少し歩くとコンクリートで固められた護岸に出る。菅家さんはそこで真実ちゃんにいたずらをしたくなり、声を出されないよう首を絞めて殺害。遺体を中州のアシの茂みの中に隠した。犯行後は自転車に乗って逃走し、途中スーパーで買い物をして借家に戻った——。

自供と物証。

この二つの証拠が揃えば、まず有罪である。菅家さんは宇都宮地方検察庁に送られ、「殺人、わいせつ誘拐」などの罪で起訴された。

当然ながら警察は、足利市で起きた別の二件の幼女殺害事件も菅家さんの犯行と見て取り調べを続けた。菅家さんは三件とも自分の犯行と自供した。

逮捕から二一日目の新聞に大きな見出しが躍っている。

〈2幼女殺害も供述・万弥ちゃん事件「騒がれては困る」と〉（朝日新聞九一年一二月二二日）〈万弥ちゃん　有美ちゃん事件殺害も自供　幼女殺害全面解決へ〉（下野《しもつけ》新聞一二月二二日）

日本テレビにも当時の刑事部長の記者会見映像が残っていた。

「一二年間続いた、足利の地域社会の不安解消ができ、本当によかった。三件目でやっと検挙になったのは、警察の執念でしかない」

警察にとって重荷であった重大事件の解決である。菅家さんを見つけ出した巡査部長などが「警察庁長官賞」を受賞する。彼は新聞の取材にこう答えていた。〈ジャンボ宝くじが当たった気分。これまでシートベルトの着用をするように指導をしていても、相手から「真実ちゃん事件が解決していないのに、こんなことをしていていいのか」と言われつらかった〉（朝日新聞一二月五日）

山本県警本部長は、解決に貢献した警察官に本部長賞を出している。

九二年二月二〇日、足利署に設けられた三件の捜査本部が解散する。その記者会見で幹部は誇らしげに語った。「三件の事件は全容解明ができた。足利市民、県民に感謝をしたい。苦節一三年、執念の捜査が実って感慨無量」

全面解決である。不安の中で暮らしていた市民は胸を撫《な》で下ろした。やがて裁判で犯行の詳細も明らかになるはずだ。三人もの幼女の殺害犯は死刑であろう。

ところが、その後「連続事件」は意外な結末を迎えることになる。

検察は、「万弥ちゃん事件」「有美ちゃん事件」の二事件を嫌疑不十分で不起訴としたのだ。

いったいなぜなのか。

まず「物証」が全く無かった。そしてまた、肝心の「自供」も曖昧《あいまい》で矛盾だらけだったという。当時の捜査幹部にその点を尋ねると表情を曇らせた。

「起訴は難しかった。一応我々としては、送る（送検すること）ことは送ったんですよ。警察的には今も事件は全面解決したと考えています。ただ、証拠がね。事件自体はあまりにも昔だし、有罪にするのは難しかった」

座敷に座ったまま、腕を組んで残念そうに答えた。

本当にそうなのか……。実は、真犯人を野放しにしていないか？

私は、あえて質問を続けた。

「犯人は、彼以外には考えられないですか？」

彼は、顔の前でブンブンと手を振って言った。

「いないいない、そうじゃなきゃ捜査にならない。送ったんだからさ、責任を持ってさ。逮捕して、その人の人権を侵害するような事をやるんだから。警察官として納得いく証拠を集めて、刑事訴訟の手続き適応と思ってやってたわけだから、絶対だな」

怒るかなと思いつつ、私はあえて重ねて尋ねた。

「では、今でも三件の事件の全《すべ》てが菅家さんの犯行と信じている？」

それまでののんびりした表情を強《こわ》ばらせ、彼は両目をカッと見開くと大きな声を出した。

「そりゃあ、もちろんですよ」元捜査幹部は、自分を納得させるように深くうなずいた。

そこには、ベテラン捜査員の信念が見えた。長い経験から来るその言葉は力強く、菅家さんが犯人であることに確信を抱いていることが見て取れた。

そんな瞬間でも私の推論は全く揺れなかった……と言えば、嘘《うそ》になるかもしれない。肩書きや声の大きさに負けるのではない。彼らの捜査の方が圧倒的に時間を費やして、深いからだ。その内容の全てを知ることができない私の自信は揺らぐ。

なぜ揺らぐんだ？　私は自問する。

取材が足りていないからだ。私は自答する。

菅家さんを〝犯人〟としたプロの「捜査」に疑問を呈するならば、彼らを上回る「取材」をしなければダメだ。

私は捜査幹部に礼を言うと、家を辞した。

本当に犯人は菅家さん以外考えられなかったのか。耳の奥に彼の声が甦《よみがえ》る。

「いないいない、そうじゃなきゃ捜査にならない」――果たしてそうだったのだろうか。

私の脳裏にはあの黒い表紙のファイルがちらついてしかたがなかった。

第三章　受託

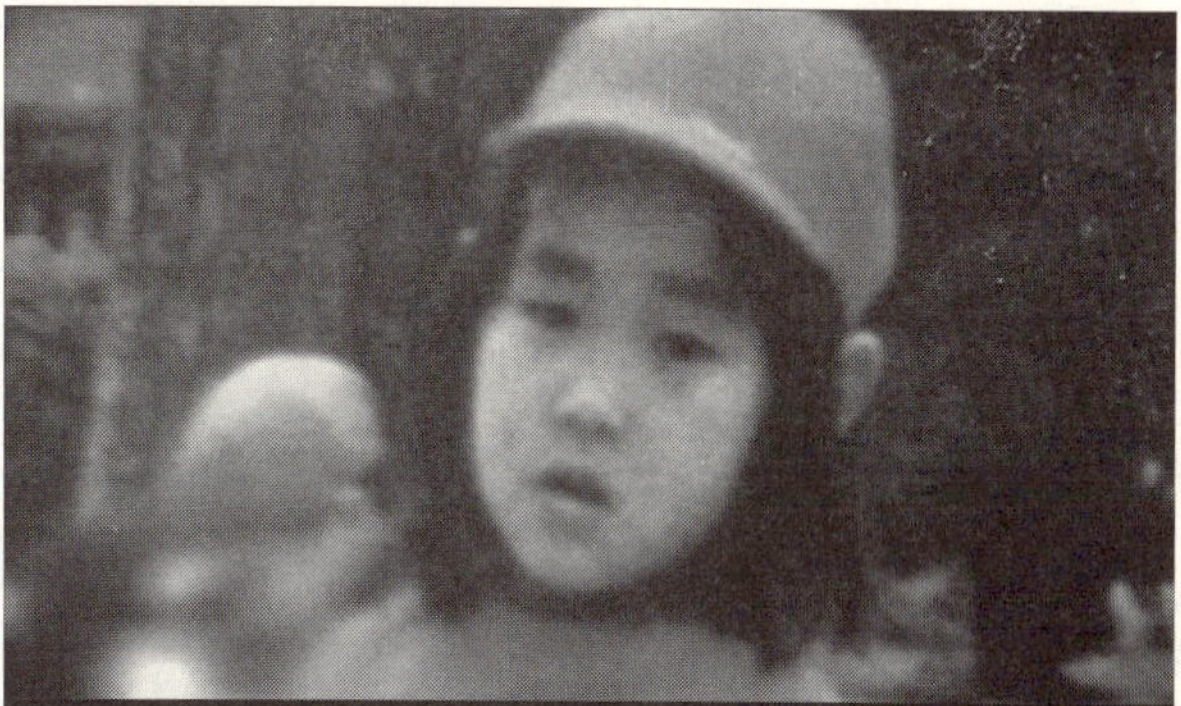

四歳の松田真実ちゃん

　写真の中の丸顔の少女は、赤いシャツを着ていた。黒髪の上に赤い帽子を載せている。運動会だろうか。ちょっと緊張したような表情をしている。

　もう一枚の写真では、相手を信じ切ったような穏やかな眼差《まなざ》しをこちらに向けている。傍らに写るのは紙で作った鯉《こい》のぼり。少女は新聞紙で作られたカブトをかぶっていた。端午の節句に撮られたものだろう。この写真が撮られた少し後の一九九〇年五月一二日、このつぶらな瞳《ひとみ》の女の子の未来は、たった四歳で断ち切られてしまった──。

　私は写真から目を上げる。取材を開始してから、幾度そうやって写真に目を落としてきただろう。

　どんなに頑張ったところで、決して会うことはできない。接点は写真だけ。事件取材はいつもそうだ。どんな子だったのだろう。どんな声で話したのだろう。どんな遊びが好きだったのだろう。なんとか遺族に取材を、と思うが、実際どこに住んでいるのかすら分からなかった。

北関東の現場に飛び出して一ヶ月。取材はいよいよ連日、という様相を呈していた。「真実ちゃん事件」の取材を続ける一方で、菅家さんが自供しながら不起訴となった二つの事件も並行して取材する。三件も犯行を自供したのに一件しか起訴できなかったのはなぜなのか。どうしてそんなことになったのか。当時の捜査員に聞けば、「まあ、菅家も可哀想《かわいそう》な男でさ、三件起訴しちゃったら死刑だからさ……」と玄関先で、小声で語るばかりだ。だが、幼い子供を三人も殺害したのが事実であれば、その犯人は死刑も止《や》むなしではないのか。なんだか自信なさげにすら聞こえる捜査員のセリフに違和感が募る。

最初の事件は七九年に発生した「福島万弥ちゃん事件」だった。

市内の神社から五歳になる万弥ちゃんが姿を消した。変わり果てた姿で見つかったのは六日後のことだった。渡良瀬川の河川敷を捜索していた機動隊員が、アシの中に置かれた古いリュックサックに気がついた。少し開いたリュックの口から子供の足首がのぞいていた。万弥ちゃんだった。下着姿にされており、外傷は無く窒息死だったことが判明した――。

まずは姿が消えたという八雲神社に足を運ぶ。境内にはオオイチョウがそびえ立つ。緑に囲まれた静かな佇《たたず》まいの神社だったが、ここが五つの連続事件の発火点ということになるのだろうか。

当時、福島さんの自宅は境内に隣接していた。事件から二〇年以上を経た現在、すでにその家は取り壊され、駐車場に姿を変えていた。引っ越し先はわからない。

それでもこの場合、遺族取材を外すわけにはいかない。周辺をひたすら聞き込んで歩いた。犬も歩けば棒に当たる。なんとも頼りないが、それくらいしか方法はない。記者と言えばなにか特別なコネやらテクニックがあると思われるかもしれないが、残念なことに私にはないから仕方がない。飛び込んだ近所の飲食店の主人が、引っ越し先は知らないが、万弥ちゃんの親戚《しんせき》ならたまに食事に来ると言う。思わぬところで思わぬ情報に出くわすのが聞き込みだ。その人の勤務先を探し訪ねてやっと会うことができた。

親戚からは「事件のことはもう話したくないと思いますよ」と言われたが、頭を下げてなんとか万弥ちゃんの父親に取り次いでもらう。電話でのやりとりを続け、ようやくお目にかかることができた。ことがスムースに運ぶ訳がないことはよくわかっているが、特に今回の取材は古い事件であり、一筋縄ではいかない。か細い手がかりを決して切らぬよう取材先に辿《たど》り着くため細心の注意が必要になってくる。

父親の福島譲さんは万弥ちゃんの最後の姿をはっきり覚えていた。

七九年、八月三日の昼どきだった。勤務先から昼食のためバイクで自宅に戻った譲さんは、八雲神社の境内で、一人で塀にもたれかかっていた万弥ちゃんを見かけた。境内は彼女の遊び場だったという。万弥ちゃんは父親の顔を見るとぱっと笑った。譲さんはその笑顔に声をかけたという。

「万弥、ご飯だよ。と言って自宅に入ったんです。それが最後ですね。万弥はニコニコしてましたね。あの時、無理にでも家に連れ帰っていればねえ」そう悔やんだ。

事件から一三年目に警察から連絡が入る。

「菅家って人が逮捕されて、しばらくしてうちの子の事件も自供したと、警察から連絡がきたんですよ。『犯人が捕まって良かったね』と年老いた刑事さんが言ってくれましてね。でもその後、どうなったのか全然知らされてないです」

刑事事件にはありがちな話だった。遺族が置き去りにされるケースだ。

足利市で起きた三件の事件についてどう思うかと尋ねてみた。

「この小さな街に、幼女に手を出して殺人まで犯す人間が、何人もいるはずはないんです。一線を越える人間はそうはいないですよ」そう答えると、深いため息をついた。

万弥ちゃんの母親は、すでに亡《な》くなったという。

捜査に使うから、と警察は万弥ちゃんの写真を何枚も持って行った。だが未《いま》だにほとんどが返却されていないという。手元に残された貴重な写真を見せてもらうと、額の中でちょっと寂しげな目を向ける万弥ちゃんは、丸顔で、父親の譲さんに良く似ていた。

「笑顔がかわいくてね。活発な子だったです」譲さんは遠い目で言った。

万弥ちゃんの事件から五年後の八四年、今度は五歳の長谷部有美ちゃんが姿を消した。現場は家族に連れられて来ていたパチンコ店。一七時頃までは店の出入り口で遊ぶ有美ちゃんを母親が見ていたが、その後は不明。目撃者もおらず、泣き声なども聞かれていない。そして一年四ヶ月後、有美ちゃんは店から二キロほど離れた市内の畑から白骨となって発見された。死因は特定できなかった。

有美ちゃんの父親は、自宅玄関前で私の名刺に目を落としたままこう言った。

「今さら、何を聞きたいんですか……。もちろん事件を忘れたことはないですよ。犯人は捕まったと警察から聞いています。警察はよくやってくれましたよ。犯人は憎いけど、パチンコ店に連れていった自分達のことも、今も責めてますよ……」

遺体が見つかった畑の持ち主は、有美ちゃんのことを哀れんで、その場所に桃の木を植えていた。毎年春には鮮やかなピンクの花をつけるという。

取り調べでは万弥ちゃんと有美ちゃんの事件も自供した菅家さんだが、その後供述を翻《ひるがえ》している。そして二つの事件は不起訴となり、裁判にさえなっていない。

だが、警察の会見と報道は強い印象を残した。足利市内でそれとなく聞いてみると、多くの人が三件の事件は全面的に「解決」したと信じていた。何より、遺族の一部までがそう思い込んでいた。

唯一《ゆいいつ》起訴された「真実ちゃん事件」の裁判はどうだったのか。

宇都宮地方裁判所で行われた九二年二月の初公判では起訴内容を認めた菅家さんだったが、一二月の第六回公判で、それまでの供述を翻している。「取り調べの刑事が怖くて、作り話をしてしまった」と全面否認に転じたのだ。公判途中での一八〇度の転換に、担当弁護士までが慌《あわ》てたという。

この段階で「自供」と「物証」という証拠の豪華セットの片方が消えたことになるのだが、一旦《いったん》口にした自供や供述調書が簡単に覆《くつがえ》されることはない。それどころか弁護士までが菅家さんの否認に疑問を持ち、量刑での酌量を求めるため、翌年一月の第七回公判では再び自供を認める菅家さんの上申書が提出された。

私は、元々この「上申書」という物体Xが不気味で仕方がない。法的根拠は薄いものだが、一般市民が「お上」に「自ら申し上げた任意の証明」を意味するらしい。〝我々が「言わせた」のではない、自らが申し出たのだぞ、そういう証拠なのだ〟と言われている気分になる。

案の定と言うべきか、「無実」を主張したかったのであろう菅家さんは、上申書を提出したにもかかわらず、六月の第一〇回公判でまたも自供を否定している。自供は二転三転していたわけだ。

そうは言っても、捜査関係者が「絶対」と口を揃《そろ》える物証、DNA型鑑定の方は高くそびえ立ったままである。

そもそも、「DNA型鑑定」とはいったいどんなものなのか？

告白するが、今にして思えばこの頃の私は全く理解できていなかった。物体Xなど通り越して、もはや物体Z級の得体の知れなさだ。

例えば警察官から「現場に残された犯人の血液をDNA鑑定したら、容疑者と一致した……」と聞けば、それは「そのまま犯人」というイメージである。いつの間にやら「DNA鑑定一致イコール犯人」という方程式が脳に染《し》みついていて、「まあそうだわな」くらいに思っていた。

だが、その認識が大間違いなのである。

科学や医学に詳しい人にとっては当たり前のことなのだろうが、長く事件記者をやってきた私などまさに誤解の典型例だった。

いま「DNA鑑定」と書いたが、本書の冒頭から何度も出てきた単語に改めて注目して頂きたい。全て「DNA型鑑定」である。毎回くどく「型」を書き入れたことには意味がある。この当時の鑑定は「血液型」と同じで「型」分類だったのだ。個人個人のDNAをグループに分けて識別する。

その「型」が犯人のものと同じならば犯人の可能性があるということだ。だが、同じ「型」の別人もいるから、「イコール犯人」とは言えない。DNA型鑑定は捜査の「決め手」のように思いがちだが、実は違う。確かに血液型とは異なりDNA型は遥《はる》かに「型」の種類は多い。だが鑑定が指し示すのはあくまで「型」である。逆に「型」がほんの僅《わず》かでも違った場合は、「無実の決め手」と言えるのだ。同一グループにさえ属していない別人だからだ。

ということは「DNAがほぼ一致していた」などという事件の記事は本来あり得ない。最終的には完全一致か不一致のどちらかしかないのだから。

そんなことすら知らなかった私は学生に戻ったような気持ちで一から勉強するしか

ない。大学教授やＤＮＡ型鑑定の専門家、その方面に詳しい弁護士などを廻ったり、難解な専門書をめくってみたりしたのだが、その上で「足利事件」のＤＮＡ型鑑定について述べてみよう。

「足利事件」のＤＮＡ型鑑定は事件発生の翌年、九一年に実施されている。

前述したが、犯人の試料とされたのは被害者のシャツに付着していた精液だ。対照試料は菅家さんが捨てたティッシュに付着した、やはり精液。

県警はこの二つの試料を警察庁の付属機関である科学警察研究所、いわゆる「科警研」に鑑定を依頼した（ちなみに科学捜査研究所、「科捜研」は各都道府県警に所属する機関となる）。

「足利事件」の捜査に合わせて警察庁刑事局から栃木県警本部長となった山本博一氏は、宮﨑勤の「一一七号事件」でもＤＮＡ型鑑定で被害者の人定を行なっていた。科警研のＤＮＡ型鑑定に対して信頼が厚かったのであろう。

科警研が「足利事件」で実施したＤＮＡ型鑑定の鑑定方法は「ＭＣＴ118法」というものだった。

これは、科警研が独自に導入した方法だというのだが、現在では行われていない。本など読んで理解を試みたが、具体的な鑑定方法ともなると専門的な世界に突入して大変に辛《つら》い。理系はおろか、あらゆる系の勉強を怠ってきた私にとって、まさに難行苦行だったが、ここは我慢のしどころだ。概略だけでも説明すると以下のようになる。

人間の細胞の中、「核」と呼ばれる小器官の内部にあるＤＮＡ。この、両親から受け継いだＤＮＡは「塩基」という物質から成り立っており、その塩基の配列は人によって違ったパターンを持つのだという。そのパターンが繰り返す回数を調べることで個人を識別するという技術がＤＮＡ型鑑定だ。だが、そんなミクロの世界を目視することは普通の顕微鏡では無理。そこで科警研はＤＮＡ型を目視するため、電気泳動装置というものを使った。ガラス板に挟まれたゼリー状の板が中心となる装置で、この板を「ポリアクリルアミドゲル」という。通称「ゲル」だ。

まず血液や証拠品などからＤＮＡを抽出する。それだけでは鑑定するには量が少ない。そこで「ＰＣＲ増幅」という技術で鑑定したいＤＮＡだけを増やす。そうして、増やしたＤＮＡをスポイトでゲル上部から流し込む。

ゲルの中には極小の穴が開いている。ゲルに電気を流すとＤＮＡはその特性からプラス極に引かれ、ゲルの中をゆっくりと移動していく。これを「電気泳動」という。ＤＮＡが電気に引っ張られてゲルの中を泳いでいくわけだ。電気をオフにすると泳動も止まる。

さてここからである。鑑定したいDNAで電気泳動を行うと、DNAパターンの繰り返し回数によって進む距離が変わってくる。大きいDNAほど動きが悪く、小さいDNAほどゲルのふるいを抜けて遠くまで移動できる。ただし、DNAに色がついているわけではないので、電気泳動を行っただけでは見えない。そこでゲルを染色し、紫外線を当てると、DNAが集まっている場所がはじめて見えてくる。DNAが集まった線状の場所を「バンド」と呼ぶ。このバンドの位置の違いによって「型」を判定するというわけだ。

科警研は実験を終えたゲルを写真撮影して証拠としていた。

科警研によれば、MCT118法の「型の種類」は、当時「三二五通り」とされていた。それまでの血液型鑑定では、ABO式やルイス式などの組み合わせで三〇人に一人程度の分類までしかできなかったのに比べ、飛躍的に絞り込み精度を上げたことになる。

その科警研の鑑定で、犯人と菅家さんは「16-26」という型で一致したとされた。血液型もB型の分泌《ぶんぴつ》型で一致。DNA型と血液型の組み合わせで「一〇〇〇人に一・二人」の出現率になったという。

その鑑定結果の写真というものを見た。

それはオリジナルではなく、コピーを重ねたもので、ぼうっとした白黒写真だった。

シャツから見つかった「犯人」のDNAと菅家さんのDNAを同時に泳動したもので、菅家さんのバンドは比較的はっきり見えるものの、「犯人」のものはずいぶんと薄くてよくわからない。「犯人」と菅家さんが同一人物ならば、当然ながら同じDNAであり電気泳動で進む距離は全く同じになるはずだ。それが科警研の理論である。だが、いくら写真をじっと見ても、その位置自体は僅かにずれているように見える。とはいえ所詮《しょせん》は素人目《しろうとめ》であり、専門家に「これで一致してるんです」と言われれば、それまでである。写真の上に赤ペンで色がつけられているが、「ここですよ」とバンドの位置を強調するためであろう。

いくら勉強しようが、穴が開くほど眺めようが、こんな写真で完全一致も不一致も私ごときにわかるはずもない。せっかく入手した写真だったが私はサジを投げた。

難事件の犯人を特定したこの鑑定は、当時、非常な脚光を浴びていた。菅家さん逮捕の翌日の新聞を見れば、こんな記事が出ている。

〈「DNA鑑定切り札に」……今回の真実ちゃん事件のように、同鑑定が証拠上、最大の「切り札」となって容疑者の特定、逮捕につながったのはわが国の犯罪史上初めてといえる〉（毎日新聞一二月二日）

〈「〝ミクロの捜査〟1年半」〝DNA捜査〟が、四千人に及ぶ変質者リストからの容疑者割り出しにつながった〉〈「指紋」なみ捜査革命ＤＮＡ鑑定　わずかな血痕《けっこん》などから、遺伝子レベルで個人を識別するＤＮＡ鑑定は、「指紋制度にならぶ捜査革命」と言われるほど画期的な技術だ。警察庁では、「二十一世紀の犯罪捜査の中心」と評価、全国の県警で鑑定ができるよう、来年度から、機器の整備や技術者の養成を進めることを決めている〉（読売新聞一二月二日）

日本テレビも恐らく同じようなニュースを流したであろう。

この鑑定を担当したのは、科警研法医第二研究室のＭ室長、主任研究官のＳ女史、そしてアメリカでの研究を元にＭＣＴ118法を導入したとされるＫ技官。目新しいこの捜査方法に警察は高い評価を与え、マスコミもまた絶賛。「時の人」となった彼ら三人は、新聞の写真入りインタビュー記事にも登場していた。

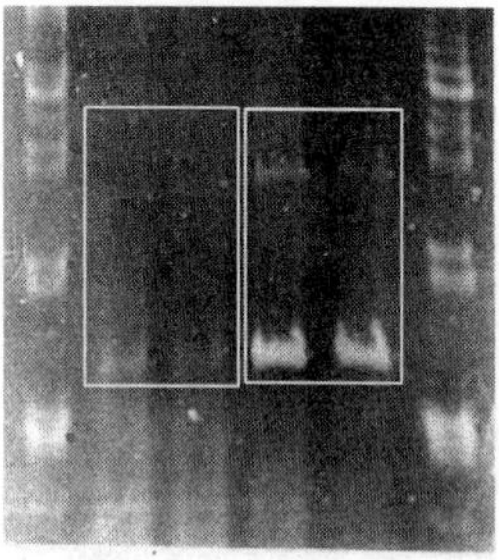

「足利事件」のゲル写真　右枠が菅家さん、左が「犯人」のバンド。上部が26型、下部が16型と判定された。左右のハシゴ状のものが、その数値を決める123マーカーと呼ばれる「ものさし」。

九三年七月、久保眞人裁判長は、菅家さんに対して検察の求刑どおり無期懲役の判決を下した。

裁判所もまた科警研のＤＮＡ型鑑定について〈専門的な知識と技術及び経験を持っ

た者によって、適切な方法によりＤＮＡ鑑定が行われた〉とし、〈ＭＣＴ118型が一致したという事実がひとつの重要な間接事実〉と高く評価、菅家さんを厳しく断罪した。〈自己の本能のおもむくままに、抵抗する力さえ備わっていない幼女を殺害し、裸にしてわいせつ行為を行った上、草むらに遺棄した被告人の行為は、人として最も恥ずべきものであり、厳しくその責任を問われなければならない〉〈わずか四歳八か月でこの世を去った松田真実の冥福《めいふく》を祈ることにその生涯を捧《ささ》げさせるのが相当であると思料し、無期懲役刑を選択することにした次第である〉

有無を言わさぬ判決だった。

無実を訴える菅家さんは控訴《こうそ》した。二審からはＤＮＡ型鑑定に詳しい佐藤博史弁護士が弁護を担当、弁護団が結成され、菅家さんの自供の信用性を争った。また、開発から歴史の浅い科警研のＤＮＡ型鑑定には問題がある、と証拠能力に疑問を呈した。弁護団が二刀流で無罪を訴える裁判は、ＤＮＡ型鑑定を強固な盾とする検察との真っ向勝負となる。フリーライターの小林篤氏は一審判決に疑問を投げかける記事を雑誌に執筆し、後に本も刊行していた。警察、検察寄りの報道がほとんどの大手メディアの中で、それは孤軍奮闘と呼べるものだった。特にＤＮＡ型鑑定については詳しく調査されており、私にとっても取材の足がかりとして大変ありがたかった。

だが、二審でも菅家さんの無実の訴えは無視された。

九六年五月、東京高裁の高木俊夫裁判長は一審同様DNA型鑑定を評価し、控訴を棄却した。弁護団は最高裁に上告、九七年には〈菅家さんと真犯人の型は一致しない可能性がある。DNA型再鑑定を命じて頂きたい〉と上申した。

二〇〇〇年七月一七日、最高裁はこれを棄却。〈MCT118DNA型鑑定は、その科学的原理が理論的正確性を有し、具体的な実施の方法も、その技術を習得した者により、科学的に信頼される方法で行われた〉とした。「足利事件」は日本で初めてDNA型鑑定の証拠能力を認められたケースとなり、この「最高裁平成一二年七月一七日決定」は、以後MCT118鑑定の判例とされていく。

DNA型鑑定は正しい。絶対である。そんな「神話」がこの日完成したことになる。

菅家さんは、無期懲役刑が確定し、千葉刑務所に収監された。


ひと通りの経緯を調べてみて、私にはいくつかの疑問が残った。

連続事件と判断して捜査したはずなのに、「解決」できたのは一件。菅家さんは三件もの殺人事件を起こしたとされたが、得られた物証はDNA型だけ。

菅家さん連行後、県警は彼の実家や借家を家宅捜索《ガサ入れ》している。当時のニュース映像を見れば、多くの段ボール箱が押収《おうしゅう》されていることがわかる。その中に物証となるものはなかったのか？

菅家さんの無実を信じ、支援を続ける女性がいた。

足利市の主婦、西巻糸子さんだ。菅家さんを手紙で励まし、法廷で無実を訴えさせた人だという。取材を申し込み、話を聞いてみると、西巻さん自身もかつて幼稚園バスの運転手をしていたことがあり、同じ仕事をしていた菅家さんがかわいい子供を殺害するとは信じられなかったという。そこで拘置所へ手紙を書き、面会をした。

「菅家さんは本当に大人しい人です。会ってみればわかります。人に何か強く言われると、それに合わせてしまうような人なんですよ」西巻さんはそう言ってため息を吐《つ》いた。

全《すべ》ての裁判が終わった後、菅家さんの押収物は返却され、今は西巻さんが借りている栃木県内の倉庫に眠っているという。

私はその押収物を徹底的に調べてみることにし、取材クルーと一緒に倉庫へ向かった。

撮影を担当するカメラマンはベテランの手塚昌人。過去、北海道から沖縄まで幾多の事件でチームを組み、いくつかの飲み屋に出禁になった。機材がやたらに多く、必要とあらば現場で何でも出してくる。ガンマイクを握り、ミキサー機器を首から下げる音声担当はやはり超ベテランの濱口真寿。ヘッドフォンをしていなければデカと見《み》紛《まご》う厳《いか》つい顔つきだ。そんなスタッフと機材を満載したワゴン車を操るのは中林康志。三〇年もの間、報道車両を運転してあらゆる現場を経験し、過去、私とも様々な場所でニアミスしていた。車幅より狭い道も走れるという伝説を持つ。そして例の杉本純子という怪しげな混成チームだ。

寒風が吹く中、すでに薄暗い倉庫の前でワゴン車を停めると、機材を持って二階へと続く階段をきしませながら上ってゆく。

目指すその片隅には、ブルーシートを被《かぶ》った古い段ボール箱が数十個も積んであった。外側には『真実事件　No〇』と、当時県警が貼《は》ったであろう黄ばんだ紙がすでに剝《は》がれかけて風に揺れていた。経年変化で硬化した粘着テープをバリバリと音をたてて剝がしながらフタを開けていく。警察がガサ入れした内容をガサ入れするのである。中には菅家さんの服やズボン、運動靴などと共に、VHSのビデオテープがぎっしりと詰まっていた。捜査幹部の話がフラッシュバックする。

「優秀な駐在がいましてね。これが、かぎつけたんです。すごかったですよ、隠れ家のような家の中が……ロリコンのビデオとかが、たくさん置いてあった」

逮捕直後の新聞にはこう書かれていた。

〈菅家容疑者　ロリコン趣味の四五歳〉〈〝週末の隠れ家〟借りる〉〈この「週末の隠れ家」には、少女を扱ったアダルトビデオやポルノ雑誌があるといい、菅家容疑者の少女趣味を満たすアジトとなったらしい〉（読売新聞一二月二日）

警察から出た情報で書かれた記事であろう。

西巻さんに聞けば、借家にはテープが二〇〇本以上あったと言う。『男はつらいよ』『インディ・ジョーンズ』『座頭市』など、一般向けの映画もあったのだが、警察は当然のようにそれらに目もくれず、アダルト系のビデオ一三三本を押収していった。テープは一本一本ビニール袋に入れられ、証拠品の番号が添付されている。時が止まったままの、古びた淫靡な写真が印刷されたパッケージ。外国人や熟女っぽい女性がこちらに向かって笑みを浮かべている。記録も兼ねて、杉本純子が一本ずつ声に出してタイトルを読み、手塚カメラマンがそれを撮ってゆく。『巨乳ベスト一〇』『Eカップ伝説』『オッパイの逆襲』『Gカップハリケーン』『妹はホルスタイン』……延々続くが、その場に立ち会いながら私は胸の中で呟《つぶや》く。やはり声は出さないでもらいたい。どのみち放送できない。

とにかく、一三三本すべてチェックしてみたが、いわゆる巨乳系とでも言うのだろうか、一本残らずグラマーな女性のビデオだ。ロリコン物など一本も無いではないか。パッケージには定価も書かれており、容易に手に入るような市販品ばかりだ。

当時、菅家さんはレンタルビデオ店からもビデオを借りていたという。ならばそちらも調べねばなるまい。当時のニュースの中で取材に応じている店があった。アルバイトだろうか、聖子ちゃんカットのかわいい店員が何やら話していた。

押収品の段ボール箱を片っ端からひっくり返して記録した後、足利市内を車で捜し回ると、その店は今もあった。そして驚くことに、カウンターの向こうにはニコニコと笑う聖子ちゃんがいた。さすがに一七年の時は流れていたのだが……。

彼女は今や、店長だった。

「うちの店をよく利用して下さったんで、よく覚えています。毎週金曜日に来ていただきました」

事件直後に警察の聞き込みや取材を受けていた店長は、当時のことを詳しく覚えていた。菅家さんがよく借りていたのはアダルトビデオとヤクザ映画だったという。

「アダルトは、今はやりの巨乳って言うんですかねえ。ロリコン物ですか？ 警察の方にも質問されましたが、ないんですよ。一切ないです。ヤクザ映画は、東映系の勧善懲悪ものみたいな感じですか？」いつもニコニコしていて、さっと借りてさっといなくなるような客だったという。

ロリコンなのか否《いな》かは、犯人像の根幹を成す重要な要素のはずだった。

当時の捜査幹部にこの疑問を当ててみた。

玄関先で「菅家受刑者は、本当にロリコンだったんですか？」と尋ねると、元幹部は自信満々に口を開いた。「ガサの結果もいろんなものが出てきたからね。ロリコンのビデオだとか……」

捜査指揮をしていた幹部は、押収されたビデオはロリコン物だと思い込んでいた。

この話がマスコミに流れたのか……？　疑念を感じながら、「我々も調べましたが、ロリコン物のビデオなど一本もありませんでしたよ」と伝えると、少し表情を強《こわ》ばらせ、今度は特に根拠を示さないままで「まっ、ロリコンだよ」と押し切った。重ねてその根拠を尋ねると、元幹部はいよいよ面倒臭そうに私の顔をじっと見てこう言い放ったのだ。

「だってさ、殺害した相手はみんな幼稚園児なんだからさ。三人とも幼女だからね。ロリコンに決まってるさ」

私は、相当の間抜け面《づら》でそれを受け止めたはずだ。根拠と結論が逆転していたのだから。

渡良瀬川の河川敷に何度も通った。中州の砂を踏み、アシをかき分けて歩く。いくら徘徊《はいかい》しようと何も落ちてなどいない。百も承知だ。だが、現場でなければできない思考があるのだ。菅家さんが殺害場所と自供したコンクリート護岸は、今はゴロゴロとした石が堆積《たいせき》して、すでに埋没していた。真実を押し流すかのように、川は縦横無尽にその姿を変えながらうねっていた。

「現場」がどこかわからない。

私としては生理的に許せない状況であった。

というわけで正確な検証を行うため測量することにした。バカなことをと言わないで欲しい。私にとっては重要なことなのだ。手がかりとしては警察が法廷に提出した実況見分調書の図面があった。ただし現場は広大で巻尺などではお話にならない。そこで東京でデジタル式の測量機をレンタルし、重い機材をかついで中州に向かった。

スタッフに反射用のプリズムと無線機を持ってもらい、現場上流に架けられているオレンジ色の田中橋や土手の上に立たせては、一ポイントずつ計測を繰り返す。測量機はボタン一つで五〇〇メートルまでの距離を数センチ単位で正確に測量できる優れモノだ。過去の取材では、金属探知機やクレーン車、防弾チョッキにガスマスクなんてものも使ったが、測量機は初めてだ。こういった苦労をいとわなければ、真実は必ず見えてくる……かどうか、そんなことは私にも分からない。

結局四時間を費やして、遺体遺棄現場はどうやら特定できた。

その場所で、三脚に載せた測量機をぐるりと川の対岸に向けてみる。二〇八Mという赤いデジタル数値が表示される。目盛りのついたスコープが映し出している先は河川敷の中にある小さな畑だ。真実ちゃん事件の一年前に、福島万弥ちゃんの遺体が発見された場所だ。

二つの現場の上流に架かる田中橋の上に立ってみれば更に良くわかる。

群馬県から流れ込む水が輝き、水面際《ぎわ》には一羽の白鷺《しらさぎ》が羽を広げて滑空する、そんなあまりにのどかな川の右岸と左岸。その対称的な位置に——流れを隔てて向かい合うように、二人の幼女の遺体は遺棄されていたのだ。

悪魔の儀式でも気取ったつもりか。

私は犯人に強い嫌悪《けんお》を感じる。

網膜に焼きつきそうなその不気味な光景を振り払うように、私は作業を続ける。真実ちゃんの遺体遺棄現場に目印として木の杭《くい》を打ち込むのだ。最初は無駄にも思えたこの作業だったが、結果としてできたことはあった。その杭に向かって、手を合わせられたのだ。

私は、ポケットから出した小さな猫のおもちゃをそっと杭の下に置いた。

前足を揃えた猫が、私を見上げていた。


ある夜、私は一人で中州に立っていた。半月もおぼろな夜だった。月光は草木に遮られ、足下はおぼつかない。時間の経過とともに多少目が慣れたものの、石にはつまずいたし、草の斜面は滑った。ようやく杭にたどり着いて、私はアシが風に揺れる音だけを聞いていた。

こんなところで生を終えた子がいた——まだ、たったの四歳で。

そのことを思うたび、私は何度でも現場に足を運ばなければならないような思いに駆られる。感傷に浸るためではない。見落としはないか、そう思うからだ。事件は夜起きたのだ。ならば現場取材も夜だ。供述と状況は本当に一致するのか。何度も何度も繰り返し想像する。想像が事実になど及びはしない。だが、できることは現場に足を運び続けること、考え続けることだけだ。そうやって誰よりも、一歩でも、「真実」に近づくしかない。

偉そうなことを言うつもりなど毛頭ない。山ほど失敗してきた私だ。ただ愚直にやるしか私には方法がないのだ。権力もない、金もない、ただマスコミの端っこに食らいついているだけのおっさんができることなど、そう多くはない。

結局、その時の私にできたことも、足下の草から弱々しい虫の鳴き声が聞こえてくる漆黒の闇《やみ》の中で杭に手を合わせることくらいだった。

その夜のことだった。

足利のホテルに宿泊した私は疲れからか、ぐっすりと寝入っていた。はずだった。

突然目が覚めた。だが、身体《からだ》が動かない。肩甲骨と踵《かかと》はべったりとベッドに貼りついているようだったし、腹筋や太ももに力を入れても身体はびくともしなかった。首も回せない。これが金縛りってやつか……？　なぜか明晰《めいせき》な意識の中で、私はふと気づく。

ベッドの周りに、気配があった。

幾人かの……子供だ。

女の子だ。

笑い声がする。

数人の幼い女の子が、ベッドの周りでスキップをしているらしい。

奇妙な状況にもかかわらず、不思議と私はそれを恐ろしいとは思わず、身を横たえたまま彼女達の楽しげな気配を感じている。

その時だ。一人の少女の声がしたのは。

「はい、どうぞ」

私は少女から箱を受け取っていた――動けなかったはずの私は、なぜかベッドの縁に腰掛け、そのブリキ製の箱を受け取っていた。

「箱を開けて……?」

私の手のひらに小さな缶を載せた丸顔の少女が、小首を傾《かし》げて私を見上げ、ねだるようにそう言った。

それは、キャンディーかクッキーでも入っていそうなかわいらしい缶だった。ただの四角い箱形ではなかった。家だ。家の形をしていた。傾斜のついた屋根はフタになっている。全体は金色で、カラフルな瓦《かわら》や扉や窓が描かれている。

せがむ少女の声を聞きながら、私はフタを開けようとする。だが、その開口部の縁にはぐるっと透明なテープが巻かれていた。よく見ると、缶の一部は錆《さ》びている。

私は、ようやくそのテープの端を探し出すと、ゆっくり剝がしはじめる。テープは意外に柔らかく、私の剝がす力で伸びながらも、少しずつ少しずつ缶から剝がれていく。そして私は、爪《つめ》を使ってそのフタをそっと開けた……。

そこで目が覚めた。

相変わらず私はホテルの部屋にいて、ベッドの上で身を横たえている。傍らに目をやると、備えつけの小さな丸テーブルの上に朝日が差し込んでいた。よろよろと起き上がってカーテンを開けると、眼下には渡良瀬川が光っていた。何ら変わらぬ日常の風景がそこにあった。

私は窓の前に立ったまま、汗をかいた手のひらをじっと見つめた。あの缶の感触が今も残っていた。ひんやりとして、どこかざらざらとしたブリキの感触。伸びていくテープのリアルな動き。

〝箱を開けて……?〟

幼い声が耳元で甦《よみがえ》る。あの子は確かに私に言った。

私は確かに、そう聞いたのだ。

第四章　決断

渡良瀬川河川敷の公園

少女達から箱を受け取ってしまったことが、揺らいでいた私の背中を押してくれた……などと甘いことを言うつもりはない。むしろ、ショックな夢だった。

夢を見た日、取材用のワゴン車の中で、杉本純子や手塚カメラマン、中林ドライバーにその話を伝えた時も、ショックが抜けてはいなかった。それ本当ですか？　もちろんだよ。うそー。怖くなかったですか？　などとやりとりしながらも、実際には私の心は沈み込むようだった。

正直に言えば、私がこの事件の取材を開始したのは、菅家さんが冤罪《えんざい》である可能性がかなり高いと踏んだからだ。元捜査幹部などの警察関係者に会えば、時にその気持ちが揺らぐことはあっても、私の推論が完全に破綻《はたん》しているとは思えなかった。むしろ取材するにつれ、私の確信は深まっていった。

私は「足利事件」にのめり込んでいた。

だが、夢に現れたのは「複数」の幼い女の子達だった。その一人から箱を手渡されたとき、私は大きな忘れ物をしていたことに気づかされた。私が追うべきなのは「北関東連続幼女誘拐殺人事件」であって「足利事件」単体ではなかった。

なんのための取材なのか。

真犯人が野放しになっているのではないか。そのことをこそ突き止めるためだ。あの「ブリキの家」の中にいるのは、菅家さんではありえない。私に必要だったのは真犯人に迫る覚悟、つまりは「ブリキの家」のフタを開ける決断をすることだった。私には、彼女達がそのことを伝えるために夢に現れたように思えてならなかった。

それには必要なことがある——菅家さんをこの事件からまず「排除」することだ。「北関東連続幼女誘拐殺人事件」にとって獄中にいる菅家さんの存在は「邪魔」なのだ。事態がややこしくなるだけだ。彼が有罪になったばかりに、他の四件までもが放置される事態に立ち至った。彼の冤罪が証明されない限り、捜査機関は真犯人捜しに動かないだろう。

これを修正する方法は、菅家さんの冤罪を証明することしかない。あるいは、少女達が夢で迫ったように、捜査機関を出し抜いて先に真犯人に辿《たど》り着くか。

まあいい。両方やればいい。

私は一人、ワゴン車の中で黙考する。

菅家さんの「自供」を徹底検証する方法なら、いくつか思いついていた。

まずは再現実験だ。

「足利事件」が起きた五月一二日の日没は一八時三六分だ。同時間帯に実験を行う。

とにかくリアルに、可能な限り忠実に。真実ちゃんを荷台に乗せたとされる菅家さんの自転車は、押収物《おうしゅう》と一緒に警察から戻されて、支援者の西巻糸子さんが保管していたからそれを借りた。

青色の車体のミニサイクル。小径タイヤに白いサドルと二つ目玉のライト。今やなかなか見かけることもない古いデザインだ。錆《さび》が浮き、タイヤの空気は抜け、ライトも点《つ》かなかったが、自転車店に持ち込んで直してもらう。

運転するのは杉本純子。身長一五五センチ、体重四五キロである。ここで彼女の体重を公表したのをセクハラと言わないで欲しい。これは取材上の重要なポイントである。この体型は偶然にも菅家さんとまったく同じなのだ。そして自転車の荷台には、真実ちゃんの体重と同じ一八キロのウエイトを用意してゴムバンドで縛りつけた。

菅家さんが真実ちゃんに声をかけたとされる一九時〇〇分、杉本純子は胸から下げたストップウォッチを押すと、薄暗くなったパチンコ店の駐車場から走り出した。カメラがその姿を追う。

供述に添って堤防に上がる坂道を、懸命にペダルを踏んで登っていく。その杉本純子が何やらわめいている。聞けば坂道ではウエイトで後ろに引っぱられ、前輪が浮くのだという。そのためハンドルがふらつき、かなり怖いそうだ。これはやってみなけりゃ分からないことだ。同じ自転車で同じ重量配分、同じ場所を走っての結果であれば重要だろう。

土手の上でUターンすると、今度は河川敷に降りる下り坂に入る。菅家さんはここでブレーキをかけたと供述をしていた。捜査本部は、それを「秘密の暴露」（犯人しか知り得ぬ事実）としていたが、ここはかなりの急坂である。誰だってブレーキをかけるから推測で言えることに過ぎない。秘密の暴露というのなら、むしろ「ミニサイクルでは上り坂で前輪が浮く」方であろう。

河川敷の野球場のバックネット裏を右に折れ、川に向かって行く。月明かりの下、その自転車を追う得体の知れぬ謎《なぞ》の集団が我々だ。突き当たりのT字路で自転車を降り、スタンドを立てる。

この先、アシの中を、菅家さんは真実ちゃんと手をつないで歩いたとされている。

そしてコンクリートの護岸の上で殺害し、遺体を運んだと自供した。

　殺害現場から遺棄現場まで、杉本純子は一八キロのウエイトを抱いて運ぶ。ごろつく石に靴を取られ、草にひっかかっては転んで時々悲鳴をあげる。重いカメラを担《かつ》ぎ、後退しながら撮影する手塚カメラマンも苦心惨憺《さんたん》だ。現場の目印のために打ち込んだ木杭《きぐい》には、夜でも目立つように事前に赤く明滅する小型ライトを貼《は》りつけておいた。だが、アシが生い茂る状況ではなかなか発見できない。やっとの思いで行程を終えた杉本純子は、供述通りの時間を守るため、闇《やみ》の中を懸命に自転車に戻った。すでにふらふらだ。

　この後、菅家さんはスーパーマーケットに立ち寄って買い物をし、借家に向かう。スーパーの閉店は二〇時。一五分ほど買い物をしたと自供しているから、逆算して一九時四五分頃までには店に到着しなければならない。杉本純子は夜道をひたすら自転車で進み、田中橋で渡良瀬川を渡り、市内を突っ走り、なんとか時間通りにスーパーに到着した。

　明るい店内で見た我々の服の袖《そで》やズボンには、草の種やら葉やらが張りつき、靴は土とほこりで汚れていた。供述通りの行動を取っていたのだとしたら、菅家さんも同様の姿だったはずだ。

止めたストップウォッチから、所要時間を計算する。

結果、真実ちゃんと出会ってから遺体を遺棄するまでの時間は、三〇分程度しかあり得ないことが分かった。誘い出し、中州まで移動して殺害。いたずらをして遺体を移動し、衣服を川に放り投げる……。「犯行不可能」とまでは言い切れないが、強行スケジュールであることは間違いない。

こんな調査もやってみた。

日本テレビの特番スタッフルーム。窓のないその部屋に奇妙な声が響く。「サカナ、サカナ、サカナ……」スーパーの店先で流れる、あの歌ではない。「セイニク、カシ、ヤサイ……」手の中からは、幅五センチ程度のロールペーパーが長く延びていく。スーパーマーケットのレシートの控えだ。白い用紙の上に並ぶのは紫色のインク文字。今では、まず見ることがない旧型のレジスターで印字されたものだ。

日付は一九九〇年五月一二日——事件当日である。自供後、警察はこのレシート控えをチェックし、菅家さんの買い物の有無を調べていた。その後、菅家さんの弁護団もこのロールの検証を行った。我々も自身の目で裏取りをしなければならない。面倒だが、それが取材というものだ。

当時、店のレジは三台あった。

一日分のロールは合計で数十本にも及ぶ。その一本一本を延ばして目を凝らし、時間と内容を確認する。犯行後、靴は泥まみれ、服に葉っぱや草の種をまとわりつかせてスーパーにやってきたはずの菅家さんの買い物は、おにぎりとメンチカツ、缶コーヒー。調書によれば〈缶コーヒーは、たしか一九〇グラム入りのもので、一本の値段が九五円くらいだったんじゃないかと思います。おにぎりは、サランラップに包《くる》まっているもので、一個の値段は一〇〇円くらいだったんじゃないかと思います〉。

適合する印字を目で追っていくが、該当する時間帯で一〇〇〇円前後の買い物の記録は六件だけ。その中から「自供」に一致する買い物の記録を探し続けるが、ない。「ある」という結論は、それを探し出せば良いのだが、「ない」と断定するためには、全《すべ》てのチェックを確実にやり遂げなければその結論は導き出せない。結局、適合するレシートは発見できなかった。

警察も、菅家さんのこの自供内容について裏付けを取ることはできていなかった。

そもそも、殺人を犯したばかりの男が、なんだって無理をして閉店間際《まぎわ》の店に飛び込んで、あげく、今度は一五分もかけておにぎりやらメンチカツを買わなくてはならないのか？　弁護団もレシート控えを精査して、「一五時二分」ならばほぼ合致する買い物の記録があると指摘している。「自供」から導き出される時間帯より五時間ほど前だが、実際の買い物はこの時間であったのではないか、としてそれを無罪の証拠としていた。だが控訴審《こうそしん》判決は被告人の〈供述はかなりあいまいで〉〈当日の買物を特定することは、困難で〉証拠価値はないと一蹴《いっしゅう》していた。

刑事事件の裁判の結末は、「有罪」か「無罪」かのどちらか一方しかない。つまりこの場合、有罪に都合の悪いものはなんらかの理由で排除されていくことになる。しかし、よく読めばこの判決文に、被告人の〈供述はかなりあいまいで〉と書いてあるではないか。殺人の「自供」は正確だが、買い物については「あいまい」らしい。なんだか都合良く仕分けされているように思えるのは私の気のせいだろうか。

いかんいかん。予断をもって判断してはならない。

そう思おうとするのだが、別のこんな疑問も出てくる。

「足利事件」の膨大な調書の中に不思議な絵があった。菅家さんが描いたものだ。下手なイラストで、最初はゾウリムシの絵かと思ったくらいだが「靴」らしい。しかも一枚はゴムの靴底部分である。靴底の模様が波のように描かれている。靴の前面には小さな空気穴が開き、色は白とブルー。イラストのそばには菅家さんのものらしい文字で説明が書き込まれていた。

〈平成元年に、近くの店で購入したもの〉

〈まみちゃんをころした時　私がはいていた運動ぐつ〉

脳のどこかで何かが明滅する。例の物体Xの上申書のようなものだろうか。靴跡《ゲソ》の証拠というわけか？　なんだってイラストなんだ？

別の調書と照らし合わせると、興味深いことが分かってきた。それは警察が事件発生直後に作った遺体発見現場の図面だ。そこには①〜⑨と番号が振られている。遺体の頭部のあたりに①、②。そして衣類が発見された川の岸辺に③と④。番号は、中州の上を点々と続いていた。

これは足跡の番号ではないのか？

事件直後に日本テレビが撮影したニュース映像を見れば、鑑識係が現場で石膏《せっこう》を流し込み、足跡を採取していた。公園のブランコ近くに置かれている黒い四角のパネルのナンバーは、㉕から始まり㊿番台にまで達している。警察は膨大な数の足跡を採取したのだろう。だが実際に見取り図に残されているのは①〜⑨だけだ。

いったいなぜだ？

警察がこの九つの足跡を犯人のものと考えたからだろう。遺体発見場所はアシの中だ。普段はあまり人が入らない場所だ。ならば犯人の足跡が採取できた可能性がある。鮮明なゲソが取れたのなら靴も特定されたのではないのか。警察は流通ルートを捜査したろうから、イラストの謎を解くためには我々も靴を追ってみるか。

足利市内の靴店を廻って当時のことを取材してみた。

「刑事さんが二人、靴の底みたいなのを持ってきて、こんな靴お宅で売っていましたか?って聞かれたね」そんな証言が出た。さらに別の店では「警察は靴のメーカーを知ってましたね。どんな靴かわかっていました。うちに置いてないけど、量販店で確か一九八〇円くらいの商品です。写真持ってましたよ」という。

私はこの靴底イラストの謎を、当時の捜査幹部に当てた。

「現場でゲソが出てましたよね?」

私は相手の顔をじっと見る。答えが出るまでの間が長すぎた。

「うーん、取れてないいんじゃないかな……」

「いくつか出てるんじゃないですか?」

「全然取れないですよ、コンクリートの場所もあるし」

トボけられてはたまらない。こちらは現場である中州の砂地の話をしているのだ。

「その先です。遺体発見現場ですよ。図面にも①から⑨までゲソが表記してありますよ」

「それは……、取った……というだけでしょう」そう言うと、ふっと目をそらした。

ここは一歩も引けない場面だ。ならば、と直球を投げた。

「結局、菅家さんの靴が合わなかったんですよね？」

「……」

「犯人の靴ってわかってますよね？　靴屋で写真持ってローラーかけてますよね」

「……うん、それはわかった」

どうやら、根は正直な人らしい。

「菅家さんは、その靴を持ってたんですか？」

「どうだったかなあ……、記憶に難しい……」と、ここは逸《そ》らせた。

同じ靴を菅家さんが履いていたならば、それは大きな証拠となったはずだ。靴底の減り具合や、傷などから、完全一致を証明できる可能性もある。

だが、その靴はガサ入れでも見つからなかった。警察が押収した段ボール箱の中身を調べ尽くした私は、そこにあった靴がイラストと一致していないことを知っている。

そもそも妙な話なのだ。例えば、私の靴の底は「ビブラムソール」という、もともと登山用のちょっと変わったものだ。しかし、靴の外側のデザインならともかく、靴底の絵を描けと言われても、よほど特殊な記憶の才能でもなければ実物を見ずに描くのは無理だ。まさか、何らかの資料を見せて菅家さんに描かせたんじゃないのか？

私はそう疑わずにはいられなかった。

考えられる限りの取材を続ける。取材が足りなければ自分が揺らぐ。知らないことがあるということは怖いのだ。不安が残れば腹を括《くく》った報道などできない。

再現実験の次は目撃証言の謎を検証する。裁判資料に直接的な目撃証言がないのである。事件当日は土曜日で、パチンコ店も多くの客で賑《にぎ》わっていたというし、夕方の渡良瀬川河川敷には多くの人達がいたはずだ。なのに、この事件に目撃者が皆無というのが私には解《げ》せない。捜査員は周辺道路、駐車場、個人宅などの聞き込みを続けたが、当日菅家さんを目撃した人は見つかっていない。県警の元幹部は「背が小さくて、目立たないんだな」と言ってすませていた。

同じ土曜の夕暮れ、土手に沿った道路に立ってみた。結構な交通量だった。車が次々と走って来て道路を横切るのが難しい。西巻糸子さんの話では、現在は川下にも橋があるが、事件当時は上流の田中橋しかなかったのでこの道はよく渋滞が起きていたという。車列はパチンコ店の前あたりまで延びることが多かったのだとか。

ニュース映像で確認すると、ちょうどその場所で連日検問が行われていた。

ミニサイクルをよろよろと漕《こ》ぐ中年男と、荷台に座って男のカーディガンの裾《すそ》を懸命につかむ赤いスカートの幼い女の子、などという特徴ある二人が渋滞の道路を横切っていけば、何らかの目撃証言がありそうな気もするが、ついに目撃者は出なかったという。

二審の判決では、目撃者の不在に対し、犯行当日の状況から考えて、〈確かな目撃者が現われなくても不審ではない〉としていた。

本当にそうだろうか。

事件から長い月日を経ていた私の取材だったが、当時のことを記憶している人は意外なほど多かった。なんと言っても、足利市で起きた三件目の連続幼女殺人事件だ。遺体発見も行方不明となった翌朝のことである。市内を警察車両が走り回り、検問が敷かれ、警察や報道のヘリが上空を旋回するような大事件の発生となれば、それぞれが〝昨日の夕方、自分は何をしていたのか〟を思い返しただろう。男性陣はなおさらだ。自分のアリバイを振り返ったその特異な体験は、今もってあの日のことを忘れさせなかったのだろう。

だが、私達が取材を重ねても、菅家さんらしき人物を見たという人や、幼い女の子を乗せた自転車の二人乗りを見たという目撃者は出てこなかった。

しかし、別の重大なシーンを見た人達ならば、いたのである。

その人達は事件発生直後に目撃証言を警察に伝えている。だが、不思議なことに、その証言は煙のように消えてしまい、「この事件に目撃者はいない」ということになっている。聞けば、目撃証言を行った人達のうちの二人については現場で細かい実況見分も行い、合計で一〇〇ページを超える分厚い調書まで作成されていた。

そのうちの一人は、渡良瀬川の土手の近くに住む自営業の吉田（仮名）さんだ。吉田さんは事件のあったその日、一八時過ぎから河川敷にいた。芝の上にいくつかボールを転がして、ゴルフの練習をしていたという。

「たまたま土手の方を、ふっと見たんだよ。そしたら、女の子と手をつないで降りて来る男を見た。土手の法面《のりめん》を下りてきたんですよ。二人は、手をつないでましたね」

手をつないで歩いて降りてくる男と幼い女の子。自転車には乗っていない——。

場所も、菅家さんが自転車で下ったとされる坂ではない。土手にはそこを直角に越えるコンクリート製の階段がある。その階段を降りた先の草付き斜面を降りていったという。その草付き斜面からまっすぐ行けば、ブランコがある公園だ。反対側の登り口は、まさにパチンコ店の駐車場の目と鼻の先。つまり、店を徒歩で出た二人がブランコのある公園を目指したとすれば、自然なルートだ。

「男は、あんまり若くないね。遠くだから顔までは良く見えない……。子供は、えーっと……四歳くらいかな。二人がずーっと行った先に、遺体があったんだからね。ああ、犯人はあいつだなと思ったよ」

　菅家さんの自供内容を詳しく知らない吉田さんは、逮捕されたのは自分が目撃した男だと信じていた。どんな男だったんですか？　と尋ねると、吉田さんは、うーんと吐き出すように言った。

「はしっこそうな（すばしっこい）男だった。ひょろりとした感じでね。そう、漫画のルパン三世、あれにそっくりだったんだよ。感じがね」

　ルパン三世に似た男。

　私は、ひょろりとしたその漫画の登場人物を頭に浮かべた。

　菅家さんとは似ても似つかない。

　脳内のメモ帳に強い筆圧で書き込まれたその名前──「ルパン」──は、脳内メモの別ページとヒットする。そうか──ふと思いついて私はバッグからあるものを取りだし、吉田さんに見せた。

　吉田さんの反応は、私に確信を抱かせるに充分だった。

　男と少女の目撃者はもう一人いた。松本（仮名）さんという主婦だ。彼女は警察の事情聴取にこう答えていた。

〈子供については　四歳位　身長一〇〇センチ位　体格中肉　赤っぽいスカートで上衣《うわぎ》は、スカートに比べて明るいものを着た女の子だったのです〉

学校で美術の先生をしていたというこの女性は一枚のスケッチ画を残していた。鉛筆で描かれたモノトーンの絵だ。低い位置に、雲が垂れ下がった空。左側には遠近感のパースがついた堤防がある。構図中央には広い芝の上を横切る大小二つの姿。二人は画面左から、右に向かって歩いている。

大股《おおまた》で歩く男が「ルパン」に似た男であろう。距離があるため顔ははっきりと描かれていない。男に寄り添うようなスカート姿の少女。二人が向かっている先は、遺体発見現場の方角だ。

モノトーンの絵に残された「ルパン」の姿を見つめていると、紙上に鉛筆をサラサラと走らせる女性の姿が頭に浮かんだ。その女性は、どの程度のイメージを抱いたのか。強く犯人と被害者だと感じたのか。それとも「こんな人達を見たんです」くらいなのか。いかに分厚い調書があろうとも、私が知りたいのは、情報が信頼に足るものなのかどうかということだ。この人に会いたい。私は強く思った。会わなければ細部のニュアンスまでわからない。だが、松本さんの住所は不明だ。すでに足利市から転居しているらしく、八方手を尽くしたが皆目行方が分からない。もどかしい。

絵の中の、裾が広がったスカートにじっと目をやった。

〈赤っぽいスカート〉

この少女こそ、真実ちゃんではないのか？

一八時三〇分頃にパチンコ店周辺で最後に目撃された真実ちゃん。その直後、すぐ裏手の河川敷では赤いスカートの少女が目撃されている……この線がつながるならば、「ルパン」こそが真犯人と考えるのが自然ではないのか。

県警もそう考えたはずだ。だからこそ吉田さんと松本さん、二人で計一〇〇ページを超える分厚い調書まで作成したのだ。だが、裁判では、検察側の証拠としては提出されていない。

当時の捜査幹部にこの疑問をぶつけてみた。

「いやー、違うね。あの証言は信頼できなかった。いいかげんな証言はいっぱいあったんだよ、いっぱいいさ。目撃情報なんてアテになんないんだよ。人のことなんか、よく覚えてないからね。二人が見たって言う男も、服装とか髪型で証言が食い違ってさあ……」

違和感を覚えたが、こちらにはそれを覆《くつがえ》す根拠もない。頭の中で「消された証言」という単語がぐるぐると廻るばかりのまま、引き下がるよりなかった。

渡良瀬川の河川敷に戻り、吉田さんがゴルフをしていた芝の上に立ってみた。コンクリートの階段の下、雑草が茂る土手の法面には細い踏み跡があった。ルパン三世に似た細身の男が、少女と一緒に下る姿が脳裏に浮かぶ。

土手に座ってブランコのある公園を見下ろす。

なんだか懐《なつ》かしい草の匂《にお》いがした。

一旦《いったん》頭を整理してみたかった。

〝自転車に乗っていた二人〟という目撃者はいなかったが、〝歩いていた二人〟という目撃証言はあった――。

目の前に大きく芝が広がっていた。ところどころにモグラが顔を出したのであろう土盛りが見える。ブランコの近くで歩いている二人を目撃し、スケッチを残した主婦。今、ブランコはなぜかイスが取り外され、ブルーに塗られたフレームだけが残っている。事件直後、確かその辺りで鑑識係が石膏で足跡を取っていたな……その光景を思い浮かべた時、頭の中を何かが駆け抜けた。

いてもたってもいられなくなり、東武鉄道の特急りょうもう号に飛び乗ると東京に向かった。私は電車の中で懸命にある映像を思い出そうとしていた。日本テレビに保存されていた「足利事件」に関連する素材の全てを私は見ている。聞き込みする刑事、検問の様子、現場の空撮、足跡を取る鑑識の姿……その中で何か重大なモノを見た気がしたのだ。

会社に戻り報道局に駆け上がると、そのままの勢いでテープを収納したロッカーをひっかき回し、一本のベータカムテープを探し出した。がちゃりと音を立ててデッキに挿し込むと、ブーンという音を立ててモーターが廻り出す。人差し指で「PLAY」ボタンを押す。

液晶画面に映し出されたのはあの公園だ。事件から数日後。立ち入り禁止の黄色いテープが風に揺れている。ブランコがある。機動隊員が警杖《けいじょう》を持って歩いている。画面に立て看板が映った。目撃情報を求めるために設置されたものだ。真実ちゃんの顔写真と赤いスカート姿が描かれている。カメラは看板の文字を追って少しずつパーンダウンしていく。私はデッキのジョグダイアルを握ると動きを止めた。その立て看板にはこう記されていた。

「真実ちゃんが、ここを横切りました。お心当たりのある方は情報をお寄せ下さい」

公園を横切った少女は真実ちゃんと断定されていた——。

栃木県警は、松本さんが見た赤いスカートの少女を真実ちゃんと見なしていた時期が確かにあったのだ。テープの箱に記載された取材日のデータを見れば、吉田さんと松本さんが証言を行った数日後だ。警察は吉田さんと松本さんの証言から、いったん男と歩いていた赤いスカートの女の子を真実ちゃんだとした。ところが逮捕された菅家さんは、あろうことか、「自転車の荷台に乗せた」と自供してしまう。その瞬間から、「歩く」目撃証言は邪魔になったのではないか。モニターに釘《くぎ》づけとなった私の心にむくむくと疑問が湧《わ》き起こった。

「足利事件」に疑念を抱くに充分な材料が揃《そろ》ってきている感触はあった。

だがその一方で、「菅家さんは完全に無実か」と問われれば、私はいまだに確信を持てずにいた。私の「推論」によれば、菅家さんは犯人ではありえない。しかし、無実なら、なぜ菅家さんは「自供」をしたのか。取り調べで一日も持たなかったというではないか。私が目にした供述調書にはこうまで書いてあった。

〈私は去年の五月一二日、真実ちゃんを殺したことは間違いありません……〉

栃木県警の供述調書用紙。その末尾には達筆な字で「警察本部刑事部捜査第一課警部H」というサインがしてあり、傍らに印鑑が押してあった。

〈殺したことは間違いありません〉

その文字は気弱な私の心をぐさりと突き刺す。勘弁してもらいたい。

状況から言って菅家さんが犯人ではありえないといくら私が唱えたところで、その本人が一旦とはいえ「殺しました」と自供したのである。今は冤罪《えんざい》を訴えていると言っても、菅家さんがふらふらとしていたり、矛盾だらけの妄想を言い立てるような人物なら、ただでさえハードルの高い冤罪報道に突入するなど到底無理だった。

そもそも、刑事事件の冤罪の可能性を報じる記者や大手メディアは少ない。特に確定した判決に嚙《か》みつく記者となればなおのこと。「国」と真正面からぶつかる報道となるからだろう。容疑者を逮捕する警察。起訴する検察。判決が出ていれば裁判所。そのいずれかと、あるいはそのすべてと対峙《たいじ》することとなってしまう。

戦おうにも取材は極めて困難だ。逮捕、起訴した側に取材をかけても返ってくる答えは決まっている。はい、間違いなく犯人です。もちろん捜査に確信を持っています、だ。逮捕された側に取材をしようにも塀の中。それでも報道をするなら「担保無き報道」となる。

どういう意味か。

元々、大手マスコミが扱う情報は〝官庁群発信〟が多い。

それぞれの省庁の広報や記者クラブというシステムを経て情報がマスコミに渡り、それが日々の紙面やニュースを飾る。「首相官邸で官房長官は……」「厚労省の統計では……」というやつだ。司法関連ならば霞が関一、二丁目界隈《かいわい》が総本山ということになる。堀端に立つ赤いレンガの法務省をはじめ、裁判所、検察庁、警察庁、警視庁……などなどがそそり立つ一角だ。一般的な事件、事故、災害なら所轄《しょかつ》の警察署だ。だから「事件記者」と呼ばれる人達は事が起きれば警察署に集まり、副署長などから取材する。「朝駆け」「夜回り」などと称して捜査関係者の官舎や自宅を訪ねたりもする。そこで入手できるネタは、各社同様の場合もあるし、何かの拍子でスクープとなったりもする。

もちろん、捜査員も取材をされれば何でもへいへい答えるわけではない。相手は公務員だ。本来は秘密を漏らすわけにはいかない。そこで記者達はあの手この手で取材する。日頃の信頼関係から意外なネタを教えてくれたりすることもあるかもしれない。だが、結局は捜査員も捜査機関や自分に都合の悪いことは認めないし、たとえ事実であっても書くなと言われることすらある。記者にとっては大事なネタ元だ。その後の関係性が壊れるような取材も報道もやりにくい。

ともあれこうした「官」から得た情報に基づくものが「担保のある報道」になるわけだ。保証人は「お上」である。いろいろな意味で「安全性」は高い。マスコミの自主性とやらはどうした、という声もあるかもしれないが、ある意味仕方がないともいえる。事件・事故の数は多いが、記者の数は警察官や消防官に遠く及ばない。マスコミが国のすべての動向を監視するなどというのはある意味ナンセンスでもある。国民は国家を信頼し、国家は国民の知る権利に十全に応《こた》える。それが幸福な形だ。大方の場合、公的機関が発表する内容は事実であろうし、疑わしければその時点でチェックすればよい。要は、システムがきちんと機能すればよいのだ。

だが……マスコミが「お上」という「担保」によりかかってしまい、右から左に情報を流すだけになってしまったらどうなるか。実際、現場にも行かず、容疑者や遺族と会ったこともない捜査幹部から、記者が話を聞くだけ、という「伝聞の伝聞」取材もあるのだ。

つまり、マスコミの検証能力が重要なわけだが、冤罪報道となるともはや「担保」どころではない。

国家の判定に異議有り。

一言で言えばそういうことを報じるのだ。前にも触れたが、九九・八パーセントと言われる日本の有罪率に挑むのだ。相反する立場の弁護士などにも取材する、となると、少々熱心な記者であっても腰が引けるだろう。

また、過去に逮捕、起訴、判決と、その時々に捜査側の発表どおりの事件報道を繰り返していた場合、同じ事件の冤罪報道を始めればジレンマに陥ることにもなる。過去の「担保」報道を自らひっくり返すことになるからだ。

それでもなんとか覚悟を決めて冤罪報道をしたとしよう。結果、容疑者や被告人が無罪となったとする。めでたしめでたし……だろうか。だが、もしその人物が真犯人だったらどうするのか？　その後また類似事件を起こしたら、誰が責任を取れるだろう？

なんとも恐ろしい話ではあるが、実際にそんなケースもあったのである。

一九七〇年代前半、「首都圏女性連続殺人事件」と呼ばれる事件が起きた。東京都内や千葉県などで、似た手口により複数の女性が乱暴され、殺害されたのだ。

七四年になって小野悦男という男が逮捕される。男はいくつかの事件を自供するが、後に取り調べ方法が問題となり、次第にマスコミの中からも冤罪ではないかという声が高まった。一審判決では無期懲役となるが、九一年の東京高裁は殺人については無罪とした。小野は釈放され、記者会見で取り調べの悪質さを訴えて、マスコミは男を冤罪の象徴のように報じた。

だが、五年後、小野は再び逮捕されることとなった。

またも殺人罪である。同居していた四一歳の女性を殺害し、首を切って遺体を遺棄したとして無期懲役の判決が下された。警察にしてみれば、「だから言っただろう……」と言いたくなる結末だ。

それにしても、なぜここまで悪質な男が死刑でなく無期懲役なのか。過去の事件でも犯行を自供しているのに。それは「一事不再理」という原則があるからだ。刑事事件では同一事件で確定判決がある以上、二度と審理をすることはできない。よって、小野悦男の過去の事件の真相は今も闇の中だ。弁護士や冤罪支援者達にとって何とも後味の悪い事件だったろう。冤罪の疑いを報じたマスコミにしても、この苦い経験は忘れえぬものになったのではないか。

こうしたさまざまな障壁が冤罪報道にはつきまとうわけだが、私にとっての「ハードル」は少々違った。冤罪報道に高い垣根があると言っても、所詮《しょせん》私は記者クラブにも属さないような記者である。問題は、菅家さんに直接取材もせずに報じることなどできないということだ。何しろ肝心の本人は垣根どころか高い塀の向こう側——。

その塀の中に何とか入りたくて千葉刑務所に突入することにした。

アスファルトの道路の突き当たりに望むは赤いレンガ塀。中央には灰色の両開きの大きな鉄の門扉《もんぴ》がそびえ立っている。

塀の手前の小さな建物で書類に氏名や住所を書いた。支援者の西巻さん、杉本純子も一緒だ。というより、西巻さんに連れてきてもらったのだ。レンガ塀をくぐると意外に広いその門の中にロッカーが設置されていた。携帯電話や荷物をそこに預け、面会所の待合室まで進んだ。

だが、そこまでだった。

厳正な雰囲気の制服に身を包んだ刑務官は金バッジやボタンを光らせて、一九八〇円のユニクロのチェックのシャツを着た私に向かって事務的に言った。

「最近、法務省から通達がありまして、面会は親族や過去に交流のあった人しか認められません」

なんなのだその通達とやらは。記者には会わせないという意味か？

「本人は、冤罪を訴えているのですよ！」

言外に、本人の主張を外に出さないつもりか？と問うてみる。が、何を言おうと刑務官は能面のような表情で胸を張り、「通達」を連呼するだけだ。では、その通達とやらを見せて欲しいと食い下がってみたが、「できません」の一点張りだ。

目と鼻の先には金属探知のセキュリティゲートがある。その向こうには接見室の扉が見えた。しかし結局、そこには西巻さんだけが入って行くことになった。菅家さん本人まであと数メートルのところまでたどり着いたのに、重要な取材を遮断された思いは複雑だった。待合室のビニール張りの長イスに腰を下ろし、腕を組んで唸《うな》った。冤罪を訴える人とその取材を試みる記者。それを分断するということはどういうことか、法務省はわかっているのか？　受刑者の言い分なんて外に出すな。国家にとって不都合な主張をしようとするヤツは閉じ込めろ。法務省はそう考えてると言われても仕方ないんだぞ？　などと血圧を上げてみたところで霞が関方面から発されたという紙っぺらには手も足も出ない。

面会を終えた西巻さんと刑務所を出る。無念の思いで振り返るレンガ塀は、どーんとひたすら高くそびえていた。けっ、覚えてろよ。まるで出所したチンピラ兄ちゃんのように毒づくと、ジーパンのポケットに手を入れてムショに背を向けた。

菅家さんへの残る取材手法は一つだけだ。

文通である。

時は二一世紀、ここは確か情報大国ニッポンのはずであった。Ｗｉ－Ｆｉだとか光だとか、そんな高速デジタルの時代に切手を貼った紙っぺらのみが行き来を許される異空間があったのである。ちなみにその手紙も刑務所内からの発信は「通数制限」があるというのだから恐れ入る。

私と杉本純子は菅家さんに宛《あ》ててせっせと手紙を書き続けた。直接取材するのがベストだが、その道が断たれた以上、致し方ない。文章から本人だけが知るニュアンスを感じ取るよりない。

レンガ塀の向こうから送られて来た便箋《びんせん》には、角に小さな回形の判子が押されていた。検閲済みの印であろう。

〈拝啓　菅家利和です〉縦書きの便箋には、私よりよほど綺麗《きれい》な字が並んでいた。

〈私は無実です。真実ちゃんを殺してなどいないのです〉

〈清水さんに面会をしたいと思ってましたが、本当に残念でなりません。今年六月から新しい人とは、面会できなくなってしまいました。刑務所の方針でどうにもなりません。本当申し訳ありません〉

菅家さんが詫《わ》びることではないのに……と思いながら読み進めていくと、手紙にはHとYという二名の刑事の実名があげられていた。取り調べを担当し、調書を書いたのがH警部である。

〈刑事は絶対に許せないです。朝、寝ていると自宅に踏み込まれ、怒鳴られ、肘鉄砲《ひじでっぽう》をくらいました。会ったことのない真実ちゃんの写真を見せられ、謝れと、どつかれ……〉

菅家さんの手紙から、連行された状況や自供の実際が次第に明らかになっていく。

一九九一年一二月一日早朝。

当時四五歳の菅家さんは、栃木県足利市内の借家にいた。後にマスコミに〝隠れ家〟と報じられることになる家だ。西巻さんに聞けば、菅家さんの実家は足利市中心部にあったが、菅家さんは古い小さな家を借り、独立していた。独立とは言っても、幼稚園への通勤や食事などの利便の関係から、実際は実家に寝泊まりをすることも多かった。そのため、週末だけ借家に寝泊まりするような形になっていたという。

「菅家いるか、警察だ」怒鳴り声と玄関を叩《たた》く音が響いた。

雪崩《なだれ》れ込んできたのはH警部やY刑事など、捜査一課の刑事三人だ。

〈勝手に炬燵《こたつ》をどけて、そこに座れと言われた。「菅家、おまえ子供を殺したな」といきなり怒鳴られたんです〉

まだパジャマ姿だった菅家さんは「やってません」と否定したが、がっしりした体格のH警部にいきなり肘で胸を突き飛ばされ、後ろにひっくり返った。

〈何度も否定したんですが、「おまえがやったんだ」と、完全に決めつけでした〉

Y刑事が上着のポケットから一枚の写真を出して見せた。真実ちゃんの写真だった。その写真は報道やチラシで見たことがあった。それでようやくあの事件のことか、とわかったという。

〈「謝れ」と言われましたけど、自分はやっていません。そこで、冥福《めいふく》を祈る意味で、写真に手を合わせたんです。すると「手を合わせたから、おまえがやったんだ」と言われて……〉

菅家さんは足利署に任意で同行した。任意と言っても言葉の上だけだ。その日は知人の結婚式に出席する予定だったが、強引に車に乗せられた。

取り調べ室でもH警部の決めつけは続いた。

「やっぱりお前、犯人だな」

「土地勘があるからお前なんだ」そう言われ、ポリグラフ（嘘《うそ》発見器）にもかけられた。

警部はこうも言った。

「今は科学捜査だからわかるんだ」

DNA型鑑定を武器として切り込んできたのである。

〈自分はやってませんと、何度言っても聞いてくれない。机の下では、足の脛《すね》を蹴飛《けと》ばされました。髪の毛を後ろに引っ張られ顔を上げられ「馬鹿面《ばかづら》しているな」とまで言われました〉

取り調べは深夜に及んだ。Y刑事は「菅家よお、やったんなら、正直に言ってくれないか」とやや穏やかに話すものの、H警部は「なんで自首しなかったんだ」「早くしゃべって楽になれ」と怒鳴り続けたという。

菅家さんは疲れ果て、耐えられなくなった。

〈とにかく逃げたかったんです。それで「パチンコ店には行きました」と、つい口走ってしまいました〉

すると、H警部は「おっ、そうか」とそれまでの厳しい追及とは違う反応を見せた。警察の望む供述をすれば事態は進む。後戻りの許されぬ空間にいることを菅家さんは思い知らされた。ついに自供に追い込まれた菅家さんは、隣に座っていたY刑事の膝《ひざ》に顔をつけて悔し涙を流したという。

〈なんとか取り調べから逃げ出したい。それで嘘の自供をしちゃったんです。自分は本当に弱かったんです〉

未明に見せられた逮捕状と、手首に掛けられた銀色の手錠。意外に軽い物だったが、ショックは大きかった。三畳ほどの留置室の煎餅布団《せんべいぶとん》にくるまり、今後が不安で眠れなかった。

厳しい取り調べは連日続いた。H警部は足利市で起こった他の二件の幼女誘拐殺人事件の自供も迫った。

「お前なんだよな！」そう怒鳴り、イスに座った菅家さんの膝を持って、前後にガタガタ揺すった。もはや自棄《やけ》になっていた菅家さんは三件全てについて自供したという。

こうして菅家さんは連続殺人犯となった。

菅家さんの手紙には、毎回こう書き綴《つづ》られていた。

〈DNA型鑑定は間違っています〉

〈DNA再鑑定をして欲しいです〉

検閲を受ける刑務所からの手紙である。確定した事件で今さら冤罪を訴えるより、心証を良くして仮釈放を早めた方が得なはずだ。だが、菅家さんの手紙は、断固としてDNA型再鑑定を訴えていた。

全面自供した菅家さんは、逮捕の二ヶ月後頃から手紙を出すことを許されたという。母親や妹に宛てて、宇都宮の拘置支所から何通もの手紙を書いていた。その手紙を見る機会が得られたので読ませてもらったが、その頃はまだ検閲を恐れて遠回しに無実を訴えている。

〈ここはさむくて足はつめたくて体もいたい　自由がない　もういやだ、きた時に服を脱がされて、心体けんさをされました。こんなむごいやりかたをされるおぼえはま

ったくないのに私しは本当に残念です〉（原文ママ、以下同）

〈家ではきっとなにかのまちがいだとおもってますよね。どうか私しをしんじて下さい〉

〈ここを出て一日も早く出てすっとんで帰りたい。また手紙かきます〉

ある日の手紙の文末に、私の目は引き寄せられた。

〈あと一回税金（二〇〇〇円）がのこっておりました　どうかよろしくお願いします（市役所に）めいわくかけますがどうかよろしくお願いいたします〉

菅家さんは、自分が逮捕されても、税金の滞納の心配をしていたのだ。


私は菅家さんを自供させたというH警部とY刑事に会いに行くことにした。H警部は当時捜査一課のベテラン幹部であり、事件発生から足利署に専従で派遣された捜査主任官だった。私は、栃木県の古い電話帳などから総当たりし、同姓同名などを潰《つぶ》しながら二人を捜した。

H警部はすでに警察を退職し、宇都宮市内のモルタル作りの一戸建てで余生を送っていた。玄関先に現れたその人と顔を合わせれば……私は、その顔を見たことがあった。

現場の「引き当たり」の映像でだ。逮捕された菅家さんが渡良瀬川の河川敷に連行された際に脇《わき》に立っていたあの強面《こわもて》の刑事ではないか。当時と変わらずがっしりした体格で、眼光鋭かった。

菅家さんが冤罪を訴えていますが……と感触を取る。

「裁判は公明正大。私に聞いたって『犯人じゃない』なんて言うわけはないでしょう」と腕を組んで私をじっと睨《にら》んだ。

「馬鹿面しているな」と言って菅家さんの髪を引っ張り、蹴飛ばしたりしたと菅家さんは訴えていますが、と聞けば、「そういうことをやれば、必ず裁判になるの。殴ってなくても殴ったって言われちゃうんだから。私は班長で、指導補佐だった。刑事を指導する立場だったんだから。正しい捜査だ。拳骨《げんこつ》やったりするわけないだろう」歪《ゆが》めた顔をブルブルと横に振る。

ＤＮＡ型鑑定が捜査に与えた影響を聞いた。

「ＤＮＡはまだ入ったばかりだったから、俺らもよくわからなかったよ。当てにはしなかった」

だが、Ｈ元警部は「科学捜査」という言葉を武器に菅家さんを自供に追い込んだはずである。本当にＤＮＡ型鑑定を当てにしていなかったのか。

「浮上したんだ……。B型なんか、なんぼでもいるわけだ。他の細かい捜査をするわけだよ。するとみんなアリバイがある。彼はアリバイがなかったんだ。何百人の中で……。いろんなこと調べるさ。犯人が捕まらないから、その人におっつけちゃおうなんてできないよ。ダメでしょ。後で、裁判で違いますとか、別の犯人が出てくるなんて、あるんじゃないか？　別の人を捕まえれば……」

何やら話が堂々巡りの様相を呈しているが、それにしても、揺らぐことなき自信であった。

相方のY刑事にも会うことができた。

やはり警察を退職しており、今は大病院に勤務していた。Y氏は取り調べで菅家さんが泣いたことを良く覚えていた。ただし、その捉《とら》え方はまるで違っていた。

Y氏は自分の膝の上を手で叩きながら言った。

「菅家はねえ、調べ室でね、ここ、私の膝にすがって四〇分くらいも泣いてねえ、私のズボンは、ヤツの涙でびっしょりになったんです。あぁ、落ちたなと。これは犯人だと、クロだなと、確信しましたよ……」

菅家さんによれば、それは悔し涙だったのだが、意味が完全に逆になっていた。

「捜査はありとあらゆることをしました。全部尽くしました。もちろん菅家が犯人だと確信しています。自供してるんですから」と胸を張って言い切った。

一歩間違えれば死刑の可能性もある重罪にもかかわらず、なぜ菅家さんは無実を主張し続けられなかったのか。どうやらそこには、取り調べ室という特殊な状況があるらしい。許されるのは自供だけ。無実の訴えも、言い訳も一切聞いてもらえないのだろう。

同じ栃木県警でこんな事件があった。

二〇〇四年八月、一人の男性が逮捕された。夏祭り会場で小さなトラブルから起きた暴行事件だった。勾留《こうりゅう》されたその男性は、別の二件の事件で再逮捕された。同市内で四月と五月に起きていた強盗事件の容疑でだ。ケーキ店とスーパーの二ヶ所で、目出し帽を被《かぶ》り、包丁で脅して金を奪ったという男がいた。連続したこの事件の捜査は暗礁《あんしょう》に乗り上げていた。

そんな中、この男性が自供したという。

物証は何もなかったが、男性の供述調書を取り、検察官は起訴した。裁判が始まっても男性は起訴事実を認めていた。検察官は「更生させる途《みち》はない」と懲役七年を求刑。そこまできて男性はようやく法廷で無罪を訴えた。男性は、知的障害者だったという。

「やっていない、と言うのを忘れた」

そんな不思議なやりとりが繰り返されている最中に、事件は急展開を迎える。〇五年一月、まったく別の男が逮捕され、問題の二件の強盗を自供したのだ。

男の自宅からは犯行に使われた目出し帽や包丁などが発見された。現場で採取されていた足跡が一致し、被害者達の目撃証言とも合致した。栃木県警は誤認逮捕を認めざるをえなくなった。

全国レベルに広げていくと、自供を伴った冤罪もそこそこあることに気がつく。

〇二年、富山県で起きた婦女暴行・同未遂事件では、容疑をかけられた運転手は三日間にわたって朝から晩まで取り調べを受け続けた。疲れ切った男性に刑事は「家族も『お前がやったに違いない。どうにでもしてくれ』と言っている」と伝えたという。何が何だかわからなくなり、運転手は容疑を認めた。裁判により懲役三年が確定し、収監された。ところがその後、他の県警に逮捕された男が婦女暴行未遂事件を自供し、真犯人が判明した。

〇三年に起きた鹿児島県の「志布志《しぶし》事件」では、無実の人達複数人が揃いも揃って自供するという奇妙な事態が起きている。県議会選挙で当選した議員が住民に焼酎《しょうちゅう》や現金を配ったとして、その関係者が公職選挙法違反容疑で逮捕、起訴されたのだが、一二人全員が無罪となっているのだ。このようなケースを知ると、自供とはいかに危ういものかと思う。

「自供こそ最大の証拠」とばかりに、お白州時代のような古い捜査が現在でも行われているということなのか。「落とした」「口を割らせた」「ゲロさせた」などと刑事は「させた」が好きなようだが。

だが実は、刑事訴訟法では「自供した」と「自供させた」とでは大違いである。

刑事訴訟法は、本人にとって不利益な事実を供述した場合は証拠にできる、としている。容疑者自身がわざわざ自分に不利な嘘など言うまい……という考えからだ。これを踏まえた上で、以下の法律がある。〈強制、拷問《ごうもん》又は脅迫による自白、不当に長く抑留又は拘禁された後の自白その他任意にされたものでない疑のある自白は、これを証拠とすることができない〉（刑事訴訟法三一九条）

つまり、本人の「任意性」が問われるのであり、「させた」はアウトである。

では、「任意」かそうでないかはどう見極めるのか。そこで例の謎《なぞ》の物体Xが登場することになる。「上申書」だ。警察としては特に本人に強くは聞いていないのだが、本人が勝手に自供したんです、という「任意の証明」を紙にしたものが上申書というわけだ。不気味で仕方がない、と私が述べた理由がおわかりいただけるだろうか。

自供を元に判決が下り、死刑が確定したにもかかわらず、その後無罪となった事件すらある。熊本県で起きた免田《めんだ》事件だ。死刑判決で初めて再審無罪となった事件である。自供を強要されたのが免田栄《さかえ》さんだった。

一九四八年、人吉《ひとよし》市で夫婦が殺害され、子供二人が大怪我《おおけが》をするという強盗殺人事件が起きた。警察は、当時二三歳の免田さんを別件で逮捕し、数日間の取り調べで全《すべ》てを自供したとして事件を解決し、裁判では死刑が確定する。しかし、免田さんは八三年、無罪釈放となった。

私はすぐに熊本へ飛んだ。冤罪に特段の興味があったわけではない。フリーカメラマンとして関わっていた月刊誌「グランディ」から廻ってきた仕事の一つだった。

免田さんが身を寄せていた社会福祉施設の和室で私は彼と差し向かい、一対一の取材を行なった。目の奥に怒りの炎を宿しているような免田さんの迫力に少々気圧《けお》されながら、少しずつ私は話を聞いていった。

「あれは、取り調べなんてもんじゃなかとですよ。壮絶な拷問です。あらゆる脅迫もされ、寒さと空腹と。そりゃあ耐えきれるもんじゃなかとよ……」

事件発生の翌年の一月、免田さんは球磨川《くまがわ》上流の山間部にいた。当時免田さんは木材の伐採作業に従事していたという。冷え込む深夜、知人の小屋で寝ていると、そこに刑事が来た。

「懐中電灯を持った、五人の刑事が突然に踏み込んで来たとですよ。事件の日のアリバイを聞かれた。起き抜けでうまく答えられんと『ちょっと警察に来い』と言われたとです」

背中に銃を突きつけられ、森林鉄道のレールの上を歩かされて人吉署に連行された。取り調べ室でなんとか思い出したアリバイを主張したが、まるで聞き入れられず、刑事は自分が書いた「物語《ストーリー》」に当てはめようとした。

「ひどかったとです。『一家を殺したのはお前だ、証拠は握っている』と決めつけられるんですわ。否認すると、『ここは娑婆《しゃば》とは違うんだ、この野郎ヤキを入れてやる』と殴りつける。足で蹴とばされ、髪を摑《つか》んで、床の上を引きずり廻されたとです」

「やりましたと白状すれば、寝かしてやる」

冷え込む取り調べ室で裸にされ、うしろ手錠で正座させられ、警棒で脇腹やアゴを突かれた。刑事達は酒を燗《かん》につけて飲んでいたという。

「なめるなよ。戦争に負けても、俺達は天皇陛下から拝命した警察官だ」と刑事達に囲まれて蹴られ、踏まれ、痛みと寒さで朦朧《もうろう》となる。二日間食事も与えられず、寝ることも許されなかった。

当時、免田さんは父親の猟銃を預かっていた。銃は農作物を荒らすカラスやスズメを脅すために使っていたそうだが、その所持についても脅される。

「猟銃のことをアメリカ軍に伝えたら、お前は銃殺だな」戦後の混乱が続く中でのこの言葉は充分脅し文句だった。その一方で、強盗殺人については「お前は初犯なのだから、事件を認めれば執行猶予《ゆうよ》で釈放されるぞ」と、とんでもない嘘。法律の知識がなかった免田さんに選択肢などなかった。

ついに自供「させられ」る。

事件現場に連行され、強引な検証の果てに、架空の逃走ルートまで捏造《ねつぞう》された。刑事が作り上げた「物語」の全てを認めると「長い間きつかったね」「ご苦労だった」と突然ねぎらいはじめ、温かいうどんを勧められたという。

逮捕から一ヶ月後、裁判が始まる。

免田さんが法廷に入ると、傍聴席最前列には免田さんに暴力を振るい続けた刑事達が並んで座っていた。免田さんは事前に「素直に罪を認めないと地獄に落ちる。死刑になるぞ」などとも脅されていたという。裁判の仕組みも意味も良くわからないまま、免田さんは罪状認否で起訴状をそのまま認めてしまった。

免田さんは第三回公判になってようやく無罪を主張し、ここに至って初めて自白を強要されたと訴えた。しかし、熊本地裁が言い渡した判決は死刑。福岡高裁も控訴《こうそ》を棄却。最高裁も上告を棄却し、五二年、免田さんの死刑が確定する。

だが、免田さんは諦《あきら》めなかった。

六回もの「再審請求」を起こしたのだ。弁護団の調査によって、まず免田さんのアリバイが証明された。検察が主張する犯行後の逃走経路にも矛盾が露呈した。詳細な検証をすると、時間的に移動が間に合わないことが明らかになったのだ。ついに死刑囚に対する再審の扉が開く。

検察が、事件の証拠品であるとしてきた凶器の鉈《なた》や、免田さんの衣服などを廃棄していたことが表面化する。いずれも検察が不利となる証拠品で、証拠隠滅と言われても仕方がない行為だった。

「再審が決まった時には、検察が何と言ったと思いますか。『いつまでも死刑囚を生かしておくからこんなことになる』そう言ったとですよ……」

八一年、再審が始まる。

検察はメンツを重んじて再度免田さんに死刑を求刑する。その論告は延々六時間も続いた。一方、免田さんは、法廷でこんな最終陳述をする。

「私は絶対に無実であります。検察官は私が苦しさのあまりに泣き泣き署名した嘘の自白調書をたてに『自白したから犯人だ』と決めつけ、私に対し三十数年前と同じく再度死刑を求刑しました。私は本当に残念で悔しくてなりません」

「自分の命も欲しいが、真実はもっと欲しい。私の三四年間は、死刑の恐怖におびえながら、生命のある限り汚点だけは晴らしたい一念の闘いでした。これだけは信じてください。私は無実です」

そう訴え、免田さんは無罪判決を勝ち取った。最後の最後まで抵抗を続けた検察は、渋々「釈放指揮書」という書類にサインをし、免田さんを自由にしたのである。

だが、逮捕から実に三四年という長い時が過ぎていた。


免田さんと私は、山深い斜面を息を切らしながら登っていた。

私は次第にこの取材に興味を深めていた。冤罪……？　本当にそんなことがあるのか。警察が間違えたり、強引に罪を押し付けたりすることがあるのか、若い私には驚きの連続だった。

カメラマンとして、私は免田さんの奇異な人生を何とか写真で表現したいと考えていた。とはいえ、これからいったい何を撮れば良いのか。

「逮捕された現場に行ってみませんか」

私は、免田さんにそんな提案をした。現場に行ってみれば、逮捕の際に踏み込まれた小屋でも森林鉄道のレールでも何か残っているのではないか。そんな甘い期待を抱きながら斜面を登り続けた。

だが、辿《たど》り着いた場所は、ただの鬱蒼《うっそう》とした杉林だった。今さら撮るものなど何もない。見上げる杉の木々の間から、のどかな日差しが伸びているだけだ。

どうする……。

茫然《ぼうぜん》としかけた私の脳裏に、ふとある推論が浮かんだ。ちょっと待てよ……。急いで周囲で山仕事をしていた人を探して確認してみると、その通りだ。その瞬間、ただの山林が冤罪事件の報道現場へ舞台を変えた。

ここは、一見ただの杉林にしか見えない。だが、伐採の仕事をしていた免田さんの逮捕後、その場所には切られた木の代わりに、新たな杉の苗木が植えられたのだ。そして、それから気が遠くなるほどの長い時間が流れた――

今、斜面に立っている天を貫くように高く太くそびえる杉は、ただの杉などではなかった。それは免田さんが失った時間軸そのものだったのだ。

私の話を聞いた免田さんは、啞然《あぜん》として近くの巨木の一本に、一歩ずつ近づいていった。落ち葉を踏む足音が響く。私は、肩から下げていたニコンF2に二四ミリの広角レンズをつけて側面に回り込み、縦位置で構えた。

免田さんは、樹皮にそっと手を寄せる。

「こんなに大きくなって……」

天を仰ぐその姿。

三対二のフォーマットからはみ出す杉の木。そこから溢《あふ》れる木漏れ日が、免田さんの深い皺《しわ》を照らしている。フィルムを巻き上げてはシャッターを切る。私は、三四年という長い年月を、六〇分の一秒という速度で切り取り続けた。カシャリという音だけが山林に響いていた。

杉を仰ぐ免田栄さん

駆け出しだった私は、現場取材の重要さを教えられた。現場でなければ感じられないこと、現場に行かなければ気づかない事実があることを知った。

もう一つ、思い知ったことがある。それは、「絶対」など無いということだった。もし免田さんが再審請求を続けていなければ、とっくに死刑は執行され、私が出会うことすらなかった。

免田事件で開いた再審の扉は、他の死刑確定事件にも影響を及ぼした。その後、「財田川《さいたがわ》事件」「松山事件」「島田事件」と、計四件もの死刑囚に対し無罪判決が続いたのである。

免田さんは収監された福岡拘置所で、七〇名以上の死刑囚を見送ったと言った。当時、刑場は、拘置所のすぐ近くに立つ木造の建物だったという。そこから線香の匂《にお》いがする日は、ガターンという床板が落ちる音が響くという。免田さんはその音を聞きながら拘置所の長い日々を送った。

「あん中には、無罪の人もおったとですよ。私と同じように法律なんて知らんばってん、騙《だま》されて自供させられた人もいたとです」やるせない顔でそうつぶやいた。

「何で冤罪が起きると思いますか？　それは警察官に、賞状や賞金が出るからですよ。大きな事件を解決し、有罪にすれば出世もできるとです。事件を解決すれば新聞などが書きたてるとですよ」

だから自供さえ取れば良いとする捜査が無くならないのだ、と言った。

免田事件の冤罪は、戦後のどさくさの中での杜撰《ずさん》な捜査が根底にあっただろう。だが、いまなお自供を中心に据えた捜査と裁判が続いていないと誰が断言できるだろうか。

「足利事件」の取材は連日の様相を呈し、もはや「北関東への通勤」のようだった。関係者を捜し続ける旅だ。足利、太田、桐生、佐野、宇都宮、前橋、小山《おやま》、鹿沼《かぬま》、下館、那須《なす》……JRや東武鉄道の常連客となり、時には車で通う。「通勤」の合間には菅家さんと文通を続け、資料の山を掘り進めた。社内のスタッフからしてみれば、なんだかよくわからない大昔の事件に没頭しているさまは異様だったかもしれない。しかも冤罪事件である。これで本当にテレビ番組になんかなるのかよ、と危惧《きぐ》を覚える人間がいても不思議はなかったろう。

危うげな仕事に没頭する私にある日、杉本社会部長が声をかけてきた。

「清水さん、ちょっと時間取れますか？」

今度こそリストラか……？　と思ったが、違った。連れていかれた先は鮨屋《すし》でもなかった。紹介されたのは、元警視庁の大幹部という人だった。幾多の捜査経験を持つというベテランだ。その一方でマスコミにも理解があるという。危険なネタを扱うにあたり、多くの意見を聞いておこうということらしい。

私はそのベテラン捜査官の前に、「五つの丸印」のついた地図やら年表などの資料を並べ、連続幼女誘拐殺人事件の推理を説明した。

「ほお、面白いね。良いじゃないですか。こんな事件は知らなかった」と身体《からだ》を乗り出して話を聞いてくれる。

ここまでは良い。だが問題はここからだった。

私は小さく息を吸うと、覚悟を固めて言葉を継いだ。

ただ、この中の一件は実は解決したとされていてですね……物証はＤＮＡ型鑑定で……ええ、自供もしてます……。縷々《るる》説明するにつれて、ベテラン捜査官の背中は磁力に引かれるようにイスの背もたれに戻って行く。風船が萎《しぼ》むようにみるみる興味が消えていくのがわかった。

一応、詳しい資料を見たい、という元大幹部に後日もろもろを送付したところ、返ってきた返事は簡単で明快、かつ力強いものだった。

「拝見しました。あれは間違いなく殺《や》ってます。証拠がＤＮＡ型鑑定ですから、絶対です」

鎧袖一触《がいしゅういっしょく》である。

当然と言えば当然の反応かもしれない。確定判決事件の冤罪の証明や真犯人の追及など、警察から見れば、タクシー乗り場の先で実車のタクシーに手を挙げ続ける間抜けな客のようなものだ。すでにお客様は「乗車済み」なのである。常識をわきまえた記者であれば一巻の終わり、店じまい。BGMは「蛍の光」がぴったりだ。だが、杉本部長は何も言わず、私に取材を続けさせてくれた。

元大幹部の反応が示すように、どこでもDNA型鑑定は「絶対」だった。当時の科警研の鑑定で犯人と菅家さんは「16－26」型で一致したとされ、「だから犯人だ」というわけだ。

菅家さん有罪のもう一方の根拠、「自供」については、取材の結果、さまざまな矛盾点も浮かび上がってきたが、DNA型鑑定の方はどうにも壁が厚いように見える。

しかし、調べを進めるごとに、私には綻《ほころ》びのようなものが見えつつあった。

前述した通り、鑑定はあくまで「型」についてだ。同型異人は存在しうる。

しかも、このMCT118法はその後データベースのサンプル数が増えていくにつれて何やら危うげなことになっていた。出現率が変化しているのだ。犯人の血液型と「16－26」型を持つ者は逮捕当時「一〇〇〇人に一・二人」と言われていたが、それが九三年になると「一〇〇〇人に五・四人」とトーンダウンしている。四倍強である。

菅家さんの弁護団の試算によれば、同じ型は足利市内だけで二〇〇人以上もいたはずだという。

科警研が行っていた実験方法についても重大な問題を孕《はら》んでいたことが指摘されていた。九二年の「ＤＮＡ多型研究会」で信州大学の研究者が発表している。

科警研の鑑定ではバンドの「型」を読み取るため、「１２３塩基ラダーマーカー」（八一ページの写真参照）と呼ばれる一種の「ものさし」を使っていた。

ポリアクリルアミドゲルにＤＮＡと同時にこのマーカーを電気泳動させ、それを基準にして「型」とする数値を読み取るわけだが、信州大学の研究者達の実験で、この１２３マーカーとゲルの組み合わせには問題があることがわかった。正確に電気泳動ができないというのである。

ある法医学者が分かりやすく説明してくれた。

「１２３マーカーは、ものさしの目盛りが荒すぎたんです。分かりやすく例えれば、一センチ単位のものを測りたいのに、ものさしの目盛りが約八センチだった。それだけならともかく、目盛り自体すら狂ってしまうんです。ここが致命的でした」

科警研も問題を認めざるを得なくなり、以後、科警研は「ものさし」を「アレリッククラダーマーカー」という別の物に変更した。つまり、旧来の１２３マーカーの欠陥を認めたわけだが、これまで捜査に投入され、すでに裁判に証拠として提出された結果については問題ないとした。

　どういうことか。

　科警研の主張によれば、旧マーカーの結果は新マーカーに一定の法則で対応するというのだ。「科学警察研究所報告」という文献の中でこう発表している。

〈123塩基ラダーとシータス・アレリックラダーとは、ポリアクリルアミドゲル上での移動に規則的な対応が認められることから、従前からの123塩基ラダーによるMCT118座位DNA型の型番号とシータス・アレリックラダーによる型番号の相互の対応は可能〉

　なんのことやらわかりづらいが、要は、旧マーカーと新マーカーは規則的に対応しているんです、だから、旧マーカーでの型番号から新マーカーの型番号に変更できるんです、ということらしい。その上で、〈型番号を比較したところ、123塩基ラダーで14型と判定されるものがシータス・アレリックラダーでは16型であるなど（略）型番号が2〜5番ずれていた〉と述べ、従来の数値に誤りがあったことを認めている。

　これまでの鑑定結果について、2〜3の数値を加えるという法則で型を置き換え、例えば、14は「16」に、16↓「18」、26↓「30」などとして、鑑定結果を変更することにしたというのである。

だがここでは同時に、18→「20か21」、30→「34か35」など、二つの型に対応する場合もあるとする置き換えも見られ、欠陥マーカーによる鑑定が果たして正しい結果を導くのか、素人《しろうと》では首をひねりたくなる。

そんな面倒な置き換えをするより再鑑定すればいいのではないか？

とは誰でも思うだろうが、科警研はそうせず、紙上での変更でよしとした。これには少々勘ぐりたくなる状況もある。実は、科警研が論文の中でこの「型の変更」を発表したのは九三年の八月、つまり菅家さんの一審判決の直後なのだ。まるで、「足利事件」の判決を待っていたかのようなタイミングではないか。しかも、この判決こそが、ＤＮＡ型鑑定結果を証拠採用した日本で初めての判決であり、ＤＮＡ型鑑定の晴れ舞台なのである。

先にちらりと触れたように、ＭＣＴ118法は科警研のＫ技官がアメリカの大学でＤＮＡ型鑑定の研究をしたのち、科警研が独自に実施したものだ。捜査に導入されたのは八九年、九一年八月に「足利事件」で実戦投入され、菅家さんが逮捕されてしばらくすると、警察庁は「来年度から、機器の整備や技術者の育成を進めることを決めている」などとコメントしている。予算もついたわけだ。なにやらきなくさい臭《にお》いを感じるのは私だけではあるまい。

とにかく、以後、犯人と菅家さんの型は「18－30」に変更された。

控訴審では、このマーカーの変更が弁護側から問題とされている。

九四年、控訴審で証人として出廷した科警研の主任研究官S女史は、123マーカーが誤った型を示したことについてこう説明している。

「当時は123マーカー以外はなかった。全てのDNAのサイズについて正しく表せると考えていたので使っていた。ただ、いろいろなDNAの研究が進むにあたりDNAの構造が泳動の距離に影響を及ぼすことが解《わか》ってきた……その当時、世界中の人で、気がついていた人はいなかったんじゃないかと思います」

堂々たるものだが、要は「ものさし」が間違っていたことを認めている。大きなミスに思えるが、裁判所の科警研に対する信頼も厚かったようで、高裁は型変更に疑問を持つことなく菅家さんに有罪判決を下した。そして、MCT118法鑑定は、続く菅家さんの上告審「最高裁平成一二年七月一七日決定」に至って、その証拠能力を確定したわけである。

どうだろう。

ここまで読んでいただいて、「絶対」と言われているDNA型鑑定も、初期型であるこのＭＣＴ118法についてはどうも怪しげな臭いを感じないだろうか。実際私は、資料を読み込むにつれて、「絶対犯人！」というより「確率的に犯人？」くらいの能力しかないのではないか……と思い始めていた。

そもそも私は「鑑定」という語がひっかかる。

確かにＤＮＡそのものは個々人で違い、絶対的なものだろう。だが話は「型」の鑑定だ。しかも、型の読み取りを行うのはあくまで人間であり、鑑定とは人為だ。

何度やろうが同じ結果が導かれる実験を科学的実験と呼ぶ。

ＤＮＡ型鑑定が「科学的」だというのであれば、菅家さんが主張するように、何度でも再鑑定して同じ結果を出せばよいのである。

そうこうしているうちに、この事件を番組上、どう取り扱うのか決断しなければならない時期が来ていた。デスクの前でイスの背もたれを揺らしながら考えた。

取材という名の機体はすでにハンガーを出て誘導路も抜け、滑走路を走行している段階まで来てしまっている。あとは離陸するか否《いな》かの判断だ。控えめに言っても暴風雨が荒れ狂う天候が予想される中、離陸してその後どうするのか、どこに降りるというのか。だがすでに機体の速度は上がっている。離陸決定速度を確か「Ｖ１」とか言った。その前なら逆噴射とブレーキで離陸中止ができる。限界点を逸する前に覚悟を決めなければ、離陸も停止もできない。

調査報道において、この判断は重要だ。報道するに値するのか、否か。その決断がジャーナリストとしての生死を分けると言っても過言ではない。

操縦桿《そうじゅうかん》を引かなければ機体は単にオーバーラン。お堀端のダンゴ虫は水中に落ちる。かといって冤罪《えんざい》の可能性を指摘する報道を始めてしまえば、司法とは正面から衝突することになる。援護射撃も望めず、孤独な一人旅を続けることになるかもしれない。経験があるが、あれはなんとも心細いものだ。もしそれが怖いなら、有罪と無罪の可能性の両方を並列することでバランスを取った報道をすることもできる……。

だが、それでは日本は〝動かない〟。

〝日本を動かす〟とは、この場合なら「足利事件」の再審が開かれることだろう。そうは言ったところで難題だ。死刑や無期といった重大事件の再審など、先に触れた「免田事件」他数例にすぎず、八七年の「島田事件」を最後に二〇年以上開かれたことはない。再審が開始されるには明らかな「新証拠」が求められるからだ。

「足利事件」の新証拠は何かと言えば、九七年、弁護団が密《ひそ》かに菅家さんのＤＮＡ型の再鑑定を行っていたことだろうか。菅家さんが自分の髪の毛を封書に入れ、刑務所から送り出したものを日本大学医学部の押田茂實教授に鑑定依頼したのだ。新マーカーに別のタイプのゲルを組み合わせたMCT118法により再鑑定を実施したところ、菅家さんの鑑定結果は犯人の型とされていた「18－30」型ではなく「18－29」型だったというのだ。

数字的には「1」しか違わないが、元々この数値は、塩基配列のパターンの繰り返し回数の「単位」だ。すなわち、29回繰り返されているのか、30回繰り返されているのか、という意味であり、「1」違えばまるで別の型、つまり明らかな別人ということになる（ちなみに、二つの数字の組み合わせになっているのは、一方が父親から受け継いだDNAの型であり、もう一方が母親から受け継いだ型であることを示している）。

ただし、押田鑑定で明らかとなったのはあくまで「菅家さんのDNA型」だけで、もう一方の「犯人の型」は裁判所が保管するシャツに付着する精液を再鑑定しなければわからない。

一方だけでも重要な証拠、と弁護側は訴えるが、それで裁判所が動くか、どうか。

やはり、あまりに困難なミッションか？

すでに心は決まっているが、二枚の紙を並べてデスクに置いてみる。

〈真実ちゃんを殺したことは間違いありません……〉と書かれた自供調書。〈私は無実です。真実ちゃんを殺してなどいないのです〉本人から届いた手紙。「あれは間違いなく殺ってます。絶対です」と言い切った警視庁元大幹部の顔が思い浮かぶ。「絶対」か……。そうは言っても実際は「気弱な被疑者が追い込まれた末の自供」と「知られていないだけで、実際は揺らぎつつある旧型ＤＮＡ型鑑定」が根拠というだけなのではないか?

そして、別の場面も脳裏をよぎる。

あの夢のことだ。

ブリキ缶の夢を見たことを取材スタッフに伝えたその次の日のことだった。いつものようにワゴン車で現場に向かっていると、車のハンドルをいつもと変わらぬ風情《ふぜい》で握っていた中林ドライバーが、後ろを振り向きもせずにこう言った。

「清水さん、昨夜は、私の部屋にも来ましたよ。女の子。素足で部屋を歩いてましたよ」

あぁ、やっぱり……私は不思議にそう思った。彼に言われて思い出した。確かに子供達は裸足《はだし》だったのだ。裸足で部屋のカーペットの上でスキップしていた。

杉本純子や手塚カメラマンが、ひえー、こわーっなどと言うのだが、全然怖くなどなかった。

もっと、遊びたかったんだよな。

デスクの前で我に返った私は自分の両手を広げてみた。妙にはっきりとした感覚が蘇《よみがえ》る。

「箱を開けて……？」という幼女の声が今も聞こえるような気がする。

河岸で瀬踏みを続けていても、川など永久に渡れるか。

渡れるルートを見いだせばよい。それだけだ。

第五章　報道

渡良瀬川の中州で手を合わせる遺族

「足利事件」を報じるとなれば、私はどうしても会いたい人がいた。

松田真実ちゃんの遺族だ。

事件発生当時の記事を見ても、両親はマスコミの取材には応じていない。葬儀などで悲しみに暮れる姿が撮られてはいた。一九九〇年、まだ「報道被害」という言葉すらロクに無い頃のことだ。現場に張りついていた私には、当時のマスコミがどんな取材をしたか想像がつく。自分だけいい子ぶるつもりなどないが、今でいうメディアスクラム的なことが大嫌いだった私は、そうした現場は極力避けてきた。それでも時にはそんな取材に加わり、現場にも、自分にも、嫌悪《けんお》感を抱いて引き上げたことも一度や二度ではない。

今はどこかで静かに暮らしているであろう遺族。その人達を再び渦中《かちゅう》に巻き込むことに、人として抵抗はあった。だが、事件を正確に報じるためには被害者の名前や写真も必要だ。そのためには遺族の理解は必須《ひっす》である。

そして何より、「一番小さな声を聞け」――。それは私の第一の取材ルールであり、言い方を換えれば「縛り」とすら言えるものだ。この事件ならそれは四歳で殺害された真実ちゃんの声であり、その代弁ができるのは親しかいない。

私は取材開始当初から、松田さんを捜し廻っていた。やっと捜し当てた松田さんの知人に手紙の転送をお願いするなどして、今にも途切れそうな細い糸を慎重に手繰るような作業を続けていた。

夏が往《ゆ》き、風が肌寒くなってきたある秋の夜だった。

いつもだ。それはいつも突然にやってくる。テーブルの上に置いてあった携帯電話が鳴動した。待ち続けた人からだった。真実ちゃんの母親、松田ひとみさん。

電話をくれた礼を慌《あわ》てて述べようとする私に、松田さんは一気にこう言った。

〈迷惑ですので、二度と手紙も出さないで下さい。取材など受けるつもりはありません。それを伝えたくてご連絡しただけです……〉

取材を申し込むなど考えも及ばぬ、抗議の声だった。横つらを張り飛ばされたような気分だった。私は、発するべき言葉を懸命に探したが、次の声も相手から発せられる。

〈今さら何ですか……〉

そうだろう。迷惑この上ないだろう。思い出したくもない記憶をなぜ掘り返さなくてはならないのか。気持ちは痛いほどわかる。だが、同時に、非通知でかかってきたその通話の終わりが、そのまま報道の終焉《しゅうえん》にも思えた。とにかく誠心誠意、言葉を継いでいくよりない。

事件被害者と報道記者。そこに大きな隔たりがあるのは当然だ。

立場、過去、不信……その距離をじりじりとでも、少しでも、縮めることがそのときの私にできることだった。

北関東のどこかの空中線で受信された松田さんの音声が、地下埋設線を走り抜け、交換機を経て再び電波化され、私の携帯にアクセスしていること自体が奇跡なのだ。か細過ぎる、糸電話のような通話にハラハラし続けながらも、ゆっくりゆっくりと通話時間は延びていった。彼女の声は、真実ちゃん自身のそれかと錯覚するほどに私の心に響いていた。抗議のような言葉は次第に減り、彼女は私の説明にも耳を傾けてくれるようになっていた。この人は、本当は何かを話したいのではないのか。その一筋の光明に賭《か》けることにした私は、懸命に言葉を紡《つむ》いでいった。何かが伝わっている気がしていた——その時だった。

一切の前触れもなく、突然に電話はプッツリと切れた。

張り詰めていたゴムバンドが突然切れ、顔に跳ね返ったような衝撃。

なんてこった。

私は何か今、まずいことを言っただろうか。何か触れてはいけないことを口にしただろうか。パニックになりながら記憶の限り遡《さかのぼ》ってみる。いや、元々全《すべ》てがそうだったのかもしれない。被害者遺族からしてみれば何を聞かされようとつらすぎる話である。私は携帯を握ったまま、言葉にならない呻《うめ》き声を上げることしかできなかった。

だが、事実はもはや覆《くつがえ》ることはない。取材は終わりだ。洞窟《どうくつ》の中でロウソクが燃え尽きたような全方位閉塞《へいそく》感に苛《さいな》まれながら、私はその晩、寝返りを繰り返して夜を明かした。

何の方途もない。

翌日、未練に浸るぐらいしかやることもないまま、私は何度も携帯を取り出しては、その着信記録に残る「非通知設定」の文字を見つめた。未練たらたらだった。手のひらに載った携帯が、周囲をテープでしっかりと止められた開かないブリキ缶に見えた。神仏頼みは嫌いだが、携帯をぎゅっと握りしめれば祈りが通じるような気すらしていた。

夜のとばりが降りたころだった。

奇跡のように赤い着信ランプの下に「非通知設定」の文字が浮かび上った。まだだ。まだ松田さんと決まったわけじゃないぞ。着信音を五度数えて覚悟を決め、緑色の受話ボタンを押した。

頼む。

耳に当てた携帯の向こうからこぼれ出る声は……小さな、消え入りそうな声だった。

〈昨日はすみませんでした。携帯電話の電池が無くなってしまったんです……〉

私の口からは、用意していなかった言葉が飛び出した。

「お待ちしてました……」

その日から、松田さんは何度か私に電話をくれた。電話はやがて番号通知へと変わった。そして、ついにはお目にかかれることになった。決して取材を受けるためではない。マスコミへの不信を伝えるためと、あとは「解決済み事件」の取材を行っている変わり者への僅《わず》かな興味だろうか。

その場所は、郊外にある普通のファミリーレストランだった。

どこか安っぽいBGMと、時折皿やフォークの音が響くその店には、何組もの家族連れが日常のひとときを過ごしていた。その一角で、松田さんは初めて記者という人種に正面から向き合った。一七年という時を乗り越え、平穏な生活を破壊するように現れた私という男は、いったい彼女の目にどう映っただろう。

私の名刺を手にして、松田さんはぽつりと言った。

「今頃、私が話をしても、何も変わらないんじゃないですか？　犯人は、もう逮捕されたんでしょう。何で今、取材なんですか？」

取材は遺族から始まった。私の知る限りの全てを答えよう。そう思った。それがせめてもの誠意というものだ。私は、電話でも説明した内容を繰り返す。

「逮捕された菅家受刑者が、今、冤罪《えんざい》を訴えているんです……」

事実であっても、言葉にすれば残酷だ。遺族からすれば最悪の情報かもしれない。時空を超えて遺族の前に現れた記者が、今度は、犯人の冤罪の可能性を取材しているというのである。

「……今さら……。私は、その男が、犯人と信じてますよ。あの日からずっとそう信じて生きてきたんです」

「現在、再審の請求をしてます。あの、裁判は傍聴されましたか？」

「……マスコミがいるから行けませんでした。新聞にも書いてあったのかもしれませんが、知らないです。見たくなかったですから」

ひどい報道被害にあったのだという。最愛の娘を亡《な》くし、絶望のどん底にいたその時、マスコミは自宅を包囲してライトとストロボで照らし続けた。通夜《つや》や葬式を実況中継した。彼女から見れば私もその一味に過ぎない。

「事件直後はカーテンを閉め切ってました。家の外にはマスコミがいて、干した洗濯物は一ヶ月も二ヶ月もそのままで、取り込むこともできない。周りの人達は気を遣って、私にテレビや新聞を見せようとしなかったんですよ」

なぜ子供をパチンコ店に連れてきた！　そんな声がいつも耳に響くような日々だった。

「マスコミからも世間からも中傷されることに対して、後ろを向いて、耳を塞《ふさ》いで、口も閉じ、転々と住む場所も職も変えてきました。テレビ、新聞、雑誌は一切信じないようにして生きてきたんですよ。本当に何も言わず、何も語らずで生きてきた一七年間でした……」

松田さんは、警察からは詳細な犯行経緯を聞かされていなかった。初公判を傍聴するため夫婦で裁判所に出向いた際にも刑事からこう言われた。「マスコミがたくさんいますから、法廷に入らずこのまま帰った方がいい」素直にその言葉に従ったという松田さんは、今、菅家さんの供述内容や判決内容を私から聞くことになった。

「犯行を認めたんですね？　菅家って人は……」

「ええ、そうです。当初は自供をしてました」

「……真実を連れて行ったんでしょ。そう言ったって、刑事さんから、聞きましたよ」

「自転車に乗せて誘拐したという供述をしました」

すると、松田さんは怪訝《けげん》な顔をした。

「え？　自転車？　歩いてでしょ？」

「いえ、自転車の荷台に乗せてと。裁判もそれで進みました」

「荷台って？」

「あの、イスの後ろの荷台です」

「そんなはずないですよ、真実は自転車の荷台になんか乗れません」

「そうなんですか、四歳でしたよね」

「無理ですよ。カゴがついた自転車じゃないと無理です」

真実ちゃんは、自転車は好きだったという。事件前、保育園の送り迎えは自転車だったのだ。ただしそれは幼児用のイスをつけた自転車で、そのまま荷台に座ることはできないと言った。

母親でなければわからないこと。

私はいくつもの質問に答え続けた。次第に、お互いの事実認識や菅家さんの供述内容との矛盾点、捜査そのものについての不自然さなどが浮き彫りになっていく。私はDNA型鑑定への疑問や目撃者の不在についてまで彼女に話していた。松田さんもまた、いくつもの疑問を感じたようだった。

私は、一番聞きたかった質問をした。

「あの、真実ちゃんは、どんなお子さんだったんですか……?」

私は知りたかった。もう会うことができない真実ちゃんという子のことを、本心から。私はいつしかジャケットの内ポケットのあたりを上からそっと押さえていた。そこにはいつも持ち歩いている少女達の写真がある。

松田さんは小さく息を吐くと、こう言った。

「動物が好きでしたね……。猫とかね。二匹も三匹も飼ってました。白と黒のパンダみたいな猫ですね、寝る時に両腕に猫を抱いてね……」

そうだ。事件の日、真実ちゃんはパチンコ店の駐車場で猫を捜していたのだ。足を揃《そろ》えて座る茶色の猫。真実ちゃんはあの猫に会えたのだろうか……。

「親馬鹿《おやばか》かと思うかもしれませんが、本当に賢い子で。四歳八ヶ月でもう足し算、引き算ができましたね……」

そこまで言うと、初めて少し笑顔を見せてくれた。私は、丸顔の真実ちゃんが指を折って数を数え、足し算をしている姿を自然に思い浮かべることができた。

水の入ったグラスに手を触れたまま、松田さんはこんな言葉を口にした。

「なんで、あの子だったんですかね……。運命なんでしょうけど。あの頃が、一番の天使ですよ。その天使を手にかけるというのは、人じゃない、と思うんですね。何の罪もないですもん……」

あまりに寂し過ぎる顔だった。

店の前で松田さんを見送りながら思う。私が事件を思い出させてしまったのだ。何組もの家族が席を埋める場所で、遺族に事件と向き合うことを私がお願いしたからだ。

菅家さんが冤罪なら、それを報じることは必要だろう。

だが、被害者や被害者遺族はどうなるのだ。

冤罪が真実であれば仕方がない、と納得できるのか？　長い時間、犯人だと信じてきた誰かが、実は無罪でしたで済むのか？「違いました」で終わりになどできるのか？

できるわけがない。

冤罪と真犯人の野放しは表裏一体だ。冤罪報道だけでは報じっぱなしもいいところだ。

私はここでも覚悟を迫られたのだ。

松田さんの後ろ姿に頭を下げながら、強くそう思う。


二ヶ月が過ぎた。

一二月一日、冷たい風が吹く昼過ぎ、松田ひとみさんは渡良瀬川の土手に立っていた。少し前まで、思い出したくもない場所だったはずだ。そこに、彼女はいた。右手に白やピンクの花束を握りしめて。

彼女の傍らには、一〇代の子供が二人寄り添う。事件の二年後に生まれた真実ちゃんの妹と、さらにその後に誕生した弟だった。

二人とも、姉がいたことは知っていた。

だがその最期《さいご》を昨日、初めて知った。松田さんは、子供達に事実を伝えることを選んだのだ。

その決断は私の胸も重くする。なぜなら全てのきっかけが私の取材だからだ。私が「真実」を追求しなければならないと思ったからだ。

松田さんにしてみれば、マスコミの取材を受けるなど、とんでもないことのはずだった。何本ものマイクを突きつけられ、いくつものカメラに追われたのだから。「今のお気持ちを一言」「犯人に対してどう思いますか？」「なぜパチンコ店にお子さんを……」そんな声を背に浴び、引っ越しを繰り返した。幾度住まいを変えても、ある日、記者という連中は現れた。逮捕、起訴、判決……その度に電話がかかり、チャイムが鳴った。許せなかったはずだ。関わりたくもなかったろう。

その人の前で、今、手塚が担《かつ》ぐカメラの赤いタリーランプがぽっと点《とも》り、静かにテープが廻りはじめる。

私はそんな瞬間が嫌いではなかった。人が何かを乗り越えていく瞬間——私にはそんなふうに思えるからだ。人は強いのだと、教わるような気がするからだ。

「前に、前に一度だけ……、この場所に来たことがありますよ……」

松田さんは静かに言った。変わり果てた真実ちゃんが発見された直後のことだ。

「その時はマスコミの人が張りついていたんでね。パトカーでギリギリ近くまで行ったんですよ」

今日は歩いてそこへ行く。

土手を下り、野球場に沿って、手をつないで中州へと向かう三人の背中。今、松田さんはどんな思いで、その足を運んでいるのだろう。

測量の際に中州に打ち込んだ、木製の杭《くい》の前に案内した。私が無神経に「現場」と呼んできたそこは、彼女にとっては娘の最期の地だ。

しゃがみ込む後ろ姿。

カメラはもう前には出ない。離れた位置からその姿を捉《とら》えるだけだ。我々には出番などない。手塚の指先はフジノンの二〇倍のズームリングを器用に滑らせ、VE《ビデオ・エンジニア》の濱口はオーディオミキサーのボリュームを上げた。

冷たい風が吹いていた。

枯れたアシと、ススキがカサカサと音を立てている。

予期せぬことが起きるのが現場だ。

最初に大粒の涙がこぼれ落ちたのは、母親の瞳《ひとみ》からではなかった。真実ちゃんには一度も会うことができなかった、妹と弟の頬にだった。

川のせせらぎの中で、高性能のマイクを通し、声が収録されていく。

「ほら、おねえちゃんに挨拶《あいさつ》しなきゃ、僕が弟ですって」

弟の涙は足元の砂地に吸い込まれていく。

松田さんは続けた。

「つらかっただろうね。夜暗くなって、知らない人にこんなところに連れてこられて」

しゃくりあげながら妹は言った。

「おねえちゃんに会いたかったよ……なんで真実ちゃんだったの?」

「お母さんもそれがわかんないんだ。返して欲しかった」

絞り出すような妹の問いと、母親の答え。

「生きていたら、今、二二歳……」

ひとみさんは自分の腕にしていた銀色のブレスレットを外して、手向けた花にそっとかけた。

「成人式の代わり……」

手を合わせた細い肩が震えている。

川のせせらぎに混じって、聞こえるすすり泣き。

ヘッドフォンを通し、そのやりとりをモニターする濱口の目はもう真っ赤だ。

妹が、つぶやくように言った。

「四年間しか生きられなかったけど、その四年間はね、お母さんとお父さんと過ごして、真実ちゃんは幸せだったと思うよ。だから悔やまないでね。自分自身を責めないでね。真実ちゃんというおねえちゃんがいたことを、私は誇りに思うからね……」

私は、天を仰いだ。

空っ風が吹き抜ける冬の曇り空がぼやけて見える。

これで、良かったのか。

一七年の歳月を打ち破ったことで、妹も弟も、知らなくてもよい姉の事件を知った。

それが正しいかどうか、私にはわからない。だが、私は一番小さな声を聞いた。

「なんで真実ちゃんだったの？」

その声を届けるのが、私の仕事ではないのか。


番組は、二〇〇八年一月からのスタートと決まった。正式名称も『ＡＣＴＩＯＮ日本を動かすプロジェクト』となる。

「『連続幼女誘拐殺人』の真相追及」と題し、ゴールデンタイムに差し掛かる時間帯でこのキャンペーン報道を開始することとなった。番組のチーフプロデューサーは杉本敏也社会部長が兼任する。

伝えたいことは、とにかく連続事件の可能性だ。

誘拐現場はパチンコ店が多く、真実ちゃん事件と万弥ちゃん事件の遺体遺棄現場は川を挟んで目の前、など整理して五件の共通点をまとめる。事件の被害者五人の少女の名前と写真を使わせてもらうため、私は五家族の代表全てから了承を頂いた。それは、長い時を経てからの報道では必須条件と考えた。

もちろん遺族の想《おも》いも伝える。渡良瀬川の中州の三人の姿だ。

一方、冤罪報道の大きなポイントは二つだ。

まずは、菅家さんの自供の曖昧《あいまい》さ。目撃者の不在や、秘密の暴露がないこと、買い物のレシートが見つからないなどの疑問を時間内に入れられるだけ入れた。

渡良瀬川の現場では、菅家さんの自転車を松田さんに見てもらい、改めて感想を聞いていた。彼女は自転車の荷台を見下ろしながら言った。

「このままの荷台ですよね。これに乗るのはどうかな？　いつも保育園に行く時はカゴに乗せてでしたからねえ、荷台に乗ったということは、納得できないんですよ」

二つ目のポイントはＤＮＡ型鑑定だ。テレビ視聴者にこれを理解してもらうのは難物だ。佐藤博史弁護士のインタビューで、初期のＤＮＡ型鑑定は精度が低かったことなどを入れ込む。そして何より、菅家さん自身がＤＮＡ型再鑑定を望んでいることを外してはならない。

四〇分以上のＶＴＲとなった。仕上げはフリーのディレクター田中尚が、編集は何度となくコンビを組んできたオペレーターの杉浦潤子が、まとめてくれることになる。VTRの冒頭の取材シーンは五件の事件現場の俯瞰《ふかん》とした。少し前に東京へリポートから現場の空撮も行っていた。白と赤のツートンカラーを身に纏《まと》う大型ヘリコプター、シコルスキーS‐76。空気を切り裂く唸《うな》りとともに大きなローターが廻ると、巨体はふわりと浮き上がる。

東京湾上空で大きくバンクし、都心上空を抜けて埼玉県に入る。最高速二八七キロ。通称「エスナナロク」は二五分後にはすでに足利市上空だ。

手塚カメラマンがカメラの構図を決めるリモコンを握り、モニターを凝視する。画面に広がるのは渡良瀬川の河川敷。切り抜いて作った足利と太田の地図そのままに、眼下に展開する現場を確認していく。私の手元のバインダーにフライトプランがあった。

二〇〇〇フィート
・渡良瀬川　川下から入り、川上へ
・運動公園　旋回
・パチンコ店から現場へパーン

三〇〇フィート

・栃木、群馬県境

・国道沿いに太田市へ

私はバインダーから別のメモ書きを抜き出すと、杉本純子に手渡した。騒音やかましい機内でヘッドセット越しに身振り手振りを加えて〈これを読んで〉と伝える。上空からレポートすべき内容だった。杉本純子は張りのある声でインカムマイクにそれを吹き込んでいく。

「北関東のある町で、幼女連続殺人事件が起きていました」

「この一帯では、何人もの幼女誘拐殺人や行方不明事件が起きています」

声はテープに収録されていくが、同時にインカムを通してパイロット達の耳にも届いているはずだ。まるで聞いたことがない事件に驚いているだろうな……。

ウインドウの眼下に広がる北関東の地。

地元で暮らす人達も知らぬ連続事件。改めて上空から見たその地は、広大なようでもあり、また僅かな点のようでもあった。

日本テレビS1スタジオに大きな番組セットが組まれた。スタンド席には私達を含む報道局スタッフ五〇人も並んで座った。無数とも思えるライトが照らすその場所を舞台に、ついにVTRは流れ出した。でかいモニターに目をやれば「伝説の記者が真相に迫る」などという字幕スーパーが出ていてぎょっとする。袴田直希番組統括の仕業らしい。伝説ってなんだ、俺はまだ現役だ。

「もし、菅家受刑者が無実であるというなら、五つの事件は全て未解決ということになる」

報道原稿としては異例の「もし……ならば」というワードがスタジオに響く。

「菅家受刑者はDNA再鑑定を望んでいる」ときて、VTRの結びのナレーション原稿はこうだ。「我々は、この五件の幼女誘拐殺人事件を徹底検証していく。同一犯による事件の可能性はないのか、犯人は今もどこかに潜んでいる」

同業他社の反応が目に浮かぶようだった。

なんだこりゃあ。アホな記者の妄想か？　しかも〝日本を動かす〟かあ。やっちゃったなあ。そう思われても仕方がない。身の縮むような思いがするのと同時に、どこかが熱くもなる。

私はスタンド席でハンドマイクを手に短い解説を行った。この報道での責任の所在をはっきりさせるための顔出しだ。活字ならさしずめ「署名原稿」ということであろう。

こうして〝日本を動かす〟という番組で、無謀にも見える冤罪キャンペーン報道は始まった。日本テレビのホームページには『ＡＣＴＩＯＮ』のコーナーが新設され、私と杉本純子が連続事件のブログを立ち上げることとなった。

放送後、菅家さんから意外な手紙が来た。

刑務所の雑居房にはテレビがあり、限られた時間だが番組を見られたという。

〈放送を見まして、当時の事を思い出しました。当時の警察のあまりのデタラメに腹がたちました〉

渡良瀬川で泣く遺族の姿を見た菅家さんはこうも書いていた。

〈真実ちゃんのご両親も本当に無念だと思います。私は絶対真犯人をゆるせねえ。他人に罪をなすりつけているんだ〉

そしてまたも〈ＤＮＡ再鑑定を、やってほしいと願っています〉と記されていた。

第二弾として、夕方ニュースの特集の枠で今度は一七分間報じた。こちらは、時間帯から主婦層が多く見てくれたはずだ。

反応はさまざまだった。〈こんな事件があったんですね、まるで知りませんでした〉という驚きや〈供述の真偽を調べていく場面が調査報道的で面白い〉という感想が出る一方、〈こんな放送をして大丈夫なのか、最高裁で確定しているのだろう〉〈どうやってこの番組を着地させるつもりなのか〉などという当然と思える声も聞こえてきた。確かにね……とも思うが、報道番組に台本などない。どこに着地すればよいやら、飛び立った私だってわからない。取材した事実を報じるよりない。

孤立ぶりもすごかった。後追いなど綺麗《きれい》さっぱり影も形もない。すがすがしいほどだ。

とはいえ誰か味方になってくれるやつはいないか？

そうだあいつだ。あの男ならこの事件に興味を抱くであろう。私はふと思い立って寒風吹く交差点から電話をかけてみた。

〈はいはい、どうも～♪〉

ふにゃけた声だが、頼れる新聞記者「ミスターT」である。私が雑誌記者をしていた時代からの友人であり、「桶川《おけがわ》事件」では厳しい取材を一緒にした仲だ。ふふふ、こいつを巻き込んでやる。「あのさあ」縷々《るる》説明に及び、どうだ面白そうだろうと宣伝したのだが、反応はなんだか冷たい。

〈うーん、まあ、俺も最近ちょっと忙しくてさあ〉

これはもうすぐ大騒ぎになるぞ、新聞も取材する羽目になるぞ、さあ今のうちから一緒にやろうじゃないか。

〈いやー悪いね、ほんと悪い。おじさんさあ、もし大騒ぎになったらその時にまた電話するわ、じゃあまたね～♪〉

がちゃり。

くそ、逃げたな。俺は、開運壺《かいうんつぼ》か英会話テープの悪徳セールスマンか。携帯をパタンと畳んだ私は、ぶつぶつ言いながら枯れ葉舞う歩道をてくてくと歩いた。

冤罪報道。最高裁決定。証拠は揃っている。ミスターTは責められない。まあ、これこそが平均的な記者の反応であろう。

孤独だなあ。

直後、襲ってくることになる現実など予想だにせず、私はそんなことを思っていた。

放送開始の翌月、二月一三日のことだった。

突然、「足利事件」の再審請求が棄却されたのである。なんというタイミング。宇都宮地裁は五年間も放置してきた菅家さんの請求に対し、よりによってキャンペーン報道の開始直後に結論を下したのだ。

裁判所の判断とはどういうものだったのか。

日本大学医学部の押田教授による菅家さんの毛髪鑑定によれば、菅家さんのＤＮＡ型は科警研が検出した「犯人のＤＮＡ型」とは一致していなかった。弁護団はその事実や真実ちゃんの死因の疑問点などを新証拠としていたのだが、宇都宮地裁の池本壽美子裁判長は押田鑑定を否定したのだ。

その理由がふるっている。

〈検査対象資料である毛髪が、現実に請求人の頭髪から採取された毛髪であることの裏付けがない〉

菅家さんの髪の毛だと言っていますけど、本当は誰の物かわからないですよね……と言って門前払いしたのだ。こんな結論を出すのに裁判所は五年もの年月をかけるのか。科学的鑑定が聞いて呆《あき》れる。再鑑定という検証行為そのものに背を向けたとしか思えなかった。

再審請求棄却の翌日、佐藤博史弁護士が千葉刑務所を訪れた。

菅家さんに結果を伝えるためだ。刑務所の門前で、北風にあおられながら、首にすっぽりとマフラーを巻いた佐藤弁護士は涙を流しながら言った。

「本当に……もし神様に一つだけ願いを叶《かな》えてあげると言われたら、菅家さんの無実といつも思っているんです……」それだけ言うと、背を向けてレンガの塀の中に消えていった。

結果を聞いた菅家さんは、俯《うつむ》いて涙を堪《こら》えていたという。

深夜、誰もいない番組スタッフルームで私はぽつねんとデスクに向かっていた。ずらりと並んだテレビモニターも消され、部屋は昼間とは別の場所のように静まり返っていた。

報道開始直後の再審請求棄却——それは私にとってもあまりに辛《つら》いことだった。ゴングで飛び出したボクサーが、いきなり食らったアッパーカットか。番組が続くとか続かないとかそういうことではない。報道によって、裁判所が慌《あわ》てて間違った結論にとびつくきっかけを与えてしまったのだとしたら。そんな妄想に近い自責までもが私を苛む。

頭の片隅にいつもあったのは、夢の中で掌《てのひら》に載せられた家の形のブリキ缶だった。腕を組むと、イスに深く寄りかかった。

開くかと思われたそのフタが、パタンと音をたてて閉まったような気がした。

通路の方から誰かの笑い声が聞こえる。それすら警察やマスコミ他社の嘲笑《ちょうしょう》のように思えた。社内でもこの報道を危惧《きぐ》する声があがっていた。それは廻《めぐ》り廻って私の耳にも入る。

「あれって本当に冤罪なのかよ」「万一冤罪でも、確定判決を報道でひっくり返すことなんて、土台無理」「ついに清水もヤキが廻った……」

無謀な報道。孤立無援。

自身の取材だけが頼りの調査報道である。当局が報道内容を認めるとか、他社が同じ内容を後追いするなど、何かの「結果」が見えないと「真実」と認めてもらえないという現実が調査報道にはある。私自身はそんなことにこだわってはいない。世の為《ため》になると信じて何かを伝えればいい、評価は不要。とは思うのだが、それでは〝日本〟は動かない。

本来行うべきは「北関東連続幼女誘拐殺人事件」の報道なのだが、「足利事件」で出鼻を挫《くじ》かれて身動きが取れなくなってしまっている。菅家さんと弁護団は東京高裁に対して再審の即時抗告をするとのことだが、それもまた絶望的に思えた。「再審の扉」は開くどころか逆に徹底的に溶接されたようだった。千葉刑務所の重そうな鉄扉と制服姿で直立する刑務官が思い出される。

こんな中途半端《はんぱ》なところで終わりか……？

丸くなったダンゴ虫が、最高裁の向かいの堀に泡を立てて沈んでいく絵柄が浮かんだ。冤罪報道など打ち切りとなっても当然の場面とも言えた。再審請求棄却と聞いても杉本部長は動じないでいてくれたが、私は資料だけが増え続け、いよいよ崩れそうなデスクの前でため息をつくしかなかった。半身を起こすと内ポケットから手帳を取り出しそっと開く。五人の女の子の顔写真がそこにある。

どうする？

私は、いったい誰に、何を問いかけているのか。いつも笑顔の、丸顔のその子達に自嘲するように問いかける。

まだだ――何ひとつ真実など摑《つか》んではいなかった。なんとしてもここを突破するのだ。しかしどうすればいい？　どうすればいい？　いくら考えたところで私が知っている方法など一つしかない。ジタバタすることだ。記者ならば、取材でつかんだ事実を報じ続けるしか道はない。

一からやり直しだ。

「再審棄却　それでも残るナゾ」をオンエアする。裁判所からすれば、なぜここまで楯突《たてつ》くかと思うタイトルだろう。だが疑問は疑問だ。再審請求が棄却された理由の希薄さを伝え、性懲《しょうこ》りもなく「DNA型再鑑定すべし」と報道を続けた。菅家さんとシャツの両方の再鑑定だ。必ずどこかに突破口がある。少なくともきっかけくらいあるはずだ。私はひたすら自分の手すら見えないような漆黒の迷路で手探りを続ける。

突然、それは訪れた。

ある朝のことだった。

前夜も取材で遅くなり、ベッドに入ったのは未明に近かった。九時頃になり、もぞもぞと起き出した私は鳴動中の携帯電話に気がついた。見れば、番号は見知らぬ地方都市のもの。過去の取材先か、何かのセールスか。まあこの手の電話はよくある。

〈私、松本といいますが……〉

私は聞き覚えのない男性の声に眠りから覚めぬまま応じた。なんでこの人は不機嫌そうな声なんだろう？　……松本さん？　私は次の瞬間、稲妻に打たれたように目が覚めた。

「消えた目撃証言」を行った松本さんの関係者ではないか？　証言した松本さんは女性だ。渡良瀬川の河川敷で、赤いスカートの少女を連れた男を目撃した主婦。元美術の先生でスケッチ画を描いた人。どうやら電話の主はその松本さんの夫であるようだった。

しかも、大変にお怒りだ。

あぁ、またか……。私は頭ごなしに罵倒《ばとう》された。〈なぜ私の勤務先が分かったのか〉から始まり、〈どうして今さら取材をしているのか〉と続き、〈すでに事件は解決しているでしょう〉となる。当然といえる疑問を厳しい口調で並べてゆく。

松本さんに関しては、特に難しい調査をしたわけではなかった。あの絵を見てから、どうしても松本さんの取材をしたくなった私は、折りに触れて引っ越し先を捜していたのだが、結局何もわからなかった。興信所など使う気もないし金もない。ただ、取材中にご主人の以前の勤務先が判明した。

そこに向けて手紙を書いた。単純な方法である。松田ひとみさんと会えた時と同じ方法だ。どうやらその手紙が、長い時間を経て松本さんに届いたようだった。

だが、松本さんにしてみれば、事件から一八年後の突然のマスコミからの手紙である。気味が悪いと思うのも無理はない……と思ったら違った。怒りの源はもっと深かったのである。

〈あなた達のことは信用できないんですよ！〉それは起き抜けの鼓膜を揺るがすよう

な声であった。根底にあったのは、マスコミへの不信だ。事件後、目撃者として警察の捜査に協力した松本さんは、現場まで出向き、検証に立ち会って調書作成にも応じた。その日の夜に、異変は起きた。

勝手口から見知らぬ新聞記者が、「こんばんは」とやって来たのだという。

幼い子供を狙《ねら》った事件が連続する足利市で、犯人は捕まらず、市民が恐怖のどん底にいた頃だ。しかも松本さん夫婦には被害者と同じ年頃の子供がいた。善意の証言者の住所氏名が、その日のうちに記者に筒抜けとなったことに、底知れぬ恐怖と怒りを覚えたという。もちろん記者は追い返された。

いきなり訪ねた記者にも非はあるだろう。いくら勝手口といえ。だが、警察が漏らさない限り、松本さんの存在すらわからない。問題は栃木県警の情報管理ではないか……と思ったところで、松本さんのご主人の怒りの全ベクトルは記者へ、それもどうやら「代表者」である私に対して向けられているらしい。どう抗弁したところで事態は悪化するだけか、と脳内シグナルは黄色点灯から赤色点滅へ。ここはとにかくお怒りの言葉をしっかり受け止めるしかない。

〈だいたい、君達マスコミという人種は、自分のことしか考えない。自己中心性が強く、ご都合主義ばかりの集団だ……〉

汗ばむ手に握りしめた携帯の小さな穴から、理路整然で説得力十分、かつ迫力満点で辛辣《しんらつ》な言葉が矢のように飛び出して私の耳の撃破を続ける……おまけに機種の関係なんだか、やたらと音量がでかい。

こんな状況で自慢しても説得力はないのだが、私は報道被害や取材源秘匿《ひとく》という、いわゆる報道の諸問題に対してそれなりにまじめに向き合ってきたつもりだ。新聞にいたときも写真週刊誌にいたときもそういう姿勢でやってきた。日本テレビでは報道局の取材マニュアルを作り、記者研修を担当している立場なのだ。大学の講義やら講演の依頼がくることだってある。だが、いったい何の因果か、どこかのアホ刑事が洩《も》らした情報によるヘボ記者取材のツケ伝票は今、私のテーブルに廻ってきていた。私は松本さんの厳しい指摘に相づちを打ちながら、その記者と情報を垂れ流した刑事に対し、呪《のろ》いをかけ続けた。

〈あの事件は、判決が出ているでしょう。報道は慎重にすべきです。万が一でも犯罪者の可能性があるならば、そんな報道は世のためにならない……〉

次々と途切れなく溢《あふ》れ出る言葉。もはや携帯電話はポップコーンの製造機のようだ。松本さんのご主人の熱弁は軽く一時間以上も続いた。携帯のバッテリーが尽きそうになり、慌てて充電器をつなぐともうひとしきり怒られ、ようやく電話は切れた。

ふーう。そういえば起き抜けだった。どっと疲れた。そうだトイレだ。とうに我慢の限界を超えている。と、そのとき私はハッと思い出して携帯を振り返る。そこには松本さんのご主人の電話番号が残されていた。今にも切れそうな線には違いない。髪の毛よりも細いだろう。だが、その番号は松本さんのご主人が残してくれたのだ。と、都合良く信じてみることにした。ここなのかもしれない。ここが突破口なのかもしれない。

ジタバタしてみる価値はあるだろう。

数日後、私は性懲りもなく松本さんのご主人に電話してまたも叱《しか》られた。だが、ご主人は謝罪ということならば会ってもいい、と言ってくれた。

私と杉本純子は、挨拶程度の菓子折りをぶら下げてご主人の勤務先に出向いた。怒られる前の腹ごしらえとばかり、最寄りの駅前の蕎麦《そば》屋できつねうどんを頼んで作戦をたてた。といっても互いの口から何か秘策が飛び出すわけもなく、考えているうちに七味唐辛子をかけ過ぎ、口から火を吹いただけだった。まあ、何はともあれ頭を下げよう。それしかなかった。

私達は覚悟を決めてご主人の勤務先に足を運び、応接室のドアをノックした。

ところが……その席では、人の良さそうなご婦人がニコニコと笑って迎えてくれたのだ。ご主人は、松本さんを同席させてくれていたのである。捜し続けた人が、目の前にいた。

何だか私は、初恋の人に再会したようにドギマギしてしまった。感激しながら話を聞かせてもらえることになったのだが、ただし、取材の前には三〇分ほど、ご主人による報道倫理のレクチャーが再度セットされていた……。

松本さんから聞けた当日の状況はこうだった。

薄曇りだった事件当日の夕方、松本さんは幼い子供を渡良瀬川河川敷の公園で遊ばせていた。近くの芝にはゴルフの練習をしている男性がいた。「ルパン三世に似ている男」と証言した吉田さんだ。松本さんはブランコの近くで子供と四つ葉のクローバーを探していた。ふと視線を上げると、ちょうど雲の隙間《すきま》からオレンジ色の西日が芝生に差し込む中を、幼い少女と男が歩いていた。

「女の子が、男の人の前後をちょこちょこと歩いていたんです。自然な形でね。散歩してるような雰囲気でした。その子供も、安心してる感じですね。信頼して、ついていっているような感じで歩いてました」

時間は一八時四〇分くらいだったという。

「男は白っぽい感じの衣服を着ていたと思います。そんなに大柄ではなかったです。一直線に歩いて行く感じですね。川の方に向かって大股《おおまた》で、どんどん歩いてるんですよ。かなり大股でした」

女の子の特徴は、真実ちゃんの当日の服装と一致していた。

「おかっぱ頭で。赤いスカートが目立ってましたね。上はそのスカートよりもう少し薄い色でした……」

スカートの色はやはり赤。松本さんの言葉は、白黒のスケッチにパステルで少し色をつけてくれたように私には思えた。その日、松本さんの娘はピンク色のスカートをはいていたため、なんとなく比較して色も記憶していたという。女性ならではの証言だった。

松本さんのご主人も当時の事を実によく覚えていた。

「妻は絵を教えていて、目で見た物を瞬間に記憶する力に優れているんです。事件の直後、ニュースを見ていて、女の子の写真が出たときに『あっ！　この子見た』って、言ったんですよ。だから、すぐに警察に連絡したんです」

ここだ！　松本さんは、「あっ！　この子見た」と言ったのだ。スルーしてはならないことだった。松本さんの印象は、曖昧なものではなく、断定だ。調書を読んでいるだけではわからない重要なことだ。

取材の終わりしな、松本さんのご主人がふと言った。

「実はね、あんなことがあったから、マスコミには一度、言いたい放題で抗議したかったんですよ。清水さんは飛んで火にいる夏の虫だった。それにしてもあなた、一言も言い訳もせずに良く耐えたね。いやー、たいしたもんだなあ。元々、妻の方がマスコミを怖がってましたからね。それでね、この人なら信頼してもいいと、私が取材に応じるように妻を説得したんです」

そう言ってうなずき、ニコリと笑った。

初対面のご夫婦の前で、不覚にも涙がこぼれそうになった。

その後、松本さんは渡良瀬川の現場まで足を運び、目撃した場所でカメラインタビューを受けてくれた。当時の証言を振り返りながら、もう一度スケッチも描いてもらった。真実ちゃんがパチンコ店近くで目撃されたのが一八時三〇分頃。それからおよそ一〇分後、すぐ裏の河川敷を歩いていた赤いスカートの女の子。

偶然とは思えない。

何より、二人が歩いて行ったその先で遺体は発見されているのだ。

だが、重大なはずのこの証言は、一年半後になってかき消される。なぜならDNA型が一致して、〝犯人でなければならない〟菅家さんが、「自転車の荷台に乗せて誘拐した」と自供したからだ。その瞬間から「歩いていた二人」の目撃証言は邪魔になった。以後、松本さんと吉田さんの調書は封印されたのだ。一方、菅家さんの自供の詳細までは知らされていなかった松本さん夫婦は、私の取材を受けるまで、菅家さん逮捕にあたって「捜査のお役に立てた」と信じていたのである。

私はまたもこの目撃証言の疑問を栃木県警の元捜査幹部にぶつけた。

「坂を降りてきた男がいましたよね。赤いスカートの女の子と」

やれやれまたあんたかい、と書かれた顔で彼は簡単に言い放った。

「あれは、結局解《わか》らなかった。どんな事件にもあるんだよ。そういう話。中には愉快犯みたいな証言者もいてさ、間違いない、って言うんだよ。だけどさ、赤いスカートの子供なんて、いくらでもいるわ、別人でしょ」

私のどこかで、何かが切れた。

ふざけないでもらいたい。そんな子供が、いくらでもいるはずがないではないか。こちらは現場にこだわるからこそ確信を持って言える。私が渡良瀬川の河川敷に通った回数は、もはや一〇〇回は超えたであろう。ひたすら歩き、観察し、カメラを廻してきた。平日も週末も朝も夜も夜中もだ。だがその過程で、赤いスカートの小さな女の子を見たことなどただの一度もないのだ。ましてや事件当日の同時刻に、同じ服装をした少女が二人いた可能性は極めて低い。「いくらでもいる」だと？　あんた達は、詳細な調書を取り、立て看板まで作り、更に目撃者を探していたではないか。ちょっとでいいから考えてくれ……と言ったところで無駄であろう。だから菅家さんを逮捕したのだ。

この時点で、私は当時の捜査を全く信頼できなくなった。

実は「歩く二人」の目撃者は、松本さん達以外にもいた。松本さんが目撃した芝の広場の延長線上で、二人の姿を見ていた少年がいたのだ。今や立派な青年になった彼からも話は聞けていた。

事件の日、彼は友達と川の浅瀬に石を並べて遊んでいた。その最中、ふと川岸を振り返ると、コンクリート護岸の上に立っていた男と少女を目撃したというのだ。その護岸を進んでいった先は遺体発見現場。二人の少年も事件当時、警察に事情を聞かれていたが、これらの証言もまた綺麗に消し去られていた。

捜査側から法廷に提出される資料は、全体の一部に過ぎない。

警察や検察には、裁判に出されない調書や捜査メモがある。そうした資料は起訴後に刑事部検事から公判担当検事に引き継がれ、その際、公判に提出する記録が選別される。法廷に出されるのはあくまで容疑者を有罪とするのに有利な証拠だけだ。元検事に取材をすると、裁判所に提出しない証拠を検察内部では「残記録」と呼んでいるそうだ。

「残記録」

公務員が税金を使い、国民の協力の下に集めた証拠は国民のために使われなければならない。証拠は元来、警察や検察のためのものではなく、真実を追求するための中立的なもののはずだ。ところが現実には「立件」という捜査側の仕事のためだけに使われているのだ。

捜査側は自分が狙った事件の物語、すなわち「筋読み」を否定する証拠を「消極証拠」とすら呼ぶ。否定する証拠が存在するのだから、「筋読み」そのものが間違いだった、とは考えないらしい。前述の栃木県警の元捜査幹部のように、「そんなことはいくらでもある」「意味がない」などとして片付けてしまう。しかも、「筋読み」に誤りがあった場合、「残記録」こそが実は「積極証拠」だったのかもしれないのに、そこは知らん顔だ。

そもそも、証拠の評価は裁判所の仕事ではないか。

私は、栃木県警本部に対し何度か取材申し込みをしていた。だが、答えはいつもこうだった。

〈再審請求中の事件につき、お答えできない〉

私は再審請求をしているから取材をしたいのだが……。足利の三事件は全《すべ》て解決したと記者会見では胸を張った県警が、冤罪《えんざい》の可能性を指摘されそうになると今度は取材拒否だった。

警察は都合の悪いことは隠す。

陰謀史観めいたことを言いたいのではない。私はそれを事実として知っているし、イヤと言うほど付き合わされた。そのことで本まで書いた。「桶川事件」である。私には「北関東連続幼女誘拐殺人事件」と「桶川事件」の構造は類似性が高いと思えてならない。少々長い話になるが――お付き合い願いたい。

一九九九年一〇月、埼玉県のＪＲ桶川駅前で事件は起きた。二一歳の女子大生、猪《い》野詩織《のしおり》さんが何者かに刺殺されるという痛ましいものだった。

小太りで短髪の犯人が現場で目撃されたが、そのまま逃走した。

発生直後から、私はこの事件の取材に関わった。当時の私の立場は写真週刊誌「F

ＯＣＵＳ」の記者だ。記者クラブに加盟していないことを理由に、所轄《しょかつ》の上尾署からは取材拒否され、やむを得ず手探りの取材を続ける中で私は詩織さんの友人達と出会った。事情を知る友人達は怯《おび》えながらも私に懸命に訴えた。被害者がストーカーグループに狙われていたと。彼らはそのストーカーグループを心底怖《おそ》れていたのだ。「『私が殺されたら犯人は小松』、詩織はそう言ってました……」

彼女は、親友に事件までの経緯や主犯の男の名を言い遺《のこ》していた。それが小松だ。詩織さんが短期間交際した男だったが、すぐにその異常性に気づき、別れを切り出した。すると男から脅しを受け、男の上司と名乗る連中が自宅に乗り込んできた。詩織さんの名前や写真が印刷された中傷チラシが彼女の自宅周辺に大量に貼《は》られた。組織的な犯罪行為だった。

詩織さんは上尾署に救いを求めた。だが、結局、彼女は何者かに殺害されてしまったのである。

事件に到《いた》るまでの経緯が正確に残された詩織さんの「遺言」に出会った私は、その日から何かに取り憑《つ》かれたように取材を続けた。彼女の「遺言」通りなら、小松の周辺に刺殺犯がいるはずだ。取材を続けるうちにわかったことは、車のセールスマンと言って近づいてきた小松が、実は風俗店の経営者だったことだった。年齢も偽っていた。詩織さんは、男の実像を何も知らぬまま殺害されたのである。

男達の根城は池袋だった。私は聞き込みと張り込みを続けた。やがて小松の部下の一人に刺殺現場から逃走した男と人着《ニンチャク》（犯人の人相や着衣）がピタリの人物がいる事実を摑む。小太りで短髪だ。この男の事件当日の異様な様子も明らかになってくる。名前も判明する。重大な情報だった。

県警に取材拒否されていた私だったが、ことは殺人事件である。私はこれらの情報を友人の新聞記者、例の「ミスターT」を通じて捜査本部へ提供した。結果、その男はやはり現場で目撃された男と同一人物であると確認され、小松やこの男達がストーカー行為を繰り返していたことも判明した。あとは逮捕して事情を聞けばいいのだが、当の男達の居場所は警察もわかっていない。

私は張り込みを続け、行方を追った。

そして、池袋の立ち回り先のマンションで刺殺犯を含むグループを発見する。私と長くコンビを組んでいた桜井修カメラマンが超望遠レンズで共犯を含む男達全員の姿を押さえたのだ。警察より先に犯人に辿《たど》り着いてしまったということになるわけだが、とにかく早く犯人を逮捕してくれ、そう私は祈った。確かにスクープだったが、雑誌掲載などできない。犯人達が記事を見たら逃走してしまう。私は詩織さんの無念を晴らしたかったのであって、犯人を逃亡させた間抜けな記者なんぞになりたくなかった。情報提供を埼玉県警に行い、私は記事の掲載を見送り続けたが、県警は刺殺犯の逮捕に踏み切らなかった。

殺人犯はそこにいる。なぜ逮捕しない。

悪夢のような日々が始まった。いくら雑誌掲載を見送り続けると言っても、限度がある。私は捜査員ではない。記者だ。警察のために取材しているわけではない。どこかで報じることが仕事なのだ。迫り来る雑誌の締め切りは年末。それ以上の延長はできないと編集長から言われ、困り果てた私は単身上尾署に乗り込んだ。相も変わらず「取材拒否」を続ける副署長に対して、カウンター越しに怒鳴った。取材どころかまるで逆だ。情報を提供しにいったのだ。

「取材ではありません。伝えたいことがあるから来ただけです。来週、桶川駅前の殺人事件の容疑者について重要な記事を掲載します。すでにその内容は捜査本部が十分にご承知のはずです」

雑誌の発売日を通告し、週刊誌が勝手に書いたから実行犯に逃げられたなどと言わせないために大声で署内に周知させた。事情を知らぬ署員達は、おそらく頭の弱い男が妄想を怒鳴っているとでも思ったであろう。だが、そうでもしなければ「逮捕してくれない」警察とはなんなのか。

雑誌の締め切り日、ギリギリのタイミングで刺殺犯は逮捕された。その後もストーカー小松の兄など、続々と実行犯の周辺の人物がこの事件に関与していたとして逮捕された。だが、肝心の小松に捜査が及ぶ気配はまるでなかった。唯一《ゆいいつ》、「刺殺事件」でなくストーカー行為による「名誉毀損《きそん》事件」で名前非公開の指名手配をされただけだった。

行方をくらましていた小松が遺体で発見されたのは北海道だった。〝小松は北海道にいる〟という情報を得ていた私は、桜井カメラマンと北海道まで彼を追跡していたのだが、ついに間に合わなかった。対立事案があれば双方から取材するというルールを全うしたかったが、小松は厳寒の屈斜路湖で凍《い》てつく姿となって発見された。警察は自殺と判断した。

「桶川駅前女子大生刺殺事件」という事件のあらましは以上のようなものだ。

だが、いわゆる「桶川事件」はここで終わらない。

その後、警察の対応が問題になったのだ。私に言わせれば当たり前である。事件前、詩織さんは「ストーカーに殺される」と警察に助けを求めていたのだ。これでは見殺しではないか。だがそれは、どこも報じない。警察が自ら不利なことを発表するわけもなし、そうなると「官」の発表がなければ報じられないような媒体では報じようにも材料がない。

ここから私の取材はいよいよ孤立した。

冤罪報道と同じことだが、司法と、特に警察と対立軸が生じてしまったからだ。「担保」に不都合があった場合、マスコミはそれを検証しうるのか？　情報発信側は正直に事実を回答するのか？　そのことを痛感したのが「桶川事件」だった。

どういうことか。

小松から脅しや嫌がらせを受けていた詩織さんは身の危険を感じ、埼玉県警上尾署に「このままでは殺されます。助けてください」と何度も訴え、やっとの思いで「名誉毀損」による告訴状を出していた。当時は、ストーカー規制法は無い。まともに取り合わない警察に「だめだめ、これは事件にならないよ」「こういうのは、男と女の問題だから、警察は立ち入れないんだよね」などと言われながらも、やっとの思いで提出した告訴状だ。

ほっとしたのも束の間《つかのま》、しばらくすると刑事が猪野家を訪れ、「告訴は一旦《いったん》なかったことにしてもらえませんか」と言い出したという。取り下げ要請は断ったものの、詩織さんは落胆した。警察が真剣に捜査をしてくれないことを感じ取ったからだ。詩織さんは「ストーカーが警察に手を廻したんだ。結局、警察は何もしてくれなかった。私は本当に殺される」「私が殺されたら犯人は小松」と友人達に対して告訴状同様の内容である「遺言」を残すことになる。

殺害現場となった桶川駅前は、上尾署管内だった。「殺される」と訴え続け、告訴までした本人が本当に殺害された時、当の警察署がどれほど慌てたかは想像に難くない。

上尾署はどう対応しただろうか。

今も映像が残るその記者会見は醜悪だ。上尾署は詩織さんが告訴状を出していたという事実を曖昧に発表、県警幹部はなぜか詩織さんの服装や持ち物を次々に並べ立ててゆく。「黒いミニスカート」「プラダのリュック」「グッチの時計」……。身元不明遺体ならともかく、こんなことまで発表する裏には、ある意図があったと言われても仕方がない側面があった。

その後の報道を見れば明らかだ。白昼、駅前で刺殺された女子大生。ただでさえショッキングな事件である上、ブランドものの羅列は詩織さんにあるイメージを付与することに成功する。過熱するマスコミから夜回りを受けて捜査幹部はこう洩らす。

「被害者は水商売のアルバイトをしていた」「あれは風俗嬢のB級事件だよ」ストー

カー男のことは「性風俗店の経営者なんだよ」とも耳打ちする。多くの記者が、この二つの警察情報を合体させて誤った。「性風俗店の店長と付き合って殺されたブランド好きの風俗嬢女子大生」という像が作られ、あたかも被害者に落ち度があるかのような報道が現出した。当然のことながら、事実は異なる。

私は遺品となった実物も見たことがあるが、詩織さんが持っていた「ブランド品」は、ごく普通の二十歳くらいの女性達が持っているものであり、超高級品などではない。実際、自分でこつこつお金を貯《た》めて買ったものだ。「風俗嬢」という呼称はなんだ。詩織さんが友人に頼まれ、お酒を出す店で短期間アルバイトしたことか？　それも自分には合わない、とすぐに辞めてしまったので、彼女は給料さえ受け取っていない。警察からすれば、バーだろうがディスコだろうがキャバクラだろうがスナックだろうが、風営法の及ぶ店で働けば風俗嬢というわけか。しかも、詩織さんは小松に車のディーラーと騙《だま》されていたばかりか本名すら偽られていたのだ。そもそも、どんな市民がどこで何をしていようが、殺されてよいわけがない。

これをイメージ操作と言ったら語弊があるだろうか？

警察のメディア対策は、一方で、被害者遺族にも向けられた。ストーカーにも「遺言」にも辿り着けなかった報道陣は、被害者宅の包囲を始める。遺族はカメラやマイクに狙われ買い物すら行けなくなる。そこで、「警備」を理由に彼らは被害者宅に県警の刑事を常駐させるのだ。被害者遺族とマスコミのチャンネルは遮断され、情報が出てくる場所は警察のみという状況になる。

私は、たまたま詩織さんの「遺言」を先に知ったことでこの陥穽《かんせい》にはまらずにすんだのだが、ではそれまでに別の取材で似たような罠《わな》に落ちたことがなかったかと聞かれれば、その自信はない。

ともあれ、犯人グループを追い続けていた頃の私は、詩織さんの「遺言」の中の警察関連のくだり、特に詩織さんのもとに刑事が来て「告訴取り下げ要請」をしていったということが気になっていた。本当なのか、私はミスターTを通じて上尾署幹部に当ててもらった。すると、こんな答えが返ってきた。

「調べてみたが、うちにそんな刑事はいません。記録も報告もありません。そんなことを言うはずもありません。ニセ者ですよ。ストーカー達が芝居を打って告訴を取り下げさせようとしたんでしょう」

猪野家にこのストーカーグループが無理矢理上がり込んだときには得体の知れない会社組織を装《よそお》っていたというし、詩織さんの「遺言」によれば、小松は「警察もオレの言いなりだ」とまで言っていたという。だから私もこの時はその話を信じた。ニセ刑事だったのか、と。だがその一方で違和感も覚えた。刑事を名乗るストーカー……？　いくら何でもそこまでするものなのか。

幹部が嘘《うそ》を吐《つ》いていたことが判明したのは、ひょんなことからだった。

詩織さんの父親の猪野憲一さんにお目にかかった際、何気なく聞いた一言がその端緒となったのだ。

私は事件を報じるにあたっては、どうしても詩織さんの遺族に会いたかった。「一番小さな声を聞け」というルールに従うなら、この場合、被害者遺族がそれだ。私は猪野家を取り巻く他社同様、断られることを覚悟の上で詩織さんの遺族に取材を申し込んだ。手紙を書き、末尾に自分の携帯の番号を書き入れてポストに入れた。昔も今も変わらない。私は手紙ばかり書いている。

その夜のことだった。

猪野さんから私に電話が入ったのだ。驚いた。報道被害の渦中《かちゅう》にある被害者遺族が、よりにもよって写真週刊誌記者の私に……？

それには理由があった。私はそれまで詩織さんの「遺言」に忠実に記事を書き続けていた。警察発のネガティブ情報には触れなかった。「美人女子大生の裏側」といった見出しが横行する中では異色の記事だったかもしれない。私の取材を受けてくれた詩織さんの友人達は、記事を丹念に読んでくれ、知らぬ間に「信頼できる記者の人がいる」と詩織さんの両親に話をしていてくれたのだという。そんな経緯で私は両親から取材ができる唯一の記者となった。どこで何がどうつながるかわからない。取材とは怖いものだ。

刑事の不在の時間に私は猪野家を訪問した。そこで初めて知った事実に私は驚愕《きょうがく》した。それは事件前の埼玉県警の対応について尋ねていたときのことだった。

私は何気なく質問した。

「ニセ刑事まで来たそうですね。告訴を取り下げてくれと……」

ところが猪野さんはこう言ったのだ。

「いえ、それを言ったのは、本当の刑事さんです。私達の告訴の調書を採ったH刑事です」と。

告訴状を受理した担当刑事が、告訴状を取り下げさせようとしていた?

そんなことがありうるのか。

事実ならば、それは上尾署が「告訴状」を受理していながら捜査していなかったということであり、怠慢捜査どころか、詩織さんを見殺しにしたと言われても仕方がない。

すぐに埼玉県警本部と上尾署に取材を申し入れた。もはや「警察そのものが取材対象」だからだ。だが警察は「クラブに所属していない記者の取材には応じられない」と見当違いなお返事。あげく、「他社がうるさいんですよ」とマスコミのせいにする言葉をつけ加える。じゃあ、こちらが知った事実に基づいて書きますけどよいですね？

チャンスを与えたのに拒否したのはあちらなので、私は「刑事による告訴の取り下げ要請」や「警察の怠慢捜査」といった警察批判記事を書き続けた。

その記事を読んだ警察記者クラブの記者達は裏取りに走ろうとするが、遺族取材はできず、警察情報を頼りにせざるをえない。結果、〈上尾署によれば……〉といった類《たぐい》の記事を報じるしかなく、〈誤解を与えるような言動はあったかもしれないが、最終的には遺族は納得してくれているはずだ〉〈遺族達は、実行犯が逮捕された時には、菓子折を持って上尾署にお礼に来たんですよ〉などといった警察の言い分を流し続けた。実は、これらもすべて警察の嘘なのだが、遺族から裏が取れないために彼らは「担保」に乗っかり続けた。

恐ろしいことだと私は改めて思った。〈公権力と大きなメディアがくっつけば、こうも言いたい放題のことが世の中に蔓延《まんえん》していくのかと。詩織さんのイメージが作られていったのと同じだ。

猪野さんもさすがに我慢の限度を超えた。

事件から五ヶ月後の三月二四日、埼玉弁護士会館で猪野さんは、「告訴を取り下げてもらえないか、と言われた。助けを求めたのに娘を殺されたことが残念。上尾署の対応には全く納得していない」と、記者達を前に、そうはっきりと伝えたのだ。

その時点までは、「遺族の取材ができないから」という理由で大手メディアは警察の情報に乗っかり続けるしかないのかと私は思っていた。だから、猪野さんがこうはっきり発言すれば、少しは動いてくれるのだろうと期待もしていた。

だが実際は、会見の内容は埼玉県版か小さな社会面のベタ記事にしかならなかった。警察記者クラブ所属の記者達は、遺族の声を聞いたら聞いたで、今度はその担保をあろうことか警察に求めたのである。警察は例によって囁《ささや》く。「実は、あの家族はちょっとヒステリックなんだよ」「『FOCUS』の記事はデタラメだ」当然またもデタラメである。

会見内容が大きな記事にならなかった理由は、それだけではない。

警察も考えたものだ。全く同じタイミングで大事件が〝弾《はじ》けた〟のだ。

埼玉県警は猪野さんの会見の同日に「本庄保険金殺人事件」捜査に着手した。私を

〝ワースト記者〟と晒《さら》し者にしたあの八木を逮捕したのだ。多くのマスコミがこの取材に雪崩《なだれ》を打った。

　確かに、なにかしらの折りに警察がこういう手を使ってくることは知っている。だが、この事件でまさにこれをやられるとは思わなかった。八木は前年から一〇ヶ月間放置していた男だ。二〇三回もの言いたい放題の記者会見を許しておいて、よりによってこのタイミングで逮捕とは。しかもこの時の容疑は殺人ではなく、別件の偽装結婚の公正証書原本不実記載だった。

　実際、多くの記者達が「大事件解決」の取材に走り回る羽目となり、夕刊や翌日の朝刊の紙面スペースは「本庄保険金殺人事件」に奪われたのである。

　では、警察は遺族の会見をどうやって知ったのか。

　猪野さんや弁護士が会見の準備を始めたのは会見の一〇日ほど前のことだ。弁護士が会見予定を埼玉県警記者クラブ宛《あ》てにＦＡＸで流したのは三日前の三月二一日。その予定を警察に〝当てた〟記者がいたということだ。その後の警察の対応は敏速というしかない。

　一人の女性が、身の危険を感じて、イヤなことも聞かれつつ、やっとの思いで提出した「告訴状」があるにもかかわらず、なぜ警察は捜査もせず、本人の恐怖したとおりに殺されなければならないのか。なぜ他のメディアはそれを問題視しないのか。

苛立《いらだ》ちと無力感ばかりを募らせていた私の前に救世主のように現れてくれたのは、記者クラブとは直接関係のない民放テレビ局の情報番組だった。テレビ朝日のキャスター鳥越俊太郎氏などが県警の怠慢捜査の問題点をオンエアしてくれたのだ。番組の視聴者に民主党女性議員がいた。

彼女は「これは大変な問題」と認識し、上尾署も県警本部も飛び越えて、国会の予算委員会という場で私の書いた記事を読み上げた。「〈だめだめ、これは事件にならないよ〉〈男と女の問題だから、警察は立ち入れないんだよね〉これは事実なのでしょうか？」と議員は警察庁刑事局長に詰め寄った。

国会質問をきっかけに、事態は大きく動き出す。

埼玉県警はついに内部調査を余儀なくされ、結果、「告訴取り下げ要請」に猪野家を訪れたH巡査長が、実はその時すでに勝手に詩織さんの「告訴状」を「被害届」に改竄《かいざん》していたことが発覚したのである。予想だにせぬ警察官の「犯罪」であった。

H巡査長が詩織さんの告訴状を上司に廻すと、署の成績と未処理の告訴件数を気にしていた上司は「告訴状ではなく被害届けで良かったんじゃないか」と言い、告訴状を放り投げるように返してきたという。上司は報告義務が生ずる「告訴」を嫌がったのだ。困ったH巡査長は〝告訴〟の文字に二本線を引き「届け」に書き直していた。こんな有様では、捜査など行われるはずもなかったのだ。

改竄は刑事事件となり、「虚偽有印公文書作成・同行使」として三人の警察官が罪に問われ、県警本部長を含めた一二人が処分されるという前代未聞《みもん》の事態となった。

埼玉県警の謝罪会見が開かれたのは完全に退路を失ってからだ。

「名誉毀損の捜査が全うされていれば、このような結果は避けられた可能性もある」

ここに至って、ようやく県警は自らの非を認めたのだ。事件発生から長い長い時間が過ぎていた。

余談だが、県警本部長が記者会見で頭を下げたとたん何が起きたか。

私は新聞を見て呆然《ぼうぜん》とした。クラブ記者達が手のひらを返したように警察叩《たた》きを始めたのである。遺族の会見はスルーしても、ネタ元の警察がミスを認めれば一面トップである。これ以上ない担保を得たということなのか、もはやブラックジョークとしか思えなかった。

埼玉県警が最も避けたかったことは、「市民を見殺しにした」という非難だったはずだ。詩織さんの「告訴状」は、私が友人達を経て聞いた「遺言」と同内容だ。いや、本人から直接に聞いた「告訴状」の方がよっぽど詳しいに決まっている。警察は私などよりよほど早く小松本人に辿り着けたはずだし、そもそも、事態に真剣に向き合っていれば殺人事件など起こらなかったはずだ。

だが、彼らは捜査をしなかったばかりか、告訴取り下げ要請をし、改竄まで行ない、その本人が殺されるという状況に立ち到る。非難は必至だ。県警内部の狼狽《うろた》えようは如何《いか》ばかりだったろう。

警察は、都合の悪いことは隠す。

私がそれを痛感した後、彼らが行ったこともここに記しておく。

私はストーカー男小松の線から実行犯を特定し、警察が実行犯を逮捕した。だが、彼らは小松の兄を事件の主犯だとして、殺人事件の捜査からは小松本人を排除したのである。原因から辿っていって結果にたどり着いたはずなのに、警察は原因を消してみせたのだ。手品のようだ。裁判もその方針で進む。警察の書いた「物語」は、詩織さんの「遺言」とは異なったまま実行犯だけを裁きの場に引き出し、裁判所もまたその「物語」に基づいて判決を下したのである。

私はそこにこそ警察の真の意図を感じる。警察は、詩織さんの「告訴状」を無にすることで、「市民を見殺しにした」という事実を小手先で隠蔽《いんぺい》しようとしたのではないかと。そしてそれは、まんまと成功したのではないかと。

ストーカー男小松を逮捕したくなかった警察は、小松の兄が主犯であると強弁した。私にしてみれば、「嘘」同然である。「詩織さんはいろいろ心配していたみたいですけど違うんですよ。首謀者は小松本人じゃありません。小松の兄なんです」簡単に言えばそういう「嘘」だ。彼らはその「嘘」をつき通し、つまりは詩織さんの「遺言」を踏みにじったままで裁判を終えた。私はこの事実こそが、この事件の本質だと思っている。

そして私は、この「北関東連続幼女誘拐殺人事件」でも、同じ事態に直面することとなる。

第六章 成果

千葉刑務所出所直後の菅家利和さん

これまでの取材で栃木県警の捜査の杜撰《ずさん》さは充分にわかった。残る証拠は科警研のＤＮＡ型鑑定だが、こちらは依然としてブラックボックスのままだ。再審請求が棄却されたダメージも大きい。

捜査におけるＤＮＡ型鑑定の先進国、アメリカなどではどうなっているのか調べてみると、逆にＤＮＡ型鑑定が死刑囚や無期懲役囚の無罪の証明に使われていることが分かった。すでに述べたが、ＤＮＡ型鑑定は「一致すれば犯人の可能性有り」ということだが、逆に型の数値が一つでも違えば完全に別人であることが証明できる。「犯人にはなれない」ことを証《あか》す強力な武器でもあるわけだ。

有罪判決を受けた囚人が冤罪《えんざい》を訴えた場合、ＤＮＡ型鑑定を行うよう働きかけるこのアメリカの運動は「イノセンス・プロジェクト（Innocence Project）」と呼ばれており、大学の研究室チームなどが確定囚のＤＮＡ型鑑定を行い、すでに二〇〇名以上もの受刑者の無罪を証明しているという。そこで、田中尚ディレクターをアメリカに派遣し、取材してもらうことにした。

強姦《ごうかん》殺人の疑いで無期懲役刑となった男性のケースが取材できた。収監後に行われたDNA型鑑定で無罪が明らかになり、釈放。その後本人は弁護士になっていた。

またアメリカの一部の州では、受刑者が望めばDNA型鑑定や再鑑定を行わなければならないという法律も制定されていた。初期のDNA型鑑定の危うさが垣間見《かいまみ》えるではないか。

だとすれば、日本でも同様の危険性はあるはずだ。再鑑定の必要はないのか？　私はそこを主眼にニュース番組『バンキシャ！』内で「アメリカDNA再鑑定」、夕方の『ニュース特集』「足利事件杜撰な捜査」……と報じ続けた。だが、日本テレビの報道が孤立しているのは相変わらずだ。

この報道の終着点はどこなのだろう。

ときにくじけそうになるが、「DNA型再鑑定を行うべし」と繰り返し、最後は「真犯人は今もどこかに潜んでいる」と締めくくった。まるで念仏のようだなと思いながらも、私は「再鑑定」を唱え続けた。だが、これまで日本で確定事件のDNA型再鑑定など実施されたことは無い。

「足利事件」以外の「北関東連続幼女誘拐殺人事件」取材もこの時点でかなりの分量に達している。群馬県太田市で起きた「横山ゆかりちゃん事件」の取材では、事件発生と同じ七月に横山さんのお宅を訪ねている。

玄関には七夕飾りが風に揺れていた。

赤、青、黄色。色とりどりの短冊《たんざく》に、家族の想《おも》いが込められていた。

〈ゆかりちゃんが帰りますように〉

ゆかりちゃんは、五件の連続事件の中でただ一人、行方が分かっていない。

父、保雄さんは俯《うつむ》いて話した。

「とにかく無事に帰ってきて欲しいと、ずっとそれだけを願ってきました。事件の日のことを忘れたことは一日もありません……」

そこまで言ってため息を吐《つ》いた。部屋にはゆかりちゃんが大好きだったキャラクター「セーラームーン」のポスターが貼《は》られたままだ。母の光子さんは、ゆかりちゃんがいつ戻っても良いように、娘の成長に合わせて洋服を用意してきたという。

ゆかりちゃんが姿を消した七夕のその日、空は雲に覆《おお》われていたという。

本当は、家族でデパートに行くはずだった。だが父親がふと目にしたのは「七夕感謝デー」という文字が躍る一枚のチラシだった。それが横山家の運命を変えることになる。

一〇時三〇分頃、両親はゆかりちゃんと次女を連れ、チラシのパチンコ店に出かけた。自宅から約一キロの『P』だ。今ふうの大型店舗ではなく、国道沿いの小型店だった。

ゆかりちゃんはその店の景品コーナーであるものを見つけた。花火のセットである。「取ってやる」という父親の言葉にゆかりちゃんは大喜びした。彼女はパチンコ台に向かった両親と、花火がある景品コーナーとの間を行ったり来たりしてはしゃいでいた。当時、両親にはパチンコ店が危険だという認識は無かった。

昼過ぎになり、母親は店内の長イスにゆかりちゃんを座らせておにぎりとジュースを与え、台に戻る。しばらくするとゆかりちゃんが母親の元にやってきて耳元でささやいた。

「店内の音が大きかったので全部は聞き取れなかったんですが、嬉《うれ》しそうにこう言ったんです。『優しいおじちゃんがいる』って」

母親は「ついていっちゃ、いけないよ」と注意をした。ゆかりちゃんは、再び長イスの方へ戻っていった。

およそ一〇分後、ふと長イスを見るとゆかりちゃんの姿がない。イスの上には食べかけのおにぎりとジュースがぽつんと残っていた。

両親は、店内はもちろん駐車場や近くの公園まで必死に捜した。だがどうしても見つからない。一四時一〇分、父親が近くの交番に駆け込んだ。

群馬県警は事件、事故両面の可能性を視野に捜査を展開、捜査員が横山さんの自宅に駆けつけた。六畳間の棚に置かれたプッシュホンには、テープレコーダーや逆探知装置もつけられ、誘拐犯からの電話に備えた。部屋には私服刑事が二四時間態勢でひしめいた。しかし、手がかりはなかった。

二日後の夕方、県警が公開捜査に踏み切ると電話が鳴り始めた。

室内に緊張が走る。

保雄さんが受話器を上げた。イヤホンでそのやり取りを傍受する刑事達は、用意された何枚ものカードを保雄さんに示す。〈もう一回お願いします〉〈ゆっくりと話して〉。犯人との通話時間を延ばして逆探知を行なうためだ。当時、電話局がクロスバー式と呼ばれる機械式交換機を使用していた場合、現在のデジタル式と違って、逆探知をするには膨大な回線を目視で辿《たど》る作業が必要だった。

受話器の向こうの男達は脅し文句を口にした。〈瀬戸大橋の上に五〇〇〇万円持ってこい〉〈俺が今、ゆかりちゃんを連れている。車の後ろで、逆さまになっている〉

そんな心ないいたずら電話ばかりだった。

太田署に設置された「幼女失踪《しっそう》事案対策室」が「幼女略取誘拐容疑事件捜査本部」になる。パチンコ店の防犯カメラの映像が解析される。身長一五八センチぐらい、サングラス、野球帽姿の男が怪しい。

群馬県警の元捜査幹部に取材したところ、「実際はプラス・マイナス二センチ程度はあり得る」とのことだから、身長は一五六から一六〇センチ程度の幅がありそうだ。モニターの中で男は大股《おおまた》で店内をうろついた後、長イスに座ってタバコを吸い、ゆかりちゃんに顔を寄せるように親しげに話していた。県警はこの男を誘拐事件の重要参考人と断定し、その映像を公開した。

男の特徴を捉《とら》えた動画の存在。解決は早いだろうと関係者の多くは思った。

ところが期待は裏切られる。メディアを通じ、ビデオや写真を公開したものの、集まった情報にも有力なものは無かった。

なぜ男を知る人が現れないのか。事件から時間は経《た》ってしまったが、私は番組でもこの防犯ビデオ映像を扱ってみることにした。男が店に入ってからの動きを分析して

CGも作ってみる。何かの情報が出てこないとも限らない。七月二七日、『バンキシャ！』で日本中に送出《そうしゅつ》した。

お前はどこのどいつだ。誰かこいつを知らないか。

その願いに対する結果は、まったく予想外の形で現れた。放送翌日のことだった。一本のメールが飛び込んできたのだ。その文面を目で追ううちに、脳が沸騰《ふっとう》した。

なぜこのことに気がつかなかったのか、私は自分の間抜けさに呆《あき》れた。メールをくれたのは「足利事件」の現場で赤いスカートの少女と「ルパン」を目撃した松本さんだ。彼女は我々の取材を受けてから、キャンペーン放送を欠かさず見てくれていたのだ。

〈拝見しました。ゆかりちゃん事件の犯人と思われる男。映像とCGで当時の状況がよくわかりました。（中略）私が目撃した真実ちゃん事件の犯人らしき男を思い出してみると、あくまで感想ですが、顔の輪郭や歩いているときの雰囲気がとても似ている気がします。当時、警察の方に説明をしたり、なんども思い出そうとして繰り返しイメージしてきた犯人像ですので、かけはなれていることはないと思います〉

意外と言えば意外。

うかつと言えばうかつ。

「ルパン」ではないか。

「足利事件」で吉田さんが「漫画のルパン三世、あれにそっくりだったんだよ」と言っていた男と「ゆかりちゃん事件」の重要参考人が似ているというのだ。連続事件と見なすなら、当然想定しておくべきことだった。松本さんは「足利事件」には関心を持っていたが、我々の番組を見るまでは「ゆかりちゃん事件」は意識したことがなかったという。今回初めてサングラスの男の動きを見たことで類似点に気がついたのだ。

松本さんのご主人の「目で見た物を瞬間に記憶する力に優れている」という言葉が今さらながらに思い出された。

後日、松本さんには日本テレビまでご足労頂き、大きなモニターで改めてサングラスの男の映像を見てもらい、再確認したが、松本さんの証言は揺るがない。

しかし、こいつはいったい何者なのか。

映像の中で怪しげな服装で店内を大股で歩き回る男は、私が見る限り十分に警戒したくなる雰囲気を醸《かも》し出している。だが、男と話したゆかりちゃんはウキウキした様子で「優しいおじちゃん」と母親に話しているのだ。ならば「映像と実像」には、かなりの相違があるのではないか。例えば、サングラスの向こう側には優しい目がある……などと。

私は、暇を見つけると防犯ビデオの映像を繰り返し見続けた。ゆかりちゃんの両親には可能な限り記憶を呼び起こしてもらい、その日に起きたことを時系列で検証してもらう。店の見取り図と睨《にら》めっこし、改装したその店に何度も通い、サングラスの男と同じ動線を辿っては再現も試みた。

やがて、犯人像に迫れるかもしれない、「ある方法」が残されていることに気がついた。

一二時二〇分頃、一旦《いったん》外に出ていたゆかりちゃんが母親とパチンコ店に戻る。

一三時二七分頃、サングラスの男が入店する。

男は、自動ドアから店の中に入ると、真《ま》っ直《す》ぐに店の奥に向かって進む。どうやら奥に位置するトイレに入ったようだ。その後、男は店内に戻って通路を歩き回る。だがパチンコ台には興味を示さない。台が切れた通路では、左右をきょろきょろと見回す……。

どういう事情なら、人はこんな動きをするか。

人を捜す時ではないのか——。

そして男はゆかりちゃんを見つけ、その後を追って行く。今度は、景品コーナーの近くで立ち止まり、タバコを燻《くゆ》らせながらゆかりちゃんを観察しているようだ。

一三時三五分頃、ホールの隅にある長イスに座っていたゆかりちゃんの隣に、男が狙《ねら》ったように身を寄せ、座る。タバコを吸い、何かを話しかける。ゆかりちゃんが嬉しそうにスカートを手でパタパタと動かす。やがて男は、店の外の方を三回指さした。

一三時四二分頃、男が自動ドアから外に出て行く。

一三時四五分頃、ゆかりちゃんも店を出てしまう……。

男が店内に入り、外に出るまで約一五分。その間、ゆかりちゃんと会話した時間は僅《わず》か四、五分である。

重要なことは、男がパチンコをせず、台への関心すら持っていないことだ。また、店内に入った男は真っ直ぐにトイレの方向へ向かっている。トイレは店の一番奥のやや目立たないところにあるのだが、その場所を探して迷ったりしている様子はない。ということは、男は入店する前から店の構造を知っていると考えた方が自然だ。

こう考えてみた。

ＶＴＲを見る限りでは、男はゆかりちゃん達が店に戻った一時間後に入店している。だが、本当にそうなのだろうか。実は男は、もっと前から店にいたのではないのか。

ここから先は、あくまで仮説だ。

「ルパン」は事件当日、あの店でパチンコをしていた。そこにゆかりちゃん一家がやって来た。ロリコンの「ルパン」は声をかけたくなる。だが、少女は両親と一緒だ。天井にはずらり並んだ防犯カメラ。男は一旦パチンコ店を出る。どこか近くでジャンパーをはおり、野球帽を被《かぶ》り、サングラスをかけた。つまり、夏には異様なあのファッションは、特徴なのではなく、変装なのではないのか。

そして「ルパン」は一三時二七分、店に戻った。目的がゆかりちゃんならば、もはや台には目をくれるはずもない。

ゆかりちゃんの父親は当時を思い返してこう話す。

「今思えば、男はちょうど死角でした。ゆかりと一緒に座っていたのは、自分達からは見えなかったんですね。だから、ゆかりは一人だと思っていた……」

ビデオで見ると、男の座っていた場所は、父親からだと他の客が邪魔で見えない。逆に、男は客の陰から父親の方を窺《うかが》っているように見える。変装した男は、両親に気づかれないようにゆかりちゃんに接近し、数分間の勝負に出たのではないか。

ならば、犯人に迫れる可能性はある。

防犯ビデオの再解析だ。

だが、精査すべきなのは公開されたビデオではない。未公開の、横山さん一家が入店した後、しかも午前中のＶＴＲだ。そして、捜すべきはサングラスをかけていない男だ。

パチンコ台に座り、タバコを燻らせ、キョロキョロと左右を気にする男。ゆかりちゃんが店に来てからは、彼女の動きに気を取られ、パチンコに集中できないまま、やがて大股で店の外に出ていく……そんな男の姿が録画されていないか。

残念ながら、午前中のＶＴＲは私の手元にはない。

パチンコ店の経営者のところにも何度か取材に通ったが断られ、会うことすら叶《かな》わなかった。私は群馬県警の捜査員にこの仮説を伝えることしかできなかった。

また、行き止まりである。

別の突破口の号砲が突然に鳴り響いたのはキャンペーン放送開始から九ヶ月後だった。灼熱《しゃくねつ》の夏も勢いを弱め、東京に秋風が吹き始めていた頃だ。煙たなびく新橋の路地裏、全品二八〇円のおやじたむろす炉端焼き屋で、サンマの塩焼きなどをつついていた私の携帯が鳴動したのだ。

きっかけは、その日の昼間のことだ。

私は「足利事件」のある動きをキャッチしていた。

宇都宮地裁の再審請求棄却に対し、即時抗告をしていた菅家さんと弁護団は、東京高裁にＤＮＡ型再鑑定を求めていた。それに対し、東京高検の検察官が「ＤＮＡ鑑定請求に対する検察官の意見」という書面を提出したのだ。その書面には、ＤＮＡ型再鑑定についてこう書かれていた。

〈本件半袖《はんそで》下着に付着した遺留精液と中立人由来の資料の異同識別を行うＤＮＡ鑑定についても、実施する必要性はないと考えるものの、この点に関しては、あえて反対はしない〉

つまり、検察としてはＤＮＡ型再鑑定してもよいですよ、ということだ。

これは極めて重大な決定のはずだ。高検検事の独断ではできまい。部長、次席、検事長と上層部に決済書類が廻り、科警研や栃木県警とも協議されてのことであろう。後は裁判所が命じさえすれば再鑑定が実施できる状況となった——炉端焼き屋に飛び込んだ電話は、その裏取りの結果だった。

私はハイボールで湿った頭を叩《たた》きながら、報道局に駆け戻り速報した。

一〇月一六日、『ＮＥＷＳ　ＺＥＲＯ』「足利事件ＤＮＡ再鑑定へ」。それは一分ほどの短いニュースだったが、一八年間凍りついていた「足利事件」が動き出した瞬間を伝えたものだった。放送直前に支援者の西巻さんに「これから重要なニュースを流します、ぜひ見て下さい」と電話する。報道フロアのモニターに流れる渡良瀬川の空撮映像を見ながら、私は何か不思議な予感を感じていた。

翌日、新聞など他社がニュースを追った。日本で初めてとなる確定判決のDNA型再鑑定だ。当然マスコミ各社は取り上げる。弁護団が会見を開き、そこにも取材陣が集まった。徐々に「冤罪」の可能性にマスコミも注目し始めているようだった。

ちゃんと再鑑定してくれよ……私は祈るような思いでその時を待った。

二〇〇九年一月、ついにDNA型再鑑定が始まった。

東京高裁が鑑定人を指名する。検察側が推薦する大阪医科大学の鈴木廣一《こういち》教授と、弁護側が推薦する筑波大学法医学教室の本田克也教授の二名だ。いずれもこれまで警察や検察が何度となくDNA型鑑定を依頼してきた、その世界の専門家である。

一月二三日、裁判所が栃木県内の大学病院に委託し、冷凍保存していた真実ちゃんのシャツは、裁判官、検察官、弁護人が見守る中、ハサミで縦に二つに切断され、半分ずつがそれぞれの鑑定人に渡された。二九日には千葉刑務所で菅家さんの血液と口《こう》腔《くう》粘膜が採取される。これらの鑑定試料は二人の鑑定人それぞれが研究室に持ち帰り、コンピューターを使った最新の技術で鑑定されることとなる。鑑定結果の裁判所への提出は四月末日の予定と決まった。

この頃、東京高検の検察官が杉本純子と非公式に会っている。

「お宅で、足利事件をいろいろとやってますね。アメリカにも行って、ＤＮＡの鑑定の取材みたいな事をやっていたでしょ？」そう言って今回の再鑑定に至った経緯を説明し始めた。

「裁判長は欧米の法律システムに興味を持っている人だから、それが幸いしたんじゃないですか」とも言った。

検察官はこう続けた。

「ただ、試料（証拠のシャツ）の状態が悪すぎるので、結果が出るかどうかはわかりませんよ。鑑定不可能という結果になる可能性も高いと思います。そうしたら仕方がないですよね……」

そうなのだ。

現場で発見された真実ちゃんのシャツは、一〇時間以上も川の中にあり、水に洗われていた。しかも、弁護団の指摘で〇四年にようやくマイナス八〇℃の冷凍庫に移管されたが、それまでは長期間にわたり常温に置かれていたのだ。ＤＮＡが腐敗や劣化をしている可能性があり、鑑定の試料としては相当に条件が悪いわけだ。そもそも、犯人の精液がまだ残留しているのかと疑問視する声もあがっていた。「再鑑定すべし」

と、報じ続けてきた私だったが、実は最大の不安はそこだった。

事件直後は鑑定できたが、今は鑑定不能。

そうなればボクシングのタイトルマッチと同じことで、判決は確定したまま変わらない。頭のどこかに張りつく不安と疑惑はどうやってもぬぐい去れなかった。アメリカの裁判所などは「何度でも再現できる鑑定でなければ証拠とは認めない」としていたが、日本はその点立ち遅れていた。

一方、栃木県警は強気だった。当時の捜査員達は絶対的な自信を持っていた。「再鑑定？ あぁ、何かやるらしいねえ。絶対に鑑定は一致するよ。ヤツは犯人に間違いないんだから。こっちは心配すらしていない」と一笑に付してくれる。「日テレさん派手にやってるけど大丈夫？ 後で大恥かくよ」とまで言われた。捜査現場がこうであれば、その報告を受ける検察も全く同じはずだ。だからこそ再鑑定に反対をしなかったのだろう。

各メディアには、少しずつだが変化が現れていた。

栃木の地元紙下野《しもつけ》新聞が〈一九年目の真実解明へ〉〈深まる科学への疑念〉（三月二一日）などの見出しを付けて「足利事件」を特集した。これまで検察、警察に寄っていた記事がかなり変化を見せていた。翌月には朝日新聞が〈ＤＮＡ再審の道　開くか〉〈今月末にも結果が判明〉〈四月一七日〉と続いた。菅家さんの〈良い結果信じる〉というコメントがある一方、〈自白は確かで、私たちの捜査に間違いはない〉など警察側の声も入れバランスを取ってあった。私のような記者から見ると、万一無罪に転がった時の保険のようにも見えなくはなかったが、注目度が上がっていることは確かだ。悪い風向きではない。

そんな頃、私はあの目撃者の松本夫妻と杉本純子の四人で東京の下町、月島でもんじゃ焼きのテーブルを囲んでいた。

黒い鉄板の上で湯気と熱気が渦を巻いていた。銀色の二本のヘラをガチャガチャと言わせ、カレー味のもんじゃ焼きを作るのは松本さんのご主人であった。電話の際は報道被害の全責任を負わされそうにもなったが、今やニコニコと優しいおじさんである。私は完成間近のもんじゃ焼きの上にベビースターラーメンを振りかけながら言った。

「まさか、サングラスの男と似ているとは……。思いもしなかったですよ」

私にとっては女神様のようである松本さんがにこやかに笑う。

「私も、何気なくテレビを見ていて、あっと気がついてメールしたんですよ」

平和な一時であった。デザートになるまでは。

「これがうまいんですよー」松本さんが焼き始めたそれは、あんこ巻きという物だった。クレープのように皮を焼き、あんこを包んで食べる。

「ところで松本さんは、足利事件で逮捕されたのは〈歩いている男〉だとずっと信じてたんですよね？」

私は、あんこ巻きを小型のヘラで切りながら聞いた。自転車に乗せて誘拐したという菅家さんの供述を知らなかった松本さんは、私の取材を受けるまで、自分の証言が消されていたなどとは露知らず、「捜査のお役に立てた」と信じていたのだ。

「そうですよお、表彰までしてもらってねえ……」と女神様が口元を押さえて笑った。

「そうですか。……えっ、表彰された？ それって誰から？」

私は、あんこ巻きを黒蜜《くろみつ》の皿に取り落とし、杉本純子ににらまれながら聞き返した。

「足利署ですよ。何だったんですかねえ、あれは……」

菅家さん逮捕には無意味どころか、邪魔になって封印したはずの松本さんの証言だ。捜査幹部は私の取材に対し、こうまで言い切っているのだ。

「いやー、違うね。あの証言は信頼できなかった。いいかげんな証言はいっぱいあったんだよ」

ところがその同じ県警が、菅家さん逮捕後に松本さんを表彰していたというのだ。

いったいどうなってんだ。

後日、私はその表彰状とケースに収められた銀色のメダルを見せてもらった。「幼女連続誘拐・殺人事件の解決に協力」という功績での「足利署長賞」であった。

事件が「解決」しさえすればいいということなのか。栃木県警の意図を図りかねたが、捜査員達のあの根拠もない自信と同じ臭《にお》いを感じ、私は表彰状を言葉もなく見つめ続けるしかなかった。

鑑定結果の裁判所への提出期限が迫った四月半ばの早朝、ふと気配を感じて携帯に目をやると、赤いＬＥＤが明滅している。やれやれ朝から何事かとチェックすれば、同じ着信がいくつも残っている。霞が関界隈《かいわい》をカバーする社会部記者、野中祐美からだった。コールバックすると、予想に反して野中記者の口からはのんびりとしたペースでぽろりぽろりと言葉がこぼれ落ちてくる。

「あぁ、おはようございますー。何度も電話したんですよお。朝早くからすみません〜。足利事件のことなんですけどお、そのことでえ……」

なんたるスローモー。細いヒモを引くように、ズルズルと受話器から文章を引き出してゆくが、どうやらそのヒモは万国旗のようになっているのか、時々ひっかかる。

「あのお、聞きました〜？　ＤＮＡの再鑑定ってやってたじゃないですかあ。その結果が、わかっちゃったんですよお」

野中は「足利事件」となんら関係ないはずだ。その鑑定結果をなぜ摑《つか》んでいるのか？　しかも、わかっちゃったんですよお、とはクイズかよ。頭が混乱するが、おそらくそれが魑魅魍魎《ちみもうりょう》の霞が関というところなのだろう、と無理矢理に自分を納得させてさらにヒモを引いてみる。すると、いきなりポンと日の丸が飛び出した。

「それがですねえ、なんと、ふいっち、らしいんですよ……」

〝ふいっち？〟

なんだそれは。

脳内の旧式パソコンが「ふいっち」を漢字に変換するまでに数秒がかかった。ディスプレイに浮かび上がったその文字は、今度は私の頭蓋《ずがい》の中を、稲妻のように走り抜け、やがて意味を持つと口から言葉となって飛び出した。

「ＤＮＡ型の話だよな、不一致で、間違いないのか？　どちらの鑑定人の結果だ？いやいや、そもそもどこからの情報なのか……」

彼女の一〇倍の速度でまくしたてる私に、万国旗がズルズルと続く。

「それがなんと、二人とも不一致だったそうです……」

鑑定人両者不一致。

「なんか、こちらは上を下への大騒ぎみたいですよお」と彼女は言った。

そりゃそうだろう。「良く知らせてくれた。ありがとう」そう言って私は電話を切った。

やはりそうだったのだ。あの状態のよくないシャツから無事犯人のＤＮＡが抽出されたばかりか、菅家さんと一致しなかったのだ。である以上、菅家さんは絶対に犯人にはなれない。無罪どころではない。無実である。私は改めて声を上げそうになった。

いまさらだが、無罪と無実は違う。無罪は、ある犯罪に対して、裁判所がその人に罪がないと認定したことを指すに過ぎない。無実は、その犯罪にまったく関わっていないということだ。

この情報は野中が独自にキャッチしたものだった。大スクープになる可能性があった。もちろん、ネタがでか過ぎて確実な裏を取らなければ打てない。情報筋一本では危うい。このクラスのネタならダブルチェック、いや三本は裏を取りたい。いやいや、待て待て、そういう話なのか……？

私は一つ息をすると、イスに座り込んだ。

冷静に考えれば、打てるかどうか実に微妙なネタだった。

なぜか。

この再鑑定は、再審請求の即時抗告を受けた東京高裁が、その前段階として法医学者に委託して実施したものだ。再審が決定したわけではない。そんな段階で、委託した裁判所を飛び越え、一報道機関がその結果を先に流すことが果たして事態を正しい方向に導くことになるのかどうか。下手をすれば、全《すべ》てをぶち壊す可能性もあり得る。「マスコミに先に結果が出たのは問題ですね」などと、いらぬケチがつくことだってありえなくはない。宇都宮地裁に至っては、誰の髪の毛か解《わか》らない、などという理由で再審請求を門前払いした〝前科〟があるのだ。

考えろ。「桶川事件」でも同じだった。あのときはスクープを打てば犯人が飛ぶという状況だった。今回はどうだ？　誰も経験したことがないケース、慎重を期さなければ、悔やんでも悔やみきれない結果を招く。しかもこのネタは自分のものではない、野中が引いて来たネタだ。

コチ、コチ、コチ。

壁掛け時計の秒針が妙に耳に響いた。

まずは情報戦だ。その日から私はこっそりと収集アンテナを揚げてみることにした。各方面をサーチしてみれば、検察庁や警察庁などがこの事実を知っており、何ヶ所かで激震が走っていることがわかった。霞が関では「我々は、警察馬鹿《ばか》だった」という自虐《じぎゃく》の言葉までもが飛び交っているという。自信満々だった栃木県警幹部も対応に頭を抱えているらしい。

だが、当の裁判所はまだ何も知らないのだ。それとなく聞いてみても弁護団も摑んではいなかった。ならば事実を早いうちに表に引きずり出しておかなければ、そのまま闇《やみ》に葬《ほうむ》られる可能性もゼロとは言えない。そうなったら後の祭りだ。渡良瀬川の「ルパン」の目撃証言が「消極証拠」として葬られた例もある。強い権力を持つ組織こそ防衛本能も強い。なんと言っても「DNA型鑑定不一致」は科警研、ひいては警察、及び検察にとってゆゆしき事態だからだ。

今回の再鑑定の鑑定人は二人だ。当局にしてみれば、その片方を潰《つぶ》せれば良い。例えば検察側の鑑定人が「鑑定不能だった」と言い出せば、それでおしまいだ。残りの弁護側鑑定人一人の鑑定だけなら検察が全力で叩き潰してくるだろう。結果、何もなかったかのように終了。

どうする？

スクープで出すなら時間はない。すでに霞が関界隈では流れている情報だ。もたもたしていて、いきなりどこかに抜かれたら野中に申し訳ない。長く社会部記者をやっていても、こんな大ネタはそう取れるものではない。

とはいえこれまでの報道の経緯もややこしい。「北関東連続幼女誘拐殺人事件」「足利事件冤罪説」をキャンペーン報道し、「再鑑定すべし」と連呼し続けた日本テレビだ。「再鑑定へ」とスクープした上、この大スクープまで抜いたら、司法に強いはずの新聞社など他社は面白くないだろう。

もちろん、「足利事件」を放置してきた社が面白くなかろうが構うことはないのだが、援護射撃も無しに単独で報じ続けることがいかに辛《つら》く厳しいか、うんざりするほど経験している。私の最終目標は「北関東連続幼女誘拐殺人事件」の真相究明だ。〝日本を動かす〟ことだ。その長い道のりを単独飛行で乗り切れるのか。

ここはパクッと食ってはいけない場面だ。

一人で唸《うな》った。

どうやら方法はひとつしかなさそうだった。

「他社に気づかれぬようスクープを打つ」というのなら何度も経験してきたが、ここは「打った後でも、他社には気づかれぬようスクープを打つ」のだ。あまりに馬鹿げているし、このミッションの難度は極めて高い。

とりあえず「予定稿」を書き、VTRは用意しておく。自らに言い聞かせる。空港が見えても焦《あせ》るな。レーダーを注視して雲の隙間《すきま》を探すのだ。滑走路が見えてもすぐに降りてはならない。

野中の電話から一週間ほど経った四月二〇日。

どうやら共同通信がこのネタを打ってくるらしいという話をつかんだ。配信予定は二三時頃。一部の新聞社は輪転機を止めて共同通信のフラッシュニュースの配信を待つらしい。同じ頃、共同通信の加盟社である東京新聞の記者が取材に動き出したという情報も摑んだ。

よし、タイミングはここだ。お堀に沈みかけていたダンゴ虫記者の浮上作戦開始である。

私は脳内でこれからの台本を書き上げた。まず、共同通信がピーコを鳴らし、速報を打つ。各社の記者は慌《あわ》てて取材やら裏取りに走り出すはずだ。その直後だ。こちらも二三時台の『NEWS ZERO』で流してやろう。

これなら他局のテレビはニュース速報すら間に合わないだろう。新聞に至ってはまだ輪転機すら廻っていない。共同通信の配信さえ先行すれば、業界内では日本テレビの独占感は薄まりつつも、一般視聴者の皆様には日本テレビがトップでこのニュースをお届けできるのだ。読者の方々にはつまらぬことと映るかもしれないが、記者にとってスクープは命も同然。私自身はそれほどスクープにこだわらないが、何しろこれは私のネタではなく野中記者のネタだ。あだや粗末にしてはならぬ。

私は報道フロアの天井から下がっている電気時計の針を何度も睨み、二三時台になったのを見計らってから、社内に残っていた森田公三プロデューサーにそっと耳打ちした。「野中が引いてきた例のネタですけど、これから共同が打ってきます。うちも今晩やりましょう」事件記者クラブの経験が長い彼は一瞬でその意味を理解した。

『NEWS ZERO』が始まると共同が打ったとの報が届いた。すかさず「速報足利幼女殺害事件　再鑑定でDNA一致せず」と題した原稿を鈴江奈々キャスターがカメラを見つめ読み始めた。

「栃木県足利市の幼女殺害事件で、無期懲役が確定した受刑者が裁判のやり直しを求めたのに対し、異例の再鑑定が行われていましたが、被害者の衣服から採取した犯人のものとみられるDNA型と、受刑者のDNA型が一致しなかったことが、関係者の取材でわかりました」

一分四二秒の独自報だ。

これで野中に義理も立ち、事件を壊すことにもならずにすむだろう。

翌日、某テレビ局の記者から「いやー日テレさん、早かったですね。さすがです。

うちはだいぶ遅れましたよ」と言われて私はほっとした。その記者は日本テレビが共同通信の記事を大急ぎで流したと思っていたのだ。しめしめ。

実を言えば、日本テレビは共同通信の非加盟社だ。ということは元々、記事の使用権利などない。当然ながら完全独自原稿である。無事任務は果たせたと言っていいだろう。もちろん社内には「野中記者の大スクープだ」と宣伝しておく。ミッション終了。

「足利事件」のＤＮＡ型再鑑定の結果は五月八日になって裁判所と弁護士経由で明らかとなった。「担保」が示されるや、これまで静観してきた他メディアも怒濤《どとう》のごとく動き出した。ゲートが開いた直後の競走馬のような勢いだ。それも草レースなどではなく、ダービー級の。

静かだった渡良瀬川の河川敷にカメラを担《かつ》いだマスコミの集団が雪崩《なだ》れ込む。菅家さんの弁護団には次から次へと取材の申し込み。「なぜ日本テレビにだけ便宜を図るのか」などと真顔で弁護団に抗議した民放記者もいたそうだ。一方、菅家さん逮捕当時の自社の記事を検証する社なども出始めていた。メディアとして自己検証は重要なことだ。

次の節目は再審決定か。

菅家さん逮捕の決め手となった「自供」と「DNA型鑑定」の二つのうち、「自供」については問題点だらけ、菅家さん本人も完全に否定していて、証拠としての価値はすでに地に墜《お》ちたと言って良いだろう。そして「絶対」と言われていたDNA型鑑定も今回崩れた。

再審開始が決定されれば、十中十、菅家さんは無罪になる。

そう思っていたのだが、周辺取材を行っていくと、きなくさい動きが始まっていた。科警研がごねだしていたのである。

今回の再鑑定は、主に「STR法」と呼ばれる鑑定方法が使われていた。「ショート・タンデム・リピート」の略称で、短い塩基配列の繰り返しを調べていくものだ。ただし、一つの部位だけではなく、多くの部位を調べることでその精度をあげていく。その新しい鑑定方法で真犯人と菅家さんの型が不一致だということが今回わかったわけだ。

当然、一九九〇年当時に科警研が行ったMCT118法は誤っていた、という結論だろうと普通の人なら思うであろう。ところが、科警研はMCT118法鑑定を失敗と認めなかったのである。

「当時の鑑定はそこまで精度が高くなかった。一〇〇〇人に数人というような同じＤＮＡ型の集合体の中では、真犯人と菅家さんの型は一致していた。今回精度が上がったＳＴＲ鑑定で細部を調べてみたら、真犯人と菅家さんが初めて分離できた」と弁明したいらしい。

言葉を換えれば、旧型の鑑定方法では同じグループでしたが、目の細かい新型でやってみたら違うグループであることがわかりました、「同型異人」であることがわかっただけで、旧型が間違っていたわけじゃありません、という理屈だ。

ならば、その旧型であるＭＣＴ118法でもやりなおしてみれば？　と素人《しろうと》なら思うが、検察はそれを避けた。実は、再鑑定前に東京高検が裁判所に提出した「ＤＮＡ鑑定請求に対する検察官の意見」にはこうあった。

〈ＭＣＴ118部位のＤＮＡ型鑑定だけを行う鑑定は、無意味であるばかりか有害であるとすら言えるので実施することには反対である〉

なぜそんなことにこだわるのか。再鑑定をするなら〈市販されている試薬を用いたＳＴＲ鑑定を行うのが相当である〉とし、さらに、〈123マーカーは既に使用されておらず、当時の鑑定手法は手作業によるものであって、電気泳動の時間、電気泳動を行うゲル板の条件など各条件設定が重要になるが、当時行われていた鑑定手法を再現するのは不可能である〉とまで言い切っている。

要は、確かに、長い塩基配列を調べるMCT118法による検証を徹底的に拒んでいるのである。

MCT118法の場合、劣化した古い試料ではDNAが途中で切断されている可能性もあり、鑑定自体が技術的に困難であるという。それはそうかもしれない。だが、弁護側推薦の本田克也教授はこの検証を実施していた。

本田教授はSTR法はもちろん、当時のMCT118法でも調べることこそが筋と考えた。ただし、かつてのようにゲル上のバンドを目視する精度の低いものではなく、同じMCT118の部位を最新のコンピューターで鑑定したのだ。これなら精度は格段に高い。本田教授は今回の再鑑定が決まると、製造中止となっていたMCT118法の検査試薬などをカスタムオーダーして予備検査を繰り返し、実験のセットアップを始めたのだそうだ。

これまでの結果をおさらいすれば、一九九〇年当時の科警研鑑定とその論文によれば、菅家さんと真犯人のDNA型は当初「16－26」型で、その後マーカーの変更により「18－30」型とされた（以後は断りがなければ新マーカーでの数値である）。だが、再審請求のため刑務所から送り出された髪の毛を鑑定した押田鑑定では、これが「18－29」型だった。宇都宮地裁がケチをつけたあの鑑定だ。

今回の本田教授の鑑定結果はどうだったかというと、やはり「18－29」型。つまり、科警研の理屈は通らないのだ。菅家さんと真犯人は同一のグループにさえ入っていないのだから。

さらに驚くべき結果が出た。

本田教授の鑑定によれば、シャツから検出した真犯人の型は「18－24」型だったというのだ。菅家さんが「18－29」型で真犯人が「18－24」型。ならば科警研が鑑定した「18－30」型はどこに消えたのだ？

結果を知った佐藤博史弁護士は、記者会見で怒りをぶちまけた。

「これまで科警研が自らの論文で26型は30型になると発表していた。ところが今回の鑑定結果で犯人の型は24でした。これはおよそ鑑定レベル以前の大間違い。もはやデタラメな鑑定と言われても仕方ない」

「同型異人」どころではない、「異型異人」ではないか。

本田教授はこう説明する。

「鑑定を開始して、すぐに菅家さんとシャツのバンドがずれていることが分かり、背筋が寒くなった。これは大変なことになったと思いました。まさか科警研が間違っているとは思えず、四〇〇回以上鑑定を繰り返しましたが、結果は同じでした」

本田教授はSTR法の鑑定結果に加え、このMCT118法での鑑定結果も鑑定書に記載した。

その本田教授の鑑定書が提出されるや科警研はどうしたか。「意見書」で猛然と反撃を開始したのである。「きなくさい動き」とはこれだ。

本田教授はこれまでに何度も警察や検察からの依頼を受けてDNA型鑑定を行い、裁判で証拠として採用されたこともある法医学者だ。そんな本田教授に対して科警研は、DNA型の不一致を認めないどころか、鑑定そのものを全面的に否定したのである。

〈資料採取、DNA抽出、PCR増幅及び型解析等における検査技術の品質管理及び検査結果の解釈において、本田鑑定は法科学的DNA型検査としては適正ではなく、これらの鑑定書は検査技術及び理論構成の両面から信頼できないものである。したがって、（中略）その結論を採用することはできないというべきである〉

本田鑑定は一から十までダメだと主張するのだ。すさまじい文面ではなかろうか。

そしてこう続く。

〈検査が正しく行われていたと仮定しても、検出されたMCT118型は精子由来のものではないと考えられる〉

〈女性由来のＭＣＴ118型における24型が混合していることが明らかに示唆《しさ》される。これらのことから、ＭＣＴ118型として検出された18－24型を１人の男性の型と判定するのは誤りである〉

要は、本田鑑定人がシャツから検出した「18－24」型は真犯人のものではなく、女性のものだと言うのだ。当然のことだが犯人は男だ。一方、現場試料は「少女のシャツ」である。つまり科警研は、「18－24」型は被害者である真実ちゃんの型、もしくは母親である松田さんの型であると言いたいようだった。

科警研の言い分に乗った検察は、〈検査の方法等に疑問があり、全体的に信用性に欠けるものと考える。したがって、本田鑑定は、刑事訴訟法第４３５条第６号に定める無罪を言い渡すべき明らかな証拠に該当するとは認めがたい〉として、計一二ページにも及ぶ意見書を裁判所に提出した。

これまでＤＮＡ型鑑定を依頼し、法廷での証人依頼までしてきた本田教授に、検察は〈全体的に信用性に欠ける〉と言い出したのである。異常事態と言っていいだろう。

必死になるのも無理はないのかもしれない。ここでＭＣＴ118法がひっくり返ってしまえば、これまで証拠採用されてきた他の事件までがひっくり返る可能性が出てくるのだ。

「18‐24」

鑑定書に書かれたその数字の組み合わせを私は見つめた。

思えばそれが私と「18‐24」型との出会いだったのだが、その時の私はまだその重大性にはほとんど気がついていなかった。

同じ頃、松田ひとみさんにも検察庁から連絡が来たと聞いた。

「手紙が来たんですよ。一七、八年ぶりに。何を今さら、ですよ。どういうことなんですかね……」

菅家さん逮捕以来、何の音沙汰《おとさた》もなかった捜査当局からの突然の接触だった。松田さんが訝《いぶか》るのも当然だろう。

東京高検の検察官からの手紙にはこうある。

〈お嬢様が亡《な》くなった平成二年の事件に関する手続を担当している者です〉〈すでに報道されているので御存知かも知れませんが、この手続の一環として、裁判所がDNAの再鑑定を実施したところ、有罪の証拠となったDNAの型と菅谷受刑者のDNA型とが一致しないという結論が示されました。つきましては、直接お目にかかって、手続の現状についてご説明などを申し上げたいと思い、このお手紙を書かせていただ

きました〉

菅家さんの名前の誤字には軽い衝撃を受けざるを得なかったが、今さら被害者遺族を呼び出すことについては大方の察しがついていた。

数日前のことだ。

検察が事件発生当時に捜査に係わった栃木県警捜査員達のDNA型鑑定という不思議な調査を始めていたのだ。いったい、何のために当時の捜査員の鑑定までするのか?

キーワードは「コンタミ」だ。

鑑定用の試料が汚染されてしまうことを「コンタミネーション」という。この事件で言えば、そのおそれがあるのは被害者真実ちゃんのシャツだ。このシャツに第三者が触れたりすれば、犯人以外のDNAが付着してしまう可能性がある。そんなシャツを使ってDNA型鑑定を行えば、第三者のDNA型が検出されてしまうかもしれない。つまり「コンタミ」だ。

今回シャツから検出されたDNAが本当に真犯人のものなのか、検察は確かめたいようだった。捜査員の汗やら細胞が付着し、検出された可能性を改めて探るとは、それほどDNA型不一致は衝撃だったということだろう。

　ところがこの捜査関係者に行った鑑定で、栃木県警で悪夢のような事態が生じてしまう。なんと、まったく別の事件の犯人のDNA型と、捜査幹部のDNA型が完全に一致したのだ。

二〇〇五年一二月、栃木県今市市（現日光市）で七歳の少女が誘拐され、茨城県内で遺体となって発見されるという事件が起こった。「吉田有希ちゃん事件」である。

　この事件では遺体から男のDNAが発見され、犯人のものと有力視されていた。ところが今回、「足利事件」関連の捜査関係者の鑑定を行ったところ、あろうことか、捜査幹部のDNA型が「吉田有希ちゃん事件」の犯人のものと一致してしまったのだ。

　犯人はこの幹部なのか？と大騒ぎになったらしいが、原因はコンタミである。有希ちゃんの遺体発見の報を聞き、茨城県の警察署に乗り込んだその幹部は、どうやらそこで怒鳴ったかなにかして、遺体に唾《つば》を付着させてしまったらしいのだ。それを鑑識が採取してこれまで「犯人のDNAの可能性あり」としていたというのだから笑えない。もし遺体の発見者がそれこそ唾でも飛ばし、他に物証がなければ犯人に仕立て上げられてしまう可能性だってありうるではないか。

　そんなドタバタ劇を聞いていたから、松田さんに届いた検察からの封書の意味にもピンと来た。

被害者の関係者のＤＮＡ型鑑定が目的だろう。コンタミを調べるなら、まず、捜査員より重要な順番がある。当然、シャツの持ち主である被害者真実ちゃんのＤＮＡ型だ。本田鑑定により発見された「18－24」は女性のもの、と断定した検察と科警研である。ならば一緒に生活していた母親の型も調べなければならない。家族のＤＮＡは接触や洗濯などで付着する可能性が高いからだ。本来、そうした関係者の「型」を引き算しなければ犯人の「型」の同定はできない。松田さんを呼び出す検察の目的は、この「被害者鑑定」なのではないか。

宇都宮地方検察庁に出向く松田さんに同行させてもらう。

近くでスタンバイする私達取材クルーを残して、裁判所に隣接する灰色の建物に入った松田さんを東京高検の検察官が待っていた。検察官は松田さんに挨拶《あいさつ》した後、再鑑定の経緯などを一〇分程度伝えると、本題に入った。目的はやはり、ＤＮＡ型鑑定だった。検察官は言った。

「二人の鑑定人が、それぞれ違う方法で鑑定をしてみたところ、菅家とは合っていませんという鑑定書ができてきました。それをどう読むのか検討しているところです。良くわからないんですが、なんか偉い先生が言ったから、じゃあ出しましょうとは……」

ＤＮＡ型が不一致だからといって、菅家さんを簡単に釈放などできない、ということだ。

「二〇年も前の下着からモノが出ているので、その間にいろんな人が触ったりして、事件とは関係ない人の汗とかですね、そういうのが検出されたのではないのか。あるいは今回出てきたＤＮＡは、単にお嬢さんのＤＮＡを新しい技術で掘り当ててしまっただけであって、要するに犯人のものとは違うのではないかと……」などと延々説明したものの、つまるところは真実ちゃんと松田さんのＤＮＡ型鑑定をしたいという協力の要請だった。

松田さんが応じることに同意すると、現状説明のはずだったのに、検察庁には手回し良く栃木県警の鑑識係員が待機しており、すぐに口内粘膜を採取された。真実ちゃんのＤＮＡ型については後日、残されていた真実ちゃんの「へその緒」を借りていく手筈《てはず》になった。

検察官との面会を終えて出てきた松田さんから経緯を聞いた私は、思わず呟《つぶや》いていた。

被害者鑑定をやってなかったんだ……。

これは重大な疑惑を孕《はら》んでいる。今になって松田さんのＤＮＡを採取しなければならないということは、事件当時の科警研は、被害者や関係者の型すら解らぬまま鑑定を実施していた可能性が高い。つまり、シャツから「引き算」せぬまま科警研は犯人の型を決めていたということで、そうであるなら極めて危険な鑑定と言うほかない。

ところで、松田さんと検察官との話は意外な方向へと向かった。

松田さんは検察に対してある想《おも》いを伝えたのだという。

被害者遺族は事件発生以来、検察から全く放置されていた。今日まで連絡も説明も無かった。それでも、逮捕された菅家という人を犯人と信じて生きてきた。ところがある日、一人の記者がやってきた。私だ。その記者から捜査の経緯を聞き、菅家さんは真犯人なのかと次第に疑問が膨らんでいった。再鑑定の結果も不一致だと知った。

「おかしいですよ。やっぱり。誰が見ても違うものは違うんですよ。どっかに間違いがあるとすれば、それを追及してもらいたいんです」

そして菅家と呼び捨てにする検察官にこう言ったのだ。

「菅家さん。あえて『さん』をつけさせて頂きますが、菅家さんが無罪なら、早く軌道修正をして欲しい。捜査が間違っていたんであれば、ちゃんと謝るべきです。誰が考えたっておかしいでしょう」

そしてこう続けた。

「ごめんなさいが言えなくてどうするの」

まるで、子供を諭すような言葉で検察を叱《しか》る被害者遺族――それは、犯人を逮捕し、裁きさえすればよしとする司法当局と、真実を知りたいと願う被害者遺族との、決定的な違いのように私には思えた。

水面下で密《ひそ》かに行われていたこの被害者鑑定を取材していたのは私だけだった。報じなければ、この事実は誰にも知られることなく消えていくに違いなかった。私は五月三一日の『バンキシャ!』を皮切りに、いくつもの番組で「ごめんなさいが言えなくてどうするの」という松田さんの言葉と今さらの被害者鑑定を流し続けた。

放送の翌日、菅家さんの刑の執行停止を求めていた弁護団は記者会見を開き、遺族ですらここまで言っているのになぜ菅家さんを釈放しないのかと検察を非難した。私は会見場の一番後ろに立ちながら、不思議な気分でその言葉を聞いていた。すでに各メディアには大量の「冤罪《えんざい》」「鑑定不一致」の文字が躍っていた。被害者遺族が想いをぶつけ、弁護団が声を上げていた。まるで、検察が何かに包囲されていくような感覚だった。

被害者鑑定報道から四日後、六月四日のことだった。私は山手線のつり革に身を任せてぼんやりと車窓を見ていた。依然、連日の取材が続いていた。まるで動かなかったはずの「足利事件」が揺れ動き、日々何が起きるか分からない緊張感の中にいた。腰に付けた携帯が振動し、液晶ディスプレイを見ると、松田ひとみさんの名が表示されている。だが電車内では受けられない。私はちょうど到着した縁もゆかりもない駅に飛び降りた。

先日の取材のお礼を言い出した私に対し、彼女は冷静な声で、一言ずつ区切るように言った。

〈今、検察から電話がありましてね。今日の午後、菅家さんを釈放するそうです……〉

電話を握ったままの私は、見知らぬ駅のホームに呆然《ぼうぜん》と立ちつくした。

釈放——？

脳が、ぐらりと揺れたような衝撃を受けた。

そんな言葉を、まさか被害者遺族から聞く日が来るとは想像もしていなかった。

いくつかの言葉を交わし、礼を言って電話を切ると、頭の中で時計の針が高速回転を始める。とにかく裏取りだ。放送の準備だ。何をすればいい？　すぐにその場で各方面への電話を始める。日本テレビの司法担当記者も同様の情報を掴んでいた。すかさず「菅家受刑者　本日釈放」と第一報を速報。弁護団にも電話をすると、受け入れ準備など何もできていないという。それどころか、どうやって菅家さんを刑務所から連れ出したものかで困り果てているという。確かに、ニュースを知った報道陣が千葉刑務所前に大挙して押しかけることは容易に予想できる。

自動ドアが開くのももどかしく私は会社に駆け込んだ。

報道フロアからは喧騒《けんそう》が漏れ、活気づいているのがわかる。杉本社会部長に相談し、急遽《きゅうきょ》記者会見場所を探してもらう。会社のホールを使えれば好都合なのだが、あいにく塞《ふさ》がっていた。どうするか。あらゆる人から携帯の着信が続いた。キャッチホンの音がうるさい。昼ニュース、夕方ニュース用のＶＴＲをどうする。スタジオ解説の予定はどうする。次々指示を出していくが、それでもみるみる仕事が積み上がっていく。

私は結局どうしたか。

番組デスクにごめん、と手を合わせると、その場を脱走したのだ。こんな時にじっとなどしていられなかった。送られてくる釈放の映像を会社で待つなんぞまっぴらごめんである。自分自身の目で菅家さんの釈放を確認しなければ気がすまない。

千葉刑務所前は大きく変貌《へんぼう》を遂げていた。

静かだった門前は今やぎっしりと脚立《きゃたつ》が並び、大勢のカメラマンや記者が歩きまわっていた。何台もの中継車がパラボラアンテナを立て、記者達がマイクやペンを手に何やら喚《わめ》いていた。交通整理のため、笛を吹く警察官まで出動している。私の最も苦手な場所に成り果てたその光景に、思わず、めちゃくちゃだなあ……とため息が出た。

「めちゃくちゃにした張本人が何言ってんの」

振り向けば、杉本純子が笑っていた。この日の朝、彼女は性懲《しょうこ》りもなく菅家さんとの面会申請をしてまたも拒否されていたのだが、幸か不幸かそのおかげで到着はどの社よりも早かった。カメラ位置もベストポジションが確保できている。門前には、日本テレビの二台のSNG中継車も立ち上がり、手塚カメラマンも濱口VEもすでにスタンバイ完了。結果オーライだ。ニュースに向けての態勢はこれで良い。

だが、このままでは結局は刑務所前の芋洗いというわけだ。私にとって取材と呼べない。みんなに仕事を押しつけ、会社を飛び出してはきたものの、このままでは役立たずか……。

中林ドライバーが買ってきてくれたホカ弁を食べながら思案した。一歩でも真実に近づくのがジャーナリストだろうよ。一歩。一歩でいいんだけどな。何か違う手があるはずだ。あるいはいっそ……一歩どころか塀の中まで乗り込むというのはどうだ？この刑務所にはこれまで幾度もシャットアウトされてきたのだ。そのお礼をするなら今ではないか。私は竹輪の磯辺揚《いそべあ》げをくわえたままニヤリと笑い、目が合った中林に気味悪がられた。

いずれにせよ、菅家さんは車で刑務所から外に出ざるをえまい。歩いて出れば刑務所前は大混乱だ。とにかく車で会見場まで連れていくしかない。弁護団と相談してみる。菅家さんには大量の荷物もあるらしく、ワゴン車を用意して迎車として刑務所側に申請してもらうことにする。

報道陣が注視する中、佐藤弁護士と支援者の西巻糸子さんが面会入り口から中に向かっていった。今日まで本当に長かっただろうな。門に向かう二人の背中を見て思い出す。再審請求棄却の後、佐藤弁護士は北風吹きつけるこの場所で涙したのだ。「もし神様に一つだけ願いを叶《かな》えてあげると言われたら……」と。あの日がずいぶん遠くに思われる。

少し遅れて、私の乗ったワゴン車が刑務所に向けて動き出す。何機もの取材ヘリがバリバリと爆音をあげて上空で弧を描いていた。

かつて高くそびえて見えた赤レンガの塀がみるみる近くなって来る。釈放の迎車はどこまで入れるのだろう。確か手前に駐車場があったな、などと考えて灰色の門に近づけば、刑務官が手招きするではないか。

フロントガラスいっぱいの大きさで、鉄の門扉《もんぴ》がゆっくりと開いていく。

本当に中にまで入って良いのだな。そっちが呼んだんだからな。私は知らんぞ。

ちょうどその瞬間、本社の森田公三プロデューサーから携帯に電話が入った。「清水さん、今どこにいるんですか？」私は小声で答える。「それがね、車で中まで入っちゃってんですよ」「え！　あの黒いワゴン車ですか？　ヘリの映像で見えてますよ」

上空のヘリから生中継されていたのだ。

日本テレビだけではない。全社のヘリがこの車を狙《ねら》っているようだ。「迎えと思われる車が塀の中に入りました」などとやっているのだろう。車内に記者がいると知ってか知らずか。

門をくぐった車は誘導され、運転手が通用口にピタリと寄せて止めた。そこはあの日空《むな》しく帰された面会所の建物の裏側だ。やがて中から刑務官達がぞろぞろと出て来た。私を追い返したあの制服の軍団ではないか。私は今日も同じユニクロのチェックのシャツだが、ごねた私を覚えているだろうか？　ままよとワゴン車のドアをがらりと開けると刑務官達は私の顔になど目もくれず、いくつもの段ボール箱を手渡してくる。菅家さんの私物だった。

中には私達が出した手紙も入っているのだろう。その重い箱を受け取ると、ワゴン車のサイドドアから後部の荷物スペースへと積み上げてゆく。リアゲートを開ければ作業も簡単なのだが、積んである取材用の脚立が転がり出ると面倒だ。いろいろな種類の汗をかきながら作業を終えた。

やがて、鉄の扉が小さく音を立てて開いた。

最初に見えたのは短髪のゴマ塩頭だ。レンズの大きなメタルフレームのメガネ。グレーのチェックのジャケット姿——菅家利和さんだった。

私は車の前で名乗り、握手を交わした。

「あぁ、あなたが。そうですか……本当にありがとうございます」

菅家さんはそれだけ言うと手を握り、何度もうなずきながら言葉に詰まった。メガネの奥が光っていた。

上空のヘリが一斉に高度を下げてきたのか騒がしい。

一五時四八分、車は門を出る。

私は万感の想いでデジタルカメラのRECボタンを押した。誰よりも先に菅家さんの映像をモノにするのだ……なんだか懐《なつ》かしいような記者魂が、少しだけ蘇《よみがえ》る。車外では大量のストロボが激しく明滅している。「菅家さーん！」窓から飛び込んできたうるさい金切り声の主は杉本純子だ。

菅家さんは開いた窓から手を振り、報道陣や景色を見つめている。私はそんな菅家さんの表情を懸命に追いかける。ファインダーを見つめながら私は、長かった取材に今、ひとつのピリオドが打たれようとしていると感じていた。

もちろん、それは終了という意味ではない。今日が真のスタートという意味でだ。「北関東連続幼女誘拐殺人事件」の真のスタートはここからなのだ。

記者会見場として、森田プロデューサーが千葉市内のホテルのホールを準備してくれていた。会見にはクラブ記者であろうが雑誌記者だろうが区別なく入ってもらい、公平に取材ができるようにしよう。せめて会見開始までの短い準備時間は日本テレビの独占とさせてもらうが。

ホテルの控え室まで長いケーブルを引き込みカメラを中継車と繋《つな》げてもらう。三脚がセットされ、菅家さんとの一問一答の映像は生中継でどんどん本社へ送られる。

菅家さんはカメラの前で、熱望していたコーヒーを楽しんだ。

「うまいですねえ。香りが違うんですよ。これは刑務所では飲めなかったです」

湯気の立つカップを持って目を細めた。事情を知ったウエイターが、すぐにコーヒーのお代わりを持ってきてくれた。

逮捕時のこと、刑務所の生活、私はあれこれを聞いた。

「自分が犯人にされて、警察には『証拠があるんだ』と言われたんですけど、全然、犯人じゃないんですから、何が証拠だか分からなかったんですよ。本当にもう辛くて……。宇都宮の拘置所に行ったんですけど、自分はもうダメだと。死のうと思ったこともありました……」

DNA型鑑定で逮捕され、今度は再鑑定で疑いが晴れたことについて聞く。

「ちょっと複雑なんですけど、やっぱり今の精度が素晴らしいということですね。もちろん、自分はやってないんで絶対無罪になるだろうと思ってました」

私が千葉刑務所で菅家さんと面会でき、この言葉を直接耳にしていたら、私はもっと迷うことなく大胆に冤罪を報じることができただろう。そう思わせる、誠実で力強い言葉だった。

一七時に会見場に入る。

大きなホールを埋めた記者とカメラマンのあまりの数に驚かされた。すさまじいフラッシュの連続だ。再審前の釈放――それは日本で初めての出来事なのだ。報道陣の多さも驚くにあたらないのかもしれない。

菅家さんはマイクに向かって座ると、静かに冷静に話し始めた。

「私は無実です。犯人ではありません。これだけははっきり言えます」

「刑事達の責めがものすごかったのです。『お前がやったんだ』とか『早く話して楽になれ』とか言われまして、自分はやってないんだと言っても、全然受けつけません。私は謝ってもらって済むとは思ってません。当時の警察と検察官を許すことは絶対できません」

会見場はシャッター音以外は聞こえない不思議な静けさに満ちていた。

「一七年間、ずっと我慢してきました。警察官には謝って欲しいです……。警察に捕まってすぐ、おやじは死にました。二年前に母親も死にました……。間違ったでは済まないんです。人生を返してもらいたい」

菅家さんの逮捕二週間後に、ショックを受けた父親は病をこじらせて亡くなっていた。菅家さんは取り調べ室で父の死を聞かされ、泣いた。そして一昨年には母親が亡くなっている。逮捕以来、菅家さんはついに両親に会うことができなかったのだ。

四五歳で逮捕された菅家さんはすでに六二歳。菅家さんの言葉一つ一つに、歳月の重さを感じずにはいられない。私はいつしか、あの免田事件の免田栄さんの姿をオーバーラップさせていた。

菅家さんは夕食に鮨《すし》を希望した。会見後、汐留《しおどめ》の鮨屋に行く。

「いやあ、やっぱうまいですねえ。マグロの赤身が好きなんですよ」

それを聞いた私と杉本純子は菅家さんの皿にどんどんマグロを並べた。たっぷりと醤油《しょうゆ》をつけて口へ運ぶ菅家さんは、刑務所では海苔《のり》巻《ま》きや稲荷寿司《いなりずし》すら食べられなかったと言った。

ふと見れば、菅家さんの前歯が何本か抜けている。虫歯になっても刑務所は保険が使えないため高くて治療できなかったそうだ。

杉本部長も駆けつけてくる。思えば部長と鮨屋で始まったこのミッション、一区切りもまた鮨である。今日のところは私もお相伴にあずかっても祟《たた》りはないであろう。

そのまま、『NEWS ZERO』に生出演してもらうことにした。

刑務所の出所数時間後にスタジオ入り、というのも珍しいだろうなと思いながら、私はスタジオの隅でその様子を見つめていた。菅家さんは眩《まばゆ》いライトの下でも冷静に、そして淡々と、不条理な捜査と刑務所の生活を語った。

放送終了後も私は菅家さんに付き添った。日本テレビのトイレに入った菅家さんは洗面所で戸惑っていた。蛇口にコックがなかったからだ。逮捕前はまだセンサー付きの洗面台など無かった。そして今度は鏡を見て驚く。「うわー、老《ふ》けましたねえ」まるで無沙汰《ぶさた》をした人を見るように言うと、絶句した。刑務所内にも鏡はあったが、「曇っていて、こんなにはっきりと見えなかったのです」。

　菅家さんのたっての希望でカラオケにも行くことになった。菅家さんはマイクを握ると一気に二〇曲も歌い続けた。橋幸夫や石原裕次郎、三田明といった懐かしの歌手のナンバーを歌いながら、抑圧から解き放たれた喜びからか、その顔は笑顔でくしゃくしゃになっている。時に両手を大きく広げ、時に床を蹴《け》って飛び上がる。何もかもが一七年半ぶりなのだ。

　そして、大好物のラーメンも。刑務所を出たら食べたいとずっと楽しみにしていたのだという。ラーメン屋の席に座ると首を伸ばして壁際《かべぎわ》のメニューをじっと見る。

「醤油、塩、チャーシュー麺《めん》……本当は決めているんですけどね。メニューを見て、好きなものを頼めることが嬉《うれ》しいんです」頼んだ塩ラーメンが運ばれてくると、スープをおいしそうにすすった。

　一口食べたその感想は、どんなベテランテレビレポーターも決して真似《まね》などできないものだった。

「刑務所のは、まずいですねえ」

釈放から丸一日以上が経《た》っていた。ずっと付き合ってみて、つくづく思った。菅家さんは本当に大人しく、人を押しのけたりできない人柄だ。逮捕後、二〇〇〇円の市民税の支払いを気にした人である。私がいろいろと尋ねれば、問われるまま「はいはい」「そうなんですよ」と答えてしまうような性格だった。これまでの取材で、西巻さんや佐藤弁護士から、周りに迎合してしまうタイプですと聞いてはいたが、まさにその通り。強引な取り調べでは、それが災いしたのだろうと察せられた。

会社に戻ると、廊下ですれ違った栃木生まれの斉藤ディレクターが、私にちらっと目をやりこう言った。「なんだか、出したり入れたり忙しいですね」

？　何の話かと一瞬戸惑ったが、やっと思い当たった。どうやら台詞《せりふ》の間には「刑務所に」が入るらしい。

「俺は銀行のＡＴＭじゃない」と、ようやく浮かんだ低級ギャグをぶちかまそうと思った時には、すでにくるっと背を向けて彼女は去っていた。

私には、菅家さんに直接聞くべきことが残されていた。

自供のことだ。

死刑判決もありうる三件もの殺人事件の自供——なぜそんなことをしてしまったのか。

日を改めて取材に応じた菅家さんは、腕を組んで首を傾《かし》げると言った。

「追い詰められて、つい、言っちゃったんですね。今思うと、本当に、何でなんですかね……」

「とにかく刑事の責めがひどくて、取り調べから逃げたかったんです、本当に自分でも情けないですが、弱かったんですね」

それにしても、自供まで一日しか持たないものなのか。

「本当のことを何度言っても、刑事達は聞いてくれない。自分に都合の良いことしか聞かないんですよ。一三時間も耳元で怒鳴られ、自供しないと解放されない、という気持ちでした。一三時間しかじゃないです。よくあんなに持ったもんだと思いますね」

私は、ニュース映像で見た渡良瀬川の「引き当たり」についても聞いてみた。現場に連行された菅家さんが、強面《こわもて》のH警部から何かを問われていたシーンだ。菅家さんはH警部から何か言われるたびに、しきりに首を傾げては、自信無さげにどこかを指さしていた。

「あぁ、ありましたね。Hが『遺体を捨てた場所はどこだ？』と聞くんですよ。私は新聞の写真で見ただけで、初めて行った場所ですから全然わかんないんですよ。途方に暮れて適当に指さして、『ここに捨てました』と言ったんです。そしたらHが『違う、もっと向こうだ』って言ったんです。だから私は、それに合わせて言うしかなかったんですよ」

想像以上のデタラメな捜査ではないか。

もう一つ、気になっていたことを私は尋ねた。〈まみちゃんをころした時　私がはいていた運動ぐつ〉と書き込まれた、菅家さんの描いたあのゾウリムシの様な靴底の絵のことだ。なぜあんなものを描いたのかと聞くと、菅家さんはあっさりとこう答えた。

「お前が履いていた靴の絵を描いてみろと言われたんです」

しかし、自分の靴底の模様など覚えてはいない。すると刑事は一枚の写真を出してきた。

「なんだか、靴底の写真でした」

それを菅家さんは懸命に模写したというのである。恐らく現場で発見された足跡から起こした靴底だろう。何が上申書だ。呆《あき》れるよりほかない。

突然に容疑者とされた菅家さんは、当時は検事と弁護士の違いすら知らなかったという。

「裁判になれば、きっと大岡越前《えちぜん》みたいなすごい人が出てきて、何も聞かずに無罪とわかってくれる、と思ってたんです」そう言って笑った。

しかし、実際に初公判で法廷に立ってみると、傍聴席に怖い刑事達がいるような気がしてならなかったという。H警部やY刑事が座っているのではないか、そんな恐怖を覚えて、起訴内容をそのまま認めてしまった。

「はっきりと、裁判で姿を見たわけじゃないです。ただ、ドキドキしたんですねえ。もしかしたら刑事達がいるんじゃないかと、それが怖かったんです」

裁判で自供を翻《ひるがえ》さないように、自供させた刑事が傍聴席から「睨《にら》みを利《き》かせる」という話は免田栄さんからも聞いていた。それは菅家さんも同じだったのだ。

第六回公判で、菅家さんはやっと傍聴席に目をやることができた。そこに刑事達の姿は無かった。そこで初めて、菅家さんは犯行を否認することができたのだという。免田さんが無罪を主張したのも第三回公判からだった。

なぜ真実ちゃんを自転車に乗せたことにしたのか、とも尋ねた。

「以前は車やバイクに乗ってたんですが、あの頃は、自分はどこに行くのも自転車だったんですよ。だから、どうやって誘拐したんだ？と聞かれた時に、つい自転車に乗せてと。そう言わなければいけないかな、と思ったんです。刑事に合わせちゃったんですよ」

だが、この供述を聞いた刑事達がもし「違うだろう！」と菅家さんを責め立て、「歩いて土手を降りたんだろ」と言わせていたら、いったいどうなっていたのか。

吉田さんや松本さんが目撃した「ルパン」は、そのまま菅家さんに置き換えられた危険があった。封印した証言すら表彰した警察だ。あっと言う間に有力証拠に早変わりさせただろう。

そうなれば松田ひとみさんの「自転車の荷台には乗れない」という疑問も出なかったし、「消された目撃証言」にこだわってきた私はここまで走り続けることができなかった。難しい。事件取材はやはり難しい。そう思わざるを得なかった。

そして菅家さんに直接取材してみてわかったことがもう一つある。

菅家さんは普通のおじさんだ。

実際会ってみればわかる。自転車で通勤し、幼稚園バスを運転して、缶コーヒーが好きで、たまに寅《とら》さんやエッチなビデオを見る……私やあなたとさして変わらぬ、どこにでもいるようなおじさんだ。そんな普通のおじさんを、司法とＤＮＡ型鑑定は殺人犯に仕立てあげたのである。

釈放から間もなく、菅家さんが意外な人と顔を合わせるのに私は立ち会うことになった。

場所は霞が関の一角に位置する弁護士会館。その会議室でグレーの背広を着た白髪の小柄な男性が菅家さんと固く握手を交わし、笑顔で談笑していた。男性の顔に天井のダウンライトがふと当たる。その瞬間、私の中で場所と時間が一瞬のうちに交錯する。杉の下の木漏れ日と、コダクロームフィルムに露光したあの表情。死刑判決から一転再審無罪となった免田さんだ。私も二六年ぶりの再会だった。

免田さんは菅家さんが拘置所にいた際、何度か面会に訪れていたという。厳しい取り調べにより自供に追い込まれ、誤判により人生の長い時間を牢獄《ろうごく》に繋がれるという過酷な運命を辿《たど》らざるを得なかった二人は、多くを語るまでもなく、気持ちが通じているようだった。

並んで立つ二人の姿に、私はふと違和感を感じた。何かを忘れている気分だったが、その時は思い出せぬままだった。

菅家さんが収監された刑務所の生活とはいったいどんなものだったのか。

長期受刑者が多い千葉刑務所で、菅家さんは六人部屋に入れられたという。

「まわりはほとんどみんな殺人犯。バラバラ殺人や放火殺人です。中には三〇年入っているという人もいた」

刑務所だから当然なのだが、冤罪の菅家さんにとってはなんとも恐ろしい場所だった。

「先輩から、『一週間はお客だから、その間に刑務所のことを全部覚えろ』と言われましたが、なかなかうまくできないんですよ」

その度にドスのきいた声で脅されたという。

昼間は単調な作業が続く。ベルトコンベアに載ったピンクとブルーのゴム手袋をビニール袋に詰める作業。菅家さんは「そのゴム手袋が羨《うらや》ましかったんですよ」と洩《も》らした。家事に使われるその製品は、やがて塀の外に出て行けるからだ。

クリスマスイブには、小さいながらケーキが二つ配られた。甘い物に目がない菅家さんは喜んだが、元暴走族という大男に「よこせ」と取り上げられ、目の前で食べられたという。身長一八〇センチ近い男に、小柄な菅家さんは何も言えなかった。納豆などおかずが奪われたこともあった。ある時は激しい暴行まで受けた。

「ふとんのたたみ方が悪い、と因縁をつけられたんですね。殴られ、後ろから両手で胸を締めつけられて、ミシッと音がした」

股間《こかん》も蹴飛ばされ、小便が出なくなった。医務室で言われた。「おい菅家、玉が無いぞ！」つま先で蹴飛ばされた際、睾丸《こうがん》が下腹部にめり込んでいたのだ。不気味な音をたてた胸は肋骨《ろっこつ》が二本折れていた。あまりの怪我《けが》に問題となり、菅家さんは千葉地裁に呼ばれて被害者として陳述を求められた。暴行を働いた男はその後、別の刑務所に移管された。

「菅家いるか」

逮捕された日の朝、玄関で突然に響いたH警部の怒声で始まった一七年半もの地獄の日々。その終わりもまた突然にやってきた。

「菅家ちょっと来い」

今度は刑務官の言葉だった。あの朝、菅家さんはいつものように刑務所の工場にあり、デパートの手提げ袋にビニール製の取っ手をつける作業をしていた。呼ばれた先は窓もない小部屋だった。そこで一枚の書類を見せられたという。「釈放指揮書」だ。逮捕状、起訴状、判決文、刑の執行停止書……国家の名で書かれた紙が菅家さんの人生を翻弄《ほんろう》する。

まだ早い時間だったが、すぐに昼食が用意されたという。

「ニンジンくらいしか具がない黄色いカレーですね。七割が麦の飯なんですが、刑務所では人気のメニューです。いつもは量が少ないんですけど、その日はなぜかすごい大盛りだったんです」

刑務所なりの気遣いなのだろうか。最後の飯を腹一杯食べた。

続けて風呂《ふろ》に入れられた。いつもは一五分で出される風呂だったが、「好きなだけ入っていてかまわない」と言われた。その時、本当に釈放になるとようやく信じ始めたという。

想像を絶する刑務所の生活でも、菅家さんが絶望しなかったのには理由があった。

「真犯人が捕まれば、自分の冤罪が晴れる。そう信じていたんです」

私が同じ立場であったなら、何かを信ずることなどできただろうか。だが、菅家さんは信じた。だから彼は塀の外に向けて手紙を書き続けたのだ。いつも、いつでも、同じ文言の手紙だった。

〈真犯人は別にいます〉〈DNA再鑑定をすればわかります〉

菅家さんは絶対の自信を持って書いていたのだ。その心の叫びを受け取った一人が私だったことに、改めて気がついた。刑務官に面会を断られたあの日。なぜ会わせてもらえないのかと私は自分の目線で食い下がった。

だがそれは違った。

相手に会わせてもらえなかったのは菅家さんだったのだ。菅家さんこそが、誰かに会うことが必要な人だった。無実を訴える相手が必要だった。しかし法務省はそれを許さなかった。だから懸命に手紙を綴《つづ》ったのだ。それしかできない状況の中、諦《あきら》めることなく、何度も、何枚も。

それは、この世で一番小さな声ではなかったか。

——いや、もっと小さな声があった。

私がすべきことは、泉下《せんか》からしか聞こえない少女達のかすかな声を聞くことだ。ついに白くなったオセロ盤を今度は徹底的に黒に塗りつぶすことだ。

松田さんから菅家さんの釈放を伝えられた日のことを思い出す。

飛び降りた、縁もゆかりもない駅のホーム。加速する電車のモーター音。到着した電車のドアの音。〈駒込です〉という爽《さわ》やかな女性のアナウンス。繰り返されるそれらが私の中でまぜこぜになっていた。

〈釈放するそうです〉

その言葉に呆然としながら電話を握る私の脳裏に蘇ったのは川のせせらぎだった。

渡良瀬川の瀬音だった。硬いホームが砂地に感じられた。あの日、しゃがみ込んで、涙を流した三人の背中。成人式を迎えられなかった娘にかけられた言葉。会うことができなかった姉への言葉。「おねえちゃんに会いたかったよ……なんで真実ちゃんだったの？」涙の雫《しずく》のように砂地にこぼれ落ちる、その言葉。

走り出す電車の風圧に背中を押されながら、私はその騒音に負けぬような大声で言ったのだ。

「お母さん、真実ちゃんをひどいめに遭わせたやつは、必ず俺が捜し出しますから」

少女がそっと手渡してくれた家の形のブリキ缶は、今も私の掌《てのひら》の上にある。

そしてそれは、開くべき時がきたのだ。

缶の底に隠れるようにうずくまる、「ルパン」の背中をつまみ出すために。

第七章 追跡

松本さんのスケッチ画

真犯人を野放しにしてはならない。

警察、検察に期待していたが、その動きは見えなかった。それどころではないようだった。

東京高裁の矢村宏裁判長は、菅家さんを犯人と認めるには合理的な疑いがあるとして再審開始を決定した。死刑または無期懲役が確定した重大事件で、再審で無罪判決となったケースはこの時点で五件。一九八九年の島田事件以来の再審だ。その対応は警察や検察にしてみれば急務だろう。

宇都宮の栃木県警本部では、石川正一郎本部長が県警として正式に菅家さんに謝罪した。

「長い間、つらい思いをさせたことを心からおわび申し上げます」

そう言って本部長は頭を下げた。同時に、解決当時に受賞した警察庁長官賞などを自主返納したと発表した。

心からおわび申し上げます――などといっても当時のことなど与《あずか》り知らぬ人だ。たまたま在任中に降りかかってきた災難だろうが、頭を下げるしかない。賞を返納した警察官達も、一度登った出世の階段を何段か降りてくるわけでもあるまい。

そんなことより、真犯人はどうするんだ。

私は少々苛立《いらだ》っていた。

警察が動くという話はまったく入ってこなかった。「足利事件」終息のための「手続き」とも見える動きばかりが耳に入ってくる。

自分でやるしかないのだろうか。

誰もやってくれないのならば。

「桶川事件」では殺人犯を特定し、警察に情報を提供した。二〇〇六年には静岡県浜松市で起きた強盗殺人事件犯人のブラジル人を一万八〇〇〇キロ追跡し、ブラジルの片田舎で発見、取材後に男の居場所を静岡県警に通報した。翌〇七年に男は代理処罰という形で禁錮《きんこ》三四年という判決を受けた。

確かにそうしたこともやった。だが、私の仕事はもちろん記者なのだ。捜査機関が動かず真犯人を放置するというのならば、その危険を報じるのが仕事であるはずだ。

そう、そろそろ白状せねばなるまい――。

私は「ルパン」と思われる男を特定していた。

すでに書いたように、事件の調査を開始してから二週間目、西日差し込む一室で束ねたあの黒いファイル。それはある男を指し示していた。その頃はまだ取材前だから、「ルパン」などという呼び方は知らない。だが、黒いファイルから導かれた「推論」に基づけば、その男が真犯人であることに矛盾はなかった。私は「北関東連続幼女誘拐殺人事件」の取材を進めるとともに、この男の裏取りも進めていた。確信は深まるばかりだった。

真犯人と思える男に辿《たど》り着いていたからこそ、孤独ではあっても冤罪《えんざい》キャンペーン報道が続けられ、再鑑定が行われれば菅家さんとは必ずや不一致となるはずだと信じていたのだ。放送で毎回のように「再鑑定すべし」と触れ、「真犯人は今もどこかにいる」と結んできたのもそのためだ。

ここまでお付き合いいただいてきて今さら何なのだが、私はそもそも冤罪報道に興味はない。

狙《ねら》いは最初から許し難い犯罪者だ。そういう意味では「冤罪報道」と「真犯人の追及」は私にとっては表裏一体だ。冤罪であろうがなかろうが事件には被害者がいて、被害者の遺族がいる。

「ほんと、すみませんねえ……」

釈放されたあの日、菅家さんはマグロの鮨《すし》を口に運びながら私に頭を下げてくれた。

これまでの日本テレビの報道を知ってのことだった。そんな菅家さんに対して、私は正直な気持ちを口にした。恩など感じてもらったら申し訳ない。だからはっきりと言った。

「いえ、違うんです……。菅家さんが刑務所にいると、どうしても辻褄《つじつま》が合わないんです。私が困るんです。だから排除させていただきました」

「へっ？」

怪訝《けげん》な顔をされて当然だった。だが私は本気だった。何が何でも菅家さんには、そこを退いてもらわねばならなかった。「犯人」という名のタクシーから菅家さんに降りてもらわなければ、次の客を乗せることができないのだ。

ここで思い出していただきたいのは、連続事件の犯人の共通項だ。
・足利市と太田市に土地勘があり、タバコを吸い、休日にパチンコ店に通う男。
・身長一五六〜一六〇センチ前後で、幼い女の子に泣かれたりせず上手に会話が交わせること。
・血液型Ｂ型。
・事件発生年から推定される年齢は、現在五〇歳前後か。
犯人はこの条件を満たしているはずだ。私はそのことばかり考えていた。それこそ朝、目が開いた瞬間から、眠りにつく直前までだ。毎日のように栃木と群馬の県境を行き来し、パチンコ店をしらみ潰《つぶ》しに廻り、聞き込みを続けた。

「ルパン」の知人を探し出し、それとなく話を聞いて廻れば、不思議な証言が出た。

「あぁ、あの人ね。前になんか子供っぽい女の子と暮らしていたんですよ。中学生ぐらいの子でね、おじぎするとパンツが見えちゃうような、そんな短いスカートで、子供なのかと思いましたよ」

調査を続け、私は「ルパン」の居場所を割った。私は「ＦＯＣＵＳ」時代の盟友で、切り札の黒住周作カメラマンをチームに投入した。疑惑の人物の行動確認である。何とか証拠をつかみたかった。早朝から深夜まで男を張り込み、追跡を続けた。決して気づかれぬように、菅家さんの冤罪取材と並行して取材を続ける日々は忙しいとしか言いようがなかった。河川敷、聞き込み、元捜査員、遺族、弁護士、張り込み、ＤＮ

A型鑑定の勉強、カメラロケ、パチンコ店の監視……。時には無線機をポケットに忍ばせ、イヤホンをつけてパチンコを打った。夜の国道を追跡し、マイクに怒鳴って「ルパン」を追った。

次第に見えてきた「ルパン」の動きはこんな感じだった。

独身。週末になると県境を行き来する。足利や太田のパチンコ店に現れては一日中タバコをくわえて玉を弾《はじ》く。知りあいらしい幼い少女と手をつなぎ、背負い、親しげに話し、抱きしめて頬ずりをする姿も何度も確認した。その全《すべ》ての映像を黒住は押さえた。

「ルパン」の存在と取材内容は社内でも厳秘とした。知っていたのは現場に関わった取材クルーと杉本部長など一部の管理職だけだ。「出したり入れたり忙しいですね」と宣《のたま》った斉藤ディレクターは、実情など知らぬまま真相に近づいていたわけだ。恐ろしい女だ。

「ルパン」の若い頃の写真も数枚、入手した。本当にルパン三世によく似ている。

その写真を使って、実験を試みた。

お相手はゴルフの練習中に男を目撃し、「ルパン」と命名した吉田さんだ。

事件発生直後、吉田さんは栃木県警から五〇人ほどの男の写真を見せられたと聞いていた。前科者やロリコン、変質者など、警察がマークしていた人物達の写真だった。

「似たやつなんか、いなかったさ」吉田さんは笑って話していた。私は取材中に、男の若い頃の写真をバッグからすっと取り出し、あくまでさりげなく、吉田さんに見てもらった。

「じゃあ、こんなのはどうですかねえ……」

「えー、いまさらなんだい、よせやい」吉田さんは目を背けた。

だが、ちらりと見えてしまった写真に、俄然《がぜん》興味を持ったようだった。彼はメガネをかけ直して身を乗り出し、写真をじっと見つめると低い声でこうつぶやいた。

「おっ、あれえ！　これは誰?……この写真はどこから持ってきたの?　……そう、そう、こんな感じなんだよ。すばしっこそうで、こんな感じなんだよ……うん、こんな感じ」

私は、日を改めてもう一度写真を吉田さんに見てもらい、詳しく話を聞いてみた。するとと吉田さんは、観念したように笑ってこう言った。

「本当言うとさ、似てんだよ〜、あいつにすごく似てんの」そう言うとしきりにうなずいた。

これらの情報は、すぐに警察へ伝えるべきものであった。だが当時は、栃木県警と会話など成立しなかった。「事件は全面解決した」と頑《かたく》なに言い張っていたからだ。広報を通しても「再審請求中の事件なので取材には応じられない」である。「記者クラブに加盟していないなら取材に応じられませんねえ」と犯人の情報提供を受けつけなかった「桶川事件」の上尾署の対応と同じだ。

やむを得ず私は、お隣の群馬県警に「ルパン」の情報を提供することにした。連続事件が同一犯ならば、太田市で誘拐され、未解決の「横山ゆかりちゃん事件」捜査の参考になると考えたからだ。

二〇〇八年秋、太田市のとある飲食店の和室でその場面は設定された。

松花堂弁当を挟んで、私と杉本純子が向き合った相手は群馬県警捜査一課の刑事だった。座卓の上に例の地図を広げて説明した。小さな丸いステッカーの赤は幼女が誘拐された現場、パチンコ店や公園だ。黒は「ルパン」の自宅。グレーは「ルパン」の立ち寄り先だ。

刑事は、前向きに話を聞いてくれた。だが、話が「ルパン」の浮上した経緯に及び、「足利事件の容疑者」と聞いたとたんに興味を失ってしまった。またもどこからか「蛍の光」か……群馬県警にとっても「足利事件」はすでに終わった事件なのだ。「菅家さんは冤罪で、真犯人はこの男」などと説明しても、三流記者の与太話と思われても仕方がないことだった。司法の全面否定が前提となるような情報を、警察官が聞くはずはなかった。

私は困り果てた。

万一の事態が起きたらどうする？　男が再び犯行に及ぶ可能性がないとは言えないのだ。とはいえ警察は動かない……仕方がないので私はその痕跡《こんせき》だけでも残しておくことにした。書き残すことにしたのだ。記者は時にこういう手段を取る。怪しい男がいるのは知ってるぞ。警察には伝えるからな……と。〇八年刊行の書籍『ＡＣＴＩＯＮ　日本崩壊』がそれだが、もちろん、それによって何かが免罪になったりするわけではない。ただの気休め、おまじないだ。それでも、どこかで誰かが目に留めないとも限らない。

とにかく、菅家さんが塀の中にいる以上はどうにもならないことが多すぎた。「足利事件」のリセットを切望しながらも、警察が相手にしない男の追跡取材を続けるしかなかった。

北関東の事件現場をヘリで空撮した時も、私はフライトプランにあるポイントを加えていた。大きく旋回して次第に高度を下げていく白と赤のエスナナロク。カメラリモコンのジョイスティックを右手で握った手塚カメラマンがアングルを決めると、機体に取りつけられたジャイロドームの中でレンズがズームする。フレームはやがてある一点に定まっていく。私は、バンクするアクリルウインドウ越しに目標を見つめた。一〇〇〇フィートから見るそれは、小さくぽつんと立っている。

高々度から見ればブリキ缶の家のような男の家だ。

気になりながら、確かめられずにいることもあった。血液型だ。「ルパン」が真犯人なら、血液型はB型でなければならない。だが、おそらくB型らしい、というところまでは取材できていたが、違う型であったら目も当てられない。完璧《かんぺき》に「蛍の光」だ。

どうすれば合法的に他人の血液型を知ることができるのか……? 我ながらヘンな悩みだった。バカバカしい計画まで浮上した。A、B、O、AB型、四種類の「血液型占いの本」を用意する。それを「ルパン」の立ち回り先で配る。配るのはミニスカでもはいてキャンペーンガールに仕立てた杉本純子でどうだ。間抜けすぎると思ったが、けっこう本気で検討した。

しかし、栃木県警も群馬県警も動く気がないなら遠慮することはない。

本人に聞けば良いのだ。

晩秋の北関東はすでに気温も相当に低かった。私は「ルパン」の家の近くに立って帰宅を待っていた。静寂に包まれた闇《やみ》が広がる住宅街。吐く息も白い。

うっすらと霧が流れる中、やがて小柄なシルエットがすっと玄関に消えるのが見えた。私は小走りでその家に向かった。

薄暗い街灯の下に現れたのは、写真よりは老《ふ》けてはいたが、やはりどこかルパン三世に似た中年男だった。

名乗った上で、過去の事件を取材している記者であることを伝える。

「一八年前の事件について伺いたい」そう言うと、突然の訪問からか男は若干の狼狽《ろうばい》を見せた。

菅家さんが収監されているとはいえ、男が真犯人なら逃亡の恐れもある。取材は迂《う》遠《えん》なやりとりで行なうしかなかったが、まずは一九九〇年五月一二日、「足利事件」当日のことを男にぶつけてみた。

「あなたはあの日、足利にいましたよね」

「……あまり覚えていないです」

男は曖昧《あいまい》な返事を繰り返した。だが、実を言えば、私はすでに事実をつかんだ上で当てている。闇の中の禅問答のようなやりとり。同じ質問を重ねていくにつれ、男の回答はブレていく。男はついに、事件当日、足利にいたことを認めた。しかもその場所とは事件の現場だ。殺害された松田真実ちゃんが行方不明になったパチンコ店である。

それだけではない。

「あまりよく覚えていない」と言っていた男が、実は真実ちゃんと会ったことがあり、会話まで交わしていたことを認めたのだ。

「五、六歳の女の子だね」

元々こちらには捜査権などない手探りの取材だ。事件への関与について直接的に問うことはできない。遠回しに聞くと、男の血液型はやはりB型。そこまでわかった段階で私は話を変えた。今度は「横山ゆかりちゃん事件」についてだ。

「太田市内でも女の子が行方不明になっていますが、そのパチンコ店には行ったことは？」

男は即答した。

「あぁ、知ってます。あの店には行ったことがありません。出ないんですよ」

行ったことがないはずのパチンコ店の出玉について明言する矛盾には気づかぬまま

男は続けた。

「あの日は自分は、あの店に行ってません」

　前言と矛盾する上、尋ねてもいない事件当日の行動を懸命に語るなど、相当に混乱しているとしか言えない。そもそも、やりとりの中で私は、ゆかりちゃん事件の発生日も、店名すら伝えていない。にもかかわらず、一二年も前の自分の行動を、突然訪れた記者に即答できるとは。

　一一キロ離れた二つの現場に出没し、連続事件の犯人として全ての条件を満たす男との会話は、いろいろな意味で私の心に刻まれた。

　菅家さん釈放後、「真犯人を追及せよ」という声は各メディアからはほとんど上がらなかった。

　なぜか。

　この連続事件はとにかく障害が多い。そもそもが菅家さんの「冤罪」だ。背後に「自供問題」や「DNA型鑑定問題」があり、物証が少ないという問題があり、警察自体に縄張り意識という厄介な問題がある。その上これだ。

「公訴時効」

殺人罪や強盗殺人罪といった「死刑に相当する罪」の時効は一五年――という条文は二〇〇四年一二月の刑事訴訟法改正により二五年に改められ、その後、一〇年四月二七日までに公訴時効が完成していない罪については、すべて時効は「ない」ものとされている（公訴とは起訴のこと）。

が、「足利事件」の場合、単純に計算すれば〇五年五月で時効が完成しているのだ。当然ながら、それ以前の福島万弥ちゃん、長谷部有美ちゃん、大沢朋子ちゃんの三事件も全て時効ということになる。

「なんだ時効か。じゃあ仕方ないだろう。障害でもなんでもないじゃないか」と仰《おっしゃ》るなかれ。この事件に単純にこの「公訴時効」を適用したら、おかしなことになると思わないだろうか。

菅家さんも怒っていた。「おかしいです。私を間違えて刑務所に入れておいて、真犯人は逃げ得ですか。ちゃんと捕まえてください。捜査してくださいよ」

そういうことだ。「公訴時効」とやらを完成させたのは、他でもない、司法機関なのだ。捜査ミスを犯した警察、誤って起訴した検察、そして九年間誤判を重ねた裁判所。あげくは五年以上も再審請求を放置し、その間に「いつの間にやら事件は時効になりました」はないだろう。「冤罪」なのだ。捜査をやり直すべきだろう、というのが普通の市民感覚ではないか。

マスコミはそこを報じない。

本書冒頭でも触れたが、小説やドラマならいざ知らず、実際の事件での「公訴時効」というやつが私は大嫌いだった。特に許せないのは人の命を奪った事件でのそれだ。自首したら死刑、指折り数えて逃げ切ればチャラ。そりゃあ犯罪者はどこまでも逃げるぞと思う。他人の一生をぷつりと断ち切ったあげく、「はい、お時間です」ということが許されるのか。

なぜこんな理屈がまかり通るのか納得できなかった私は、以前からずっと時効という怪しげな妖怪《ようかい》をなんとか退治したいと報じ続けてきた。名高い「府中三億円事件」の犯人を自称する男が現れれば時効後であろうがその男を取材し、時効寸前まで逃げおおせるかと話題になった殺人容疑のホステス福田和子が時効直前に逮捕されたと聞けば福井へ飛んだ。金沢市で起きた拳銃《けんじゅう》による「金融業夫婦殺人事件」が時効となれば、納得できない一人息子の思いを取材した。微力ではあっても時効糾弾報道などをジタバタと続けているうち、重大犯罪の時効は延長されることになった。一五年が二五年となり、ついには廃止となったのである。私はその夜、仲間たちと「くたばれ時効」と祝杯をあげた。

だが。

公訴時効廃止の概念は、その時点でまだ時効を迎えていない事件が対象だ。すでに一度時効とされた事件に遡《さかのぼ》ることはない。

つまり普通に考えれば、「横山ゆかりちゃん事件」以外の事件については時効が完成しているということになる。しかし、菅家さんは冤罪であり、一七年半も無実でありながら真犯人の身代わりとして服役していたことはどう考えればよいのか。

あまりにヘンである。現行法下でもどこかに突破できる道はないのか。

容疑者が国外に出ていればその間時効の時計の針が停止するというのは有名だが、私の調べた限り、「ルパン」は北関東でちんたらとパチンコを打ち続けているだけで海外などに縁はなさそうだ。

私は柄にもなく六法などを繰り続けた。すると例外規定があることを知った。

刑事訴訟法二五四条の第二項。

事件で容疑者が公訴されれば時効は停止する、その停止の効力は事件の共犯にも及ぶ、とするものだ。これは、共犯者がいる事件で、逃げ切った者だけが時効で救われるという不公平を避けるための措置だ。本来なら時効を過ぎたはずのオウム真理教の逃亡犯達が次々と逮捕されたのもこの趣旨からだ。また、万一「人違いの公訴」があった場合、事件が同一である以上は、真犯人にも時効停止の効力が及ぶとする法律家の見解もあった。

これならどうだ。法解釈でなんとかなるではないか。少なくとも、菅家さんが起訴されて裁判を受けていた九年間は、時効期間から引き算すべし、ということになるはずだ。全てはやる気の問題ということだ。

実際、やる気を出した例がある。

大坂正明なる男がいる。警察庁指定「重要指名手配」がかかっている。罪名は「殺人」「放火」など。だが、事件発生は一九七一年だ。「足利事件」よりさらに一九年も前の事件がなぜ今も時効になっていないのか。それは、先に逮捕された共犯の裁判が疾患のため停止になっている、というのが理由のようだ。つまり、二五四条の二項の適用ということになる。

とは言うものの、この長期間に及ぶ指名手配には、別の理由もありそうだ。なんだって共犯者の病気が何十年も続いているのか。

実は、被害者は警察官だ。事件は過激派の暴動により警察官が鉄パイプや火炎ビンで殺害されたというものだった。その容疑者が大坂で、警察としてはどうしても身内殺しの犯人は逮捕したいということであろう。結構ではないか、二五四条の二項の適用。私はどんな犯罪であろうが逃げ得など許せない。

真犯人に迫る証拠もある。

真実ちゃんのシャツだ。そこに残された真犯人のＤＮＡ型は、最新式の鑑定法で特定されている。再鑑定で検出されたＤＮＡ型は、一八年目にして浮上した重大な証拠ではないか。


そしてついに、その日は来た。

明滅を始める携帯電話の赤いＬＥＤは、私にいつも嵐《あらし》の前ぶれを感じさせる。鬼が出るか、蛇が出るか。記者の首輪だか必需品だか知らないが、いつだって鳴ればえいやと取らねばならないのが携帯電話というものだ。

ディスプレイには、私が待ち続けていたある人の名前が浮かび上がっている。

ゆっくりと携帯を開くと、覚悟を決めて耳に押し当てる。

意識して興奮を抑えたような男性の声が響く。司法関係者だ。かつ、ＤＮＡ型鑑定のプロフェッショナル。彼は一気にこう囁《ささや》いた。

「いやー、結果が出たそうです。完全一致だと。ドンピシャだと。同一人物ですよ。これは大変なことになりますよ……」

今度は「不」のない完全一致——。

携帯電話を握りしめたまま、私は深い安堵《あんど》の息をついた。

やっぱりそうだったか……。

私が追い続けてきた「ルパン」と、「足利事件」の真犯人のＤＮＡ型が一致した。高精度のＳＴＲ法によって、男だけが持つ「Ｙ染色体」部位はもちろん、男女のどちらもが持つ「常染色体」まで、その全てが「ルパン」と完全一致したのだ。

そして、ＭＣＴ118法で言えば、「ルパン」はあの「18－24」型だったのである。

この鑑定方法による全ての型の合致確率は、計算上は一〇〇兆人に一人。地球の総人口は約七〇億人。つまり確率計算自体がもはや意味すら持たない。

ドンピシャ。

電話を切った後もその言葉が私の耳に何度も甦《よみがえ》る。私の「推論」が「真実」へ足をかけた瞬間と言ってよいのだろうか——積年の疑問の氷解は、時に、恐怖感すら伴う。私はぞくぞくとした感覚を味わいながら、次の手を考える。

捜査機関に伝えなければならない。

これは、一報道機関が、「スクープ」などと言ってただ流してよい情報ではない。

これまでの幾多の取材を思い出す。犯人が「飛ぶ」ような間抜けな記者にだけはなりたくなかったし、ならなかったつもりだ。私にとって一番重要なのは事件が解決することだ。極論すれば、スクープは後回しでもいい。

杉本部長に報告し、そのルートから上部の捜査関係者につないでもらうことにする。内容が内容だ。生半可な立場の人では難しい。

二週間後に某所で行われた、ある捜査機関幹部との面談の感触はかなりのものだった。私から話を聞いたその幹部は言った。「何とかしたい、二ヶ月間だけ待ってくれないか」その重く低い声を持つ人物は、前向きな姿勢で事件に向き合うことを約束し、私たちは固い握手を交わして別れた。事件が動き出す予感がビンビンする。

これで、「北関東連続幼女誘拐殺人事件」は解決するのではないか。「ルパン」は逮捕されるだろう。横山ゆかりちゃんの行方も判明するかもしれない。今後の取材は捜査の邪魔にならないよう、遠くから見守ることにしよう。

ある日のことだ。

私はこんなシーンを目撃する。

群馬県内、炎天下の某パチンコ店。その店を注意深く観察する男が一人、私の目に留まる。茶色のTシャツを着たその男がポケットから携帯電話を取り出すと、数分後、やはり茶色のシャツ姿の男達が集まってくる。間隔をあけ、次々と店内に吸い込まれていく男達。ドアが開くたびにパチンコ店内のすさまじい騒音が外に漏れ、タバコの煙が流れ出す。赤や青のランプが明滅している店内で、男達は分かれて座ると玉を弾き始める。時にイスを少し廻しながら、彼らが鋭い視線を当てる先はたった一人の客。中年男は男達に包囲されたことも知らず、パチンコを続けている。

「ルパン」だった。

揃《そろ》いのTシャツは県警捜査員だ。「ルパン」が、捜査幹部の命を受けた捜査一課のデカ達から行動確認を受けていた。刑事達は、ある時は足利市内のパチンコ店の駐車場に車を停め、車内でパンを囓《かじ》りながら出入り口を監視していた。ある時は「ルパン」の自宅周りに覆面パトカーを停めていた。

「ルパン」の住む街の一角にはゴミの集積場がある。定められた日の朝、各家庭から持ち込まれた可燃物でそこには小さな山が作られる。だが、ある日の集積場をよく見れば、全てのゴミ袋に白いラインがついている。一つ一つに、五〇センチほどの白いテープが貼《は》られているのだ。住民がゴミを置くたびにつけられたその目印は、どうやらゴミを出した人物を識別するためらしい。

だが、あるゴミ袋だけはテープが貼られることはなく、やがてその袋は集積場から忽然《こつぜん》と消える。

「ルパン」の行動も、生活も、逐一監視されているようだった。疑う余地はなかった。事件は動き出していた。

もうすぐ全ての真実が明らかになる——そんな確信を深めていたそのわずか数日後。

極めてまずい事態に陥っていることを、私は思い知らされることになる。

第八章 混線

再審で無罪を勝ち取った菅家さん

その大学教授の研究室を後にしても、私はまだ混乱していた。ずいぶん詳しく話は聞いた。だが、そんなこと、あるのか。私はたった今発覚した事実がもたらした衝撃を吸収しきれぬままタクシーに乗り込んだ。車窓を流れる茨城県つくば市の緑多い街なども目に入らない。いつしか無意識に「やばいな、これは……」と呟《つぶや》いていた。

それは、電話で「完全一致」の知らせを聞いてから二週間後の午後だった。筑波大学法医学教室で「足利事件」の再鑑定をした本田克也教授からＤＮＡ型鑑定について詳しい話を聞いていたのだ。

だが、そこで私は耳を疑うような事実を知る。

真犯人のＤＮＡ型が二種類検出されていた――。

「足利事件」の再鑑定をした鑑定人は二名。検察側推薦の大阪医科大学の鈴木廣一教授と弁護側推薦の筑波大学の本田教授、それぞれによる二通の鑑定書が提出されたことはすでに書いた。

検察側、鈴木鑑定の結論は、〈検査した三三個のＤＮＡ型のうち二六個が異なるので、同一の人に由来しない〉。弁護側、本田鑑定の結論は、〈半袖《はんそで》下着に付着する遺留精液に由来する個人と、菅家利和氏が同一人である可能性はないと判断できる〉というものだった。

どちらも、シャツから検出された真犯人の型と菅家さんの型は不一致、という結論は同じだ。

ここまでは何ら問題はない。菅家さんはめでたく無実だ。

しかし鑑定書を比較すると、ある差違に気がつく。

シャツから検出されたデータの値である。つまり、「真犯人の型」だ。鈴木教授の鑑定書には、ＳＴＲ法の鑑定結果として計「三三部位」が記されている。一方、本田教授の鑑定書はＳＴＲ法八部位、ミトコンドリア法二部位、そしてＭＣＴ118法の計「一一部位」となっていた。

ただしこの日、本田教授から聞いた話では、実は本田教授は鑑定書に記載したＳＴＲ法八部位以外の鑑定も行っており、最終的には「三六部位」の鑑定を実施していたという。ところが、そのＳＴＲの鑑定結果の一部が鈴木鑑定の結果とは食い違っていた。そのため、鈴木鑑定と一致する部分を中心に鑑定書を作成し、提出したというのだ。

「結果が違う部位が確かにあるが、どちらにしても、菅家さんの型が検出されないのは間違いない。鑑定書としては正確性が高い、鈴木鑑定と共通した部分を記載したんです」と本田教授は言った。

確かに、菅家さんの「無罪の証明」ならそれで十分だ。

だが、真犯人を追及するとなると問題が生ずる——それもかなりの大問題が。

私が捜査当局の上層部の人物と会い、情報を伝えたのは「ルパン」と真犯人のDNA型が「完全一致」したという言葉を信じたからだ。ところが、あの電話はあくまで本田教授のデータ「三六部位」との完全一致であり、鈴木教授のデータとの差異については私は把握していなかった。

これはまずい。

すでに捜査当局は動いている。

今頃、密《ひそ》かに「ルパン」のDNA型鑑定が行われていることだろう。科警研か科捜研か実施先は知らないが、最終的に「答え合わせ」をするDNA型は間違いなく検察推薦である鈴木鑑定書だ。当然、本田鑑定とは食い違う。「真犯人のDNA型ではない」と言い出すだろう。

ご記憶だろうか。本田鑑定書はMCT118法で真犯人の「18－24」型を検出し、科警研から徹底的に攻撃を受けている最中なのだ。「意見書」ではほぼ全面否定。認めるはずがない。それなのに、真犯人の型が二種類出ているとも知らず、間抜けな私は勇躍して捜査当局に「ルパン」の情報を持ち込んでしまったのだ。

判断ミスとしか言いようがない。

考えても、呻《うめ》き声しか出てこない。報道の面を心配しているわけではない。まだ何も報じてはいないのだ。私が怖《おそ》れているのは事件が潰《つぶ》されることだ。真相解明が為《な》されないことだ。

挽回《ばんかい》方法はないのか。

何度考えても、ミスは当局に情報を伝える手順だった。鑑定結果の食い違いを知っていれば、まずは慎重にそれを伝えたであろう。ある程度の理解を得た上で、本田鑑定書の「完全一致」カードを切るべきだったのだ。

情報入手の順序を呪《のろ》う。いくら悔やんだところで仕方がないが、とにかくこじれる前に急ぎこのことを伝えなければならない。いや待て待て、こういう時に焦《あせ》るといよいよ取り返しのつかないミスを犯す。混乱するばかりだった。

つくば駅前でタクシーを降り、近くのフードコートでコーヒーを買って座った。プラスチック製の堅いイスだ。どこかで子供の騒ぐ声が煩《わずら》わしかった。

静けさが欲しかった。少しの時間でいい。そうすれば、何かの方法を導き出せるような気がした。カップから立ち上る湯気を見つめながら、答えが出そうな気がしたその時だった。

突然、携帯が震え出した。

腰につけているホルダーから、恐る恐る携帯を抜き出す。

そこには、見知らぬ固定電話番号が表示されている。四桁《けた》局番は霞が関方面。耳に当たる無機質な感触の向こうから飛び出してきたのは、あの重く低い声だった——捜査当局幹部。

私は天を仰いだ。

〈あのよお……この前の話なんだけど、あの男、違うぞ。やってみたんだけどＤＮＡ型が合わねえんだよな……〉

言葉も出ない。安物の恋愛ドラマか何かかこれは？　どういうタイミングなんだ。現実世界に展開される、絵空事のような事態の展開に私は呆然《ぼうぜん》とするしかない。

「実は私も今聞いたんですが……」

宙に目を泳がせて、次に言うべき言葉を探したものの、瞬時に詰まる。真犯人の鑑定結果が二種類あるなどという厄介な話を、電話でどこからどう説明しろと言うのか。

〈まあ、そういうことだから。また電話するよ〉

僅《わず》かな間を残し、電話はプツリと切れた。ツー、ツーという信号音だけが耳に残った。

イヤな疲労を感じながら、とにかく東京に戻るつくばエクスプレスに乗り込む。ビジネスマン達がノートパソコンを開き、仕事に励んでいる。

大きなウインドウ越しに筑波山を眺めながら、なんだか腹が立ってきた。

まったく、どうなってんだ。

弁護側推薦と検察側推薦の二人の鑑定人は日本でも有数の法医学者であり、DNA型鑑定の専門家だ。その二名のプロが最新の方法で調べたにもかかわらず、結果が一致しないというのは重大な問題ではないのか。ならば最新のDNA型鑑定だろうがなんだろうが、そもそもDNA型鑑定など信頼するに足りないということにならないのか。

しかし、そう思ってから考え直す。いや、それもあり得ることだ。

これは技術というより鑑定試料の問題だからだ。

ＤＮＡと一口に言っても、新しい血液や口内粘膜のように単純で新鮮な試料であれば問題はない。現に千葉刑務所で採取された菅家さんの鮮血の鑑定結果に齟齬《そご》などない。問題は「真犯人」の試料だ。何しろそれは「被害者のシャツ」なのだ。シャツに付着しているはずの犯人の精液のＤＮＡだけを探し出し、鑑定しなくてはならない。

当時、鑑定をした科警研の技官は、試薬を使ってシャツの精液付着部分を選定、そこから三ミリ角の繊維を切り取って、顕微鏡により精子を確認したと一審法廷では証言していた。今回、二人の鑑定人はそのシャツをハサミで縦に切り、右と左をそれぞれ分けて持ち帰って鑑定をしていた。つまり、そもそも鑑定した場所が異なっていた。

被害者のＤＮＡが付着している可能性もあるだろうし、捜査関係者の唾《つば》が飛んだりといったコンタミの危険性もある。川に沈んでいたシャツには異物付着や、逆に試料剥離《はくり》もあり得た。しかもその試料は長期間、捜査本部や裁判所などのロッカーで常温保存されていた。ＤＮＡが腐敗や劣化した可能性もある。専門家でも高度な技術が求められる鑑定困難な代物《しろもの》だったのだ。科警研が鑑定した当時は顕微鏡で確認できたとされる精子も、今やその形をなしていない可能性が高い。

列車は、ジョイントがないロングレールの上を滑るように疾走していた。

二人の鑑定人の鑑定方法にも違いがあったという。

近年、科警研などの鑑定では、専門メーカーが市販する「DNA検査キット」が使われる。どんな鑑定人でも同じ結果が出る「再現性」が重要とされているからだ。鈴木教授もキットによる鑑定である。だが、本田教授はキットだけではなく、自作した試薬なども併用して鑑定を行ったという。

本田教授によれば、「キットは多くの部位を一度に検出する。試料によっては化学反応が不規則になり、型判定が狂う場合もある」のだという。検察は逆に、本田鑑定を批判する意見書の中で、キットを使わない点にも問題があるとしている。

頭上で揺れるつり革を見つめる。

真犯人の二種類の型が検出されてしまった原因は、うすぼんやりとだが見えてきた。頭の整理が少し進んだ今なら、当局幹部からの電話にも多少はまともな説明ができただろう。

無念だった。

ドン、という振動を感じて我に返った。対向列車とすれ違ったのだ。

だが、そうなのだろうか……。データの齟齬の理由を説明すれば、検察が納得するような話なのだろうか？

何かおかしくないか。

〈DNA型が合わねえんだよな……〉

あの態度の豹変《ひょうへん》ぶりは何なのだろう。どうにも腑《ふ》に落ちない。事件解決、真犯人の逮捕は捜査当局にとっても汚名返上の大きなチャンスだ。だからこそ幹部も面談の際、前向きに捜査に臨もうとしていたのだろう。試料の劣悪さも重々承知だったはずだ。その上で、鑑定の一方は「不一致」だったかもしれないが、もう一方では一〇〇兆分の一の確率で「ルパン」との「完全一致」が出ているのだ。たった六日前、銀座で熱く語っていた人物とは別人のようだった。

また例の問題だろうか。

なぜ本田鑑定があそこまで否定されなければならないのか、というあれだ。MCT118法の追試が実施され、菅家さんは「18－29」、真犯人の型は「18－24」だったとするなり、検察、科警研は猛反撃を開始した。それだけは認められない、という勢いはすさまじいものだった。

検察、科警研が否定している「18－24」型。

その「18－24」型だった「ルパン」――。

どうやら、非常に厄介なところに踏み込んでしまったらしい。そのことだけはひしひしと感じられた。そして同時に、もう一つの疑念が頭をかすめる。

もしかすると、あの事件が関係しているのか……？

どこかに、ひやりとしたものを感じた。

気がつけば、列車は大きな橋梁《きょうりょう》を渡っていた。

利根川だ。その上流は渡良瀬川――足利市、太田市に続く川だ。


私の失望をよそに、菅家さんの再審がいよいよ開始されようとしていたが、きなくさい動きはますます増していた。

宇都宮地裁に対し、検察はこんな意見書を提出していた。


㈠検察官は、無罪を立証するために必要な証拠調べをする予定である。鈴木大阪医大教授のDNA型鑑定のみを取調請求し、弁護人が求めている本田克也筑波大教授のDNA型鑑定の取調請求は一切考えていない。

㈡弁護人は誤判原因の解明として数多くの証拠調べを請求する方針を示すが、証拠調べは有罪無罪の結論を導く前提として証拠能力等を判断する必要がある場合に、その限度で行われるべきである。捜査や裁判手続の検証それ自体が目的とされているわけではない。「被告人自身の主観的な希望や願望と関わりなく」「迅速な無罪判決によって、被告人・受刑者の地位から法的に解放することこそが菅家氏の利益にかなうのであり、それがまた、公益にかなうところでもある」から、誤判原因の解明ないし検証を目的とする証拠調べは、刑事裁判の制度目的を逸脱し、手続の遅延を招く点で、不相当である。

三）弁護人は期日間整理手続を求めているが、本件には何らの争点がないから、同手続に付する前提を欠き反対である。

私は霞が関言語は苦手である。翻訳すればこういうことでよいのだろうか。検察は鈴木鑑定だけで無罪を立証する。本田鑑定は不要。無罪を求刑するのだから争点はない。誤判の原因調べは時間ばかりかかって無駄だから反対。

どうやら、真相究明はともかく、さっさと再審を終わらせましょうということのようだった。菅家さんの釈放直後に、最高検の伊藤鉄男次長検事は記者会見で「速やかに再審開始決定がなされ、再審公判で早急に判決が言い渡されるよう適切に対応されたい」と指示したことを明らかにしている。

メディアはそれを「当然」と受け止めているようだった。「年内にも無罪判決か」といった言葉がそこかしこで躍り、会見を善意に受け取った人々は検察の「速やか」

で「早急」な対応を「誠意のあらわれ」と受け止めているようだった。あるいは、冷ややかな視線があったとしても、検察が大難を足早に通り過ぎようとしていることを指摘するくらいだった。大方のムードは「事件の結論は出た」、「検察、裁判所は早く菅家さんに謝れ」という方向に流れつつあった。

私が感じたことは違う。

検察は急ぎ足で通り過ぎることで、あるものを守ろうとしているのではないか。

私には、意見書といい、最高検次長検事の発言といい、特定の意図があるようにしか思えなかった。すでに釈放の身となっている菅家さんは、当然のことながら迅速な判決など求めてはいない。「一七年半も刑務所に入れられた。そんな簡単に許せるはずがない」と捜査の徹底的な検証と謝罪、そして真犯人の逮捕を望んでいるのだから。

だが、おそらく検察がやろうとしていることはまったく別だ。

状況すべてが指し示しているのは、こういうことなのではないか。

ＭＣＴ118法による真犯人の「18－24」型の排除

言葉を換えれば、彼らがこの再審で守りたいものは「ＤＮＡ型鑑定絶対の神話」ではないのか。

どういうことか。

マスコミ報道が示すとおり、ことは「わかりやすい」かに見える。鑑定人二人が真犯人と菅家さんのDNA型を再鑑定し、一致しないことがわかりました。菅家さんは無罪です。おしまい。検察が導きたいのはその方向である。

ところが、ただ足早に通り過ぎるわけにはいかない重大な点がひとつだけある。本田鑑定書だ。そこには検察や科警研からしてみれば余計なことに、MCT118法による鑑定結果が記載されている。真犯人の型は「18－24」だと言っているのだ。科警研の当時の鑑定結果は「18－30」である。本田鑑定を認めてしまえば、科警研の鑑定が誤りであったことを法廷で認めることになってしまう。

なぜ認められないのか。

ひとつには、これまで幾多の難事件を科学的に解明してきた科警研の信用が失墜するということがあるだろう。科警研は各都道府県警の科捜研に対しても指導育成に当たっている。いわば科学捜査の総本山であり、その証拠能力が疑われるというのはゆゆしきことである。大問題と言っていい。

だが、私が想像していることは、違う。その大問題を遥《はる》かに凌《しの》ぐ、禁忌とさえ言いたくなるあることだ。私が司法関係の人間だったら、そこだけは絶対に触れられたくない。

あの事件。

福岡県で起きた「飯塚《いいづか》事件」だ。

ある男性が女児二人を殺害したという容疑で逮捕された。証拠の柱の一つが科警研のＤＮＡ型鑑定結果だった。男性は逮捕前も逮捕後も犯行を全面否認したが有罪判決が下り、死刑が確定した。その裁判で証拠採用されたＤＮＡ型鑑定こそ、菅家さんを冤罪《えんざい》に追い込んだのと同じＭＣＴ118法なのである。鑑定人も同一人物。

そして、考えたくもないことに——死刑はすでに執行されている。

あれは「足利事件ＤＮＡ再鑑定へ」というニュースを打った十数日後、二〇〇八年一〇月二八日のことだ。今でも忘れられない。会社の報道フロアにいた私にベテラン新聞記者から一本の電話がかかってきた。よぉ久しぶりと声を上げた私に、彼は重い口調でこう告げた。

〈気にされていた久間《くま》三千年《みちとし》、今日死刑執行されましたよ……〉

言葉に目眩《めまい》を覚える、ということが本当にあった。若いディレクター達が走り抜ける廊下で、私の両足は床に張りついたようにしばしその場を動けなかった。

「足利事件」の再鑑定の結果が出て、ＭＣＴ118法の疑惑が浮上するのはその六ヶ月後のことである。

なぜ、再鑑定の結果が出るまで待てなかったのか。

森英介法務大臣が死刑執行を命令したのは執行四日前のことだ。森大臣は執行後にこう記者会見で説明した。

「非道な動機に基づき、被害者の尊い人命を奪った事案で、それぞれの被害者や遺族の方々にとって痛恨極まりない事件であると思います。以上のような事実を踏まえ、慎重な検討を加えたうえで、死刑の執行を命令した次第です」

事件が起きたのは一九九二年二月のことだ。七歳の女児二人が山中で他殺体となって発見されてから二年後、福岡県警は久間三千年氏（56）を逮捕した。現場で採取された血痕《けっこん》のＤＮＡ型鑑定の結果、それが久間氏の型と一致したという。

この鑑定を実施した鑑定人が、主任研究官Ｓ女史とＫ技官だった。手法はゲルと例の旧型１２３マーカーを組み合わせた電気泳動法だ。菅家さんのケースと同じである。

久間氏は一貫して事件への関与を否認するが、裁判所は死刑判決を下す。高裁判決文の中でＤＮＡ型鑑定の信頼性についてはこう書かれている。〈ＭＣＴ118型のＤＮＡ鑑定結果が一定の条件の下で証拠能力を有することについては最高裁判所の判例のとおり〉。この最高裁判例こそが「足利事件」の「最高裁平成一二年七月一七日決定」なのだ。

つまり、「足利事件」の再審で科警研の誤りが認められるということは、最高裁判例が覆《くつがえ》りかねず、ひいては「飯塚事件」が表舞台に引きずり出されかねないのだ。もしそんなことになれば、死刑制度及び司法制度全体を揺るがす一大事だ。法務省は震《しん》撼《かん》することになるだろう。

私が司法関係者だったら触れられたくない、と書いたのはそういう意味だ。

おそらく森法相はお役所仕事の流れの中で死刑執行命令書に署名したのだろう。本来、死刑の執行命令は確定判決から六ケ月以内に行わなければならないのだから（刑訴法第四七五条二項）。

だが、同じ頃、再鑑定が取り沙汰《とざた》されていた菅家さんのDNA型鑑定が実は同じ方法で、同じ技官によって行われていたと知っていたならば、果たして森大臣は署名しただろうか？

やばい。やばすぎる。

科警研の信用問題など私の知ったことではないが、このままでは本田鑑定は潰《つぶ》され、「18－24」型も闇《やみ》に葬《ほうむ》られる。

検察の意見書を知った私は苛立《いらだ》った。
今度は科警研が相手ってことか……。
整理すると、私の「推論」はこうだ。

①「真実ちゃんのシャツ」から得られた真犯人のDNA型は、「18－24」である。
②「ルパン」のDNA型もまた、「18－24」で完全に一致している。
③よって「ルパン」は真犯人である。

一方、科警研の主張はこうだ。

①'「真実ちゃんのシャツ」から得られた真犯人のDNA型は、「18－30」である。
②'「18－24」は犯人以外の誰か女性のDNA型である。事件とは関係ない。
③'よって「ルパン」は真犯人ではない。

もちろん、科警研は「ルパン」についてなど言及していないが、論理の帰結としてはこうなる。①'の参照結果は異なるが（鈴木鑑定はMCT118法を行っていない）、当局幹部の言っていることも同様と考えてよい。

これを突き崩さなければならない。

そういえば、②に関しては、検察が松田ひとみさんの口の粘膜と真実ちゃんのへその緒から被害者鑑定を行っていたはずだ。その結果はどうだったのか？

司法担当記者を経由して検察に取材を試みたが、「やったかどうかは捜査段階のものだから言えない」との答え。つまり、鑑定を実施したかどうかも言えないというのだ。ということは当然、結果を明かすはずもない。もしも私が松田さんへの取材をしていなければ、鑑定を実施した事実すら世に出なかったのか。そう思うとゾッとする。検察官は松田さんには事前に、「今回出てきたＤＮＡは、単にお嬢さんのＤＮＡを掘り当ててしまっただけ」とまで言っていたのだ。

どうやらこれは待っていて得られる情報ではないらしい。口を開けて当局情報に期待していた自分があほらしくなる。そうだ、記者なのだから、自分で調べればよいだけだ。

残暑厳しい夏の夕方、私は一軒の家の前に車を止めた。

松田ひとみさんのお宅である。

これまでにも何度かお邪魔した居間では茶色の猫が身体《からだ》を伸ばしていた。真実ちゃんは猫が好きだったんだよな……そんなことが脳裏をよぎる。事件以来、松田さんはいつも猫を側《そば》においているのだという。

松田さんは古い小さな箱を手にし、私の向かいに座った。

かけがえのないものがそこには入っている。

真実ちゃんのへその緒。

「お役に立つのであれば、どうぞお使い下さい」そう言って差し出された白い小箱には、「寿」という金色の文字が光っている。傍らには鶴《つる》と亀《かめ》の絵。手のひらに載せると、ふわっとした微妙な重みが切ない。不意に、その箱に対してデジャヴュのような不思議な感覚を覚える。

ジジジジジ……というヒグラシの声が遠くから聞こえる中、猫が丸い目をして私と小箱を見比べていた。

頭がおかしいのではないか、そう言われても構わない。私は独自鑑定に踏み切ることにした。真実ちゃんのへその緒と松田さんの口内粘膜を入れた密閉ケースを大切に胸に抱え、松田家を辞すと、私は車に飛び乗り、一路、つくば市を目指した。

車の中で、私は思い出していた。

松田さんから初めてかかってきた電話のことだ。

〈迷惑ですので、二度と手紙も出さないで下さい。取材など受けるつもりはありません〉

あれから、どれだけの時が過ぎたのだろう。

松田さんには何度も重要な取材をさせてもらっていた。彼女がいなければ、闇に埋もれたままの事実も多かった。もし、こうした人と人とのつながりがなかったら、この事件はどうなっていたのか。この被害者鑑定の件もそうだ。真実ちゃんが自転車の二人乗りなどできないという件もそうだ。検察官に「ごめんなさいが言えなくてどうするの」と言ったこともそうだ――。

だが、そんな感傷的な気分を吹き飛ばす結果が私に届いたのは僅か数日後だった。

筑波大学法医学教室から届いた鑑定結果の封筒を、私はいつもの乱雑なデスクで開いた。表紙には、黒の墨字体が並んでいる。

鑑定書
松田真実及びその母、松田ひとみのMCT118型
嘱託機関：日本テレビ　記者　清水潔

検察はなぜこの結果を隠し続けるのか？　そんなに知られたくないことなのか？　何台ものテレビの音が混じるその席で、私は一度気持ちを抑えてから書類をめくっていった。

二桁の数字の組み合わせが目に留まる。

黒いインクで表記されたその数値を見つめるほどに、どこかで血液が沸々と音を立てているのが聞こえてくるようだった。脳裏を何種類かの二桁の数値が駆け巡った。

――ふざけんな。

私はイスを蹴飛《けと》ばすように立ち上がった。よーしわかった。すぐに電波に載せてやる。

ひどい形相をしていたに違いない。すれ違う若いスタッフが次々に道を空けた。

二〇〇九年一〇月二一日、ついに「足利事件」の再審が始まった。宇都宮地裁二〇六号法廷で、黒い法衣に身を包んだ佐藤正信裁判長が通常の裁判とは少し異なったトーンで呼びかけた。

「菅家さん、お立ちください」

被告人に敬称を付けて呼ぶのはもちろん異例だ。すでに釈放の身である菅家さんは被告人席ではなく、弁護士達と並んで座っていた。異例ずくめの開廷だった。

この日は罪状認否だ。かつてこの同じ裁判所で、背中に刑事の圧力を感じて犯行を認めてしまった菅家さんだったが、その日は違った。裁判官に向かってこれまで一番言いたかったことを口にしたのだ。

「私は殺していません」

きっぱりとそう言うと、検察官へ顔を廻《めぐ》らし、厳しい目で続けた。

「納得のいく無罪にして欲しいです」

それこそが菅家さんの望むものだった。事件の真相が法廷で明らかになること、灰色の無罪ではなく、真っ白な判決が下ることこそが菅家さんの望みだった。

閉廷間際《まぎわ》には、菅家さんは手を上げて発言を求め、立ち上がるとこう付け加えた。

「(当時の)検察官を出廷させてください。そして真犯人を捜してください」

その言葉は、私には当然すぎる要求に聞こえた。

第二回公判では、弁護団側の主張が認められ、二人の鑑定人が証人として出廷した。鑑定人達には当時、科警研が行ったMCT118鑑定の実験写真が見せられた。もちろんコピーではない。裁判所で保管されていたオリジナルのプリント写真だ。二人の法医学者がそれを見て、科警研鑑定をどう評価するのかが注目された。

写真にじっと目をやった検察側推薦の鈴木教授は小首を傾《かし》げ、「はっきりわからない」と証言した。弁護側推薦の本田教授は、「完全に失敗ですね。これでは判定不能。百パーセント無理」と厳しく言い切った。いずれにせよ、法医学者達は当時の鑑定は失敗だったと判断したわけだ。

写真に現れていた「犯人のバンド」とされるものは確かに不鮮明だ。専門家に言わせれば、菅家さんと犯人のバンドの位置もずれている。そしてそもそも、この鑑定は欠陥マーカーを用いて行われているのだ。素人《しろうと》が考えても疑問符だらけの代物だ。

その上で、被害者鑑定の結果が法廷の場に持ち出された。もちろん検察側からではない。検察はこの期《ご》に及んでも被害者鑑定の結果について沈黙を守っていた。弁護団は弁護団で遺族と接触できていない。そのため、根拠となるのは私が怒り心頭で電波に乗せた独自鑑定だ。本田教授によるＤＮＡ型の鑑定結果はこうだった。

松田真実の型　18－31
松田ひとみの型　30－31

「被害者の松田真実ちゃんのＭＣＴ118型が18－31型で、母親の型が30－31型ということが、はっきりしました」本田教授も法廷で証言した。

ならば、シャツに残る「18－24」型こそが真犯人のものではないか？　私は傍聴席で額にシワを作る。本田教授の証言が出ても、検察は知らん顔だ。

被害者鑑定の結果を述べた本田教授は続いて、一つの可能性と前置きしながら、科警研の鑑定結果は犯人のものではなく、被害者側のＤＮＡ型を鑑定した可能性もあり得ると述べた。

真実ちゃんの型は「18－31」、母親の松田ひとみさんの型は「30－31」である。ＭＣＴ118法は二つの数値の組み合わせであり、二つの数値はそれぞれ父親と母親に由来することは前に記した。つまり、真実ちゃんの「18」は父親、「31」は母親由来というわけだ。

事件前から、シャツには母娘《おやこ》のＤＮＡが付着していた可能性があった。シャツの持ち主である真実ちゃんのものはもちろん、生活を共にする母親のＤＮＡがコンタミする可能性は高い。ならば実験ゲル上に「18、30、31」という三つのバンドが現れても不思議ではない。そして、思い出して欲しい。消えたＤＮＡ型だ。これまで科警研が

「犯人の型」としてきたのは「18－30」なのだ。

松田さんを呼び出したとき、検察はこう説明した。「今回出てきたDNAは、単にお嬢さんのDNAを掘り当ててしまっただけ」と。だが、全く逆だったのではないのか？

当時の科警研は「お嬢さんやお母さんのDNAを掘り当ててしまっただけ」という可能性が被害者鑑定により浮上してきたのである。

佐藤博史弁護士は鑑定結果を知ってこんな指摘をしていた。

「一九九一年当時の科警研には29、30、31を区別するだけの技量はなかった。全《すべ》てを同じとする恐怖の鑑定だったのです」

つまり「18－29」という近い型だった菅家さんは、欠陥マーカーを使った目視鑑定で強引に犯人と一致したとされた可能性があるのだ。しかも、これが事実なら、科警研鑑定は犯人の型を検出できていなかったことになるではないか。

だが、そこまで低次元なことがあり得るのか？

ここで振り返りたいのが、四章の一四六ページで触れた「123塩基ラダーマーカー」だ。このマーカーの欠陥を指摘された科警研は新マーカーに切り替え、九三年の「科学警察研究所報告」の中で、旧マーカーの型は新マーカーの型に読み替え可能とした。このとき、菅家さんと真犯人のDNA型は、それまで欠陥マーカーでは「16-26」とされていたが、「18-30」へと変更された。

だが実は、私は別の事件の判決文の中でこれと同じ数値に出くわしていた。

あの「飯塚事件」である。

すでに死刑まで執行されてしまったその事件の判決文には、こう書かれていたのだ。

〈123塩基ラダーマーカーを用いて判別された16-26型は、アレリックラダーマーカーを用いた場合では、18-30型に対応するとされているが、18-29型、18-31型に対応する場合もあり得るとされているようであり……〉

おいおいおい……29も30も31も一緒？　前掲の「科学警察研究所報告」では、新マーカーに読み替える際、二つの型に対応する型もあるとされていたことは触れたが、「16-26」はあくまで「18-30」一つだった。ところがここではウイルスかアメーバのごとく、対応する型が三つにも増えている。だいたい、〈されているようで……〉という危なげな判決文で死刑判決を下されてはたまったものではない。

「飯塚事件」と同様の解釈をするなら、菅家さんの「18-29」も、科警研が置き換えた犯人の「18-30」も、被害者である真実ちゃんの「18-31」も、みな同じ型ということになってしまう。

さらに不思議なことがある。

「一〇〇〇人に一・二人」「三二五通り」と言っていたMCT118法のDNA型鑑定だったが、「足利事件」の菅家さんも真犯人も、「飯塚事件」の久間三千年氏も真犯人も、科警研の欠陥マーカーでの鑑定によれば同じ「16－26型」なのである。

こんな偶然、あるのだろうか。

検察側推薦の鈴木教授の証言も驚きだった。鑑定書には書いていないものの、実は鈴木教授もMCT118法で鑑定を実施した事実を認めたのだ。ところが、結果を問われると「型は出ておりますけれども（マーカーがないため）それが何型であるかはわからない」と陳述。

弁護士から、「本田教授はMCT118（の型）が検出されているが、違いはどういうことか」と問われた鈴木教授は、「恐らく習熟度の違いだろうと思います」「長いこと研究なさっておられたので、出るのだという驚きですね」と答えている。

一方の本田教授はこう証言した。それは鑑定中に鈴木教授と電話で話した内容だった。「鈴木先生はおやりにならないものだと思っていましたが、四月中旬過ぎに『急遽《きゅうきょ》うちでもMCT118をやったけれども、菅家さんは18－29です。（シャツからは）24は出るんだけど18が出ない』と言ってましたので、そうですか、24が出るのは良いですね、と言った」

鑑定人同士の打ち合わせは裁判長から認められていた。この証言どおりなら、鈴木教授も実は問題の「24」を検出していたことになる。

衝撃の事実だ。

だが、検察はまたも無視。以後も科警研鑑定を正当化するために、数字と記号をぎっしりと詰め込んだ書類を法廷に積み上げ、本田鑑定への攻撃を続けることに専念した。

先にも書いたが、本田教授はこれまで検察や警察に協力し、ＤＮＡ型鑑定も行ってきたし、それが証拠として採用されてもきた。検察側証人として法廷に立つこともあった。ところが、今回に限っては凄《すさ》まじいほどの徹底批判である。私には、検察がパンドラの箱を必死で閉じようとするパンドラその人のようにさえ見えた。

いったい何をそこまで守りたいのだ？

私はむしろそちらに興味があった。科警研の威信か。「飯塚事件」か。「ＤＮＡ型鑑定神話」か。あるいは、「足利事件」の再捜査をしたくないからなのか？

求める判決はどちらも「無罪」にもかかわらず、検察官、弁護人双方のやりとりは激しさを増すばかりだった。

もはや争点は完全にMCT118法鑑定だった。

「123ラダーマーカーでは」「異議あり！」「16－26が18－30というのが誤導ですか？」「何に基づかれているんですか」「科警研論文ですよ」「バンドレーンを見れば」「PCR増幅が失敗です」「誘導尋問です」「重複です！」「ローカス」「多型性であり」「質問の趣旨が違います」「スタッターピークは」「異議です」「デンシトグラムを見ると」「論争にわたる質問です！」「酸性ホスファターゼ活性が……」「それは部位が違う」「アレルパターン……」

殺人罪の裁判が、今や大学の講義のようだった。専門用語という煙幕が濃く広がっていく法廷を見回してみれば、いったいこの全てを理解できる人がこの場に何人いるのだろうと疑問に思わざるを得ない。裁判官だって理解できているのかどうか。

被告人であり、今となっては被害者でもある菅家さんも見るからに辛《つら》そうだった。

専門家でない人間にはあまりに難解過ぎる世界なのだ。検察が死守すればするほど広がる混乱は、むしろ旧来のDNA型鑑定方法が人を裁くための根拠として果たして適切だったのか——その疑問を際立たせるばかりに私には思えた。

だいたい、再検証もロクにできないような方法を科学的とか呼ぶな。果てのない議論にイライラしながら私は思う。科学というのは実験結果の再現が可能だからこそ全世界に広まった学問だ。適切な手順さえ守れば誰がやろうが同じ結果になるのが科学ではないか。長年にわたって再鑑定を拒み続け、試料は常温放置で劣化するに任せたというのでは、最新科学で追試しようにもご覧の体たらくではないか。本田教授も鈴木教授も気の毒だ。

結局あれか。検察や科警研がいまやっているのは、煙に巻くということなのか？

そう思うと深いため息が出た。

ここにいる私にしても、この裁判をどう報じていいやら見当もつかない。きちんと報じようとしたら二時間番組でも足りない上に、意味不明なものにしかならないだろう。こうした論争や専門的なテーマはテレビという瞬間的な爆発力を持つメディアには不向きなのだ。実際、各局ともこの再審を取り上げる回数は減ってきていた。

ずっと前に別れてしまったはずの相棒が懐《なつ》かしくなっていた。

二〇〇九年一二月、揺れる電車の中吊《なかづ》りに「警察が隠す足利事件の『真犯人』」という見出しが躍っていた。

私が書いた記事だった。

再審は進むが真相解明は進まないという状況に、私はジタバタすることにした。数誌から来ていた執筆依頼のうち、まずは「週刊朝日」に書かせてもらったのだ。

中吊りを見上げながら、これもいいもんだな、とずいぶん久しぶりの感覚を味わう。

記事にはこの時点で私が問題視していたことを詰め込んだ。ＤＮＡ型鑑定のことも「飯塚事件」のことも触れた。活字のテンポがなんだか懐かしかった。それにしても「桶川事件」の時もそうだが、なんだって私はこう「真犯人を捕まえろ」キャンペーンばかりやっているんだろうか。

まあよい。とにかくやれることはなんでもやる。

もちろんテレビ報道も並行する。『ＮＮＮドキュメント』「足利事件・暴《あば》かれた冤罪」「検察……もう一つの疑惑～封印された真犯人～」『ＡＣＴＩＯＮ』特番「足利事件〝時効〟の検証」……撃てる弾を撃ち続けるしかない。

一二月二四日、この日の第三回公判で私の大きな疑問の一つが明らかとなる。

事件当時の科警研鑑定では、被害者のＤＮＡ型鑑定を実施していたのかだ。証人出廷していた福島弘文科警研所長は弁護士から「当時、被害者のＭＣＴ118型の鑑定は行っているんですか、いないんですか」と問われ、「私は見ていません。やっていないと思います。あったら出ていると思います」と、ようやく認めたのである。

やはりか……。

でなければ検察が改めて松田さんを呼び出すはずもない。被害者鑑定を行っていなかったのであれば、誤鑑定の可能性はさらに高まる。

さらに科警研がＤＮＡ型鑑定写真のネガフィルムを紛失していたことも明らかにした。確定審では科警研の技官が〈本件における判定は写真自体から直接に行ったわけではなく、ネガフィルムを解析装置で読み取り、補正、計算等の過程を経て行った〉としていた。そのため不鮮明なプリントであっても証拠採用されていたのだが、その必須《ひっす》であるはずの元のネガフィルムを無くしたというのではお話にならない。あるいは、そこまでしてでもネガを見せたくないということなのか。

科警研への疑念は膨らむばかりで留まるところを知らない。

尋問の最後に、菅家さんが福島所長に対して言った。

「科警研の人達に謝ってもらいたいと思ってます」

鑑定ミスに対する謝罪を求めたのだ。

これも当然のことだろう。

珍しく怒った表情の菅家さんを見ながら、私は思い出していた。獄中からの菅家さんの手紙だ。ボールペンで懸命に書かれた手紙には毎回こう綴《つづ》られていた。〈ＤＮＡ型鑑定は間違っています〉

警察が、科警研が、誇り、マスコミが囃《はや》し立てた一八年前、DNA型鑑定が絶対に間違っていると確信していた人は、菅家さんだけだったのだ。菅家さんには科警研に謝罪を求める権利があった。

ところが、当の福島所長は突然訳の分からない説明を始めた。一瞬、私が何か聞き違えたのか、それとも福島氏が意味を取り違えたのかとすら思った。

「鑑定で出た結果は、同じタイプの型と申し上げたい。全然違った別のものを誤ったという事実は、何回検証しても出てこない。今回、より正確で高度な鑑定で事実がわかったわけです。大きなミスがあったとは見当たらない。一致していますとしかいえない。アカデミックな立場で申し上げるしかない」

それは「弁明」だった。謝罪どころか、この期に及んでも彼は当時の鑑定は正しいと説明したのだ。私は、傍聴席の狭いイスでペンを持ったままのけぞった。

一九九三年に科警研が欠陥マーカーから新マーカーに切り替えたことは何度も書いた。そのきっかけを作ったのが九二年のDNA多型研究会だったということにも触れた。その論文の元となった共同研究は当時、信州大学の助手だった本田教授とこの福島氏など五人によるものだったのである。

前回の公判では、本田教授はこう証言していた。

「福島先生は当時ＤＮＡ型鑑定のパイオニア的な方だった。学会発表の前に行われたシンポジウムのような席上で『（１２３マーカーには）非常に重大な問題がある』と発表なさいました」

ところが二〇〇八年から科警研所長となった福島氏が今度はその１２３マーカーによる鑑定に「大きなミスが見当たらない」と言うのだから、私がのけぞるのも無理ないだろう。

再審はそのまま年を越し、一〇年を迎えた。

五回目の法廷では菅家さんの取り調べ時のやりとりが音声テープで流された。合計六時間以上にも及ぶそのテープは、当時の森川大司《だいじ》検事が逮捕から一年後の一九九二年一二月の取り調べを録音したものだった。なかなか聞く機会などない代物だ。

法廷の天井にはスピーカーがある。私はその真下の席を選んで座り、ペンを手に耳を傾けた。驚くべきことに菅家さんは、検察官のその取り調べの中で無実を訴えていたのである。だが、検察官は聞く耳を持たない。そのやりとりは私をぞっとさせた。本来なら有罪の証拠となるはずだったこの音声記録は一八年の時空を超え、「密室での取り調べの実態」という恐ろしい一方通行路を甦《よみがえ》らせていた。

〈今、起訴している真実ちゃんの事件、あれは、君がやったことに間違いないんじゃ

ないかな〉

〈違います〉

菅家さんが、小さな声でそう答えている。

〈ええ?〉

〈違います〉

〈違う?〉

〈鑑定ですか、自分にはよくわかんないですけど、何鑑定っていいましたっけ?〉

〈DNA鑑定〉

〈そんなこと聞いたんですけど、でも自分じゃそれ全然覚えてないんですよ〉

〈だけど、DNA鑑定でね、君とね、君の体液と一致する体液があるんだよ〉

〈全然分かんないんですよ。本当に、絶対違うんです〉

〈違うんですって言ったってさ。君と同じ精液持ってる人が何人いると思ってんの?〉

〈……〉

検事はやはりDNA型鑑定を武器に自供を迫っていた。それにしても、「同じ精液」とは。DNA型鑑定をいったいどこまで理解していたのか?

〈いろんな意味で一致してるんだけどね。じゃあ今までね、認めてたのがね、何で最近になって急に否定する気持になったの？〉

〈……〉

〈君が認めたということだけじゃなくて、ほかに証拠があるからだよ！　どうなんだい。ずるいじゃないか君。何でぼくの目を見て言わないのそういうこと。さっきから君はぼくの目を一度も見てないよ！〉

〈ごめんなさい。すみません〉

次第に涙声となっていく菅家さんに対し、検察官は責め続ける。

〈ウソだったの？　そうだね？〉

〈ごめんなさい。勘弁してください。勘弁してくださいよお〉

泣きながら涙声で鼻をすする菅家さん。検察官は更に追い込む。

〈ぼくはね、人を殺《あや》めたんだったらね、そのことを本当に反省してもらいたいと思うわけ。殺めてないんだったらさ、そんなことを認める必要はないわけで〉

〈……〉

そして自供へと誘導される。

〈間違いないんだな？　真実ちゃんの事件は間違いないんだね？〉

〈はい〉

〈やったの？　真実ちゃんのは間違いない？〉

〈はい。すみません〉

勇気を振り絞った否認は、こうしてまたも自供へと転じさせられていた。

当の森川元検事が証人として出廷した。テープを聞いた菅家さんは、当時のことを思い出したのか怒りを隠せない。菅家さんは強い調子で証言台に立つ元検事を追及した。

「森川さん、私は一七年半もの長い間、無実の罪で捕まっていました。あなたはこのことをどう思いますか？」

被告人が、自身を起訴した検事に迫った。一八年目の逆転劇だ。

「主任検察官として証拠を検討し、その結果菅家氏が、真実ちゃん殺害事件の犯人と間違いないと起訴し、公判に臨んだわけです。今回新たにＤＮＡ型鑑定で、犯人ではないと分かって非常に深刻に思っているところです」

元検事は菅家さんと顔を合わせずに、真正面を向いたままそう言った。

「拘置所での取り調べのとき、私は、やっていないと正直に話しました。それなのにどうして、弁護士や裁判所に伝えなかったのですか」

菅家さんは顔を朱に染めて怒りを露《あら》わにした。私は驚いた。昨年の出所以来、こんなに強い言葉を発する菅家さんを見たのは初めてだったからだ。

「森川さん、私の家族にも謝って下さい。苦しんでいる」

「申し上げたとおりです」

「大変なことですよ、苦しんでいるのです。どう思います」

「いま申し上げたとおりです」

「森川さん、あなたは反省してないのではないですか」

検察官が横槍《よこやり》を入れる。

「裁判長、立証趣旨との関係で、質問の趣旨が分かりませ……」

菅家さんがその検察官に身体を向けると、怒気を込めて言葉を放った。

「あなたは黙っていて下さいよ！　関係ないでしょ！」

検察官はその勢いに気圧《けお》されたように見えた。

「森川さん、あなたは反省しないんですか？」

静観していた裁判長が言葉を発した。

「質問を認めます。反省をしていないのですか？という質問です。答えて下さい」

法廷内の静寂が痛いほどだった。刑事事件法廷で、こんな質問など聞いたことがなかった。裁判ドラマが陳腐に見えるほどの迫力だ。

「申したとおりです」

顔を合わすことなく、頭も下げず、同じ言葉を繰り返すだけの森川元検察官に、菅家さんは怒りの言葉を投げつけた。

「あなたは、私のことを人間性が無いと言った。でも、人間性が無いのはあなたの方ではないですか！」

私は悲痛な叫びに、ペンを握ったまま圧倒されていた。

録音されていた森川検事の取り調べは、黙秘権を告知しておらず、弁護士にも連絡しなかったなどの問題点が指摘され、後に違法な取り調べと認められることになる。

法廷の外で、杉本純子がマイクを持って森川元検事に取材を試みた。

「菅家さんのことは自信を持って起訴されましたか？」

至極まっとうなことを尋ねたはずなのだが、彼はマスクのまま鞄《かばん》を振り回して逃げた。

「邪魔だって！　うるさいなって言ってんだろ！」言うなり手塚カメラマンのレンズを手で塞《ふさ》いだ。

検察官だけではなかった。

当時の科警研のM室長にも取材を試みたが、まったく口を開かない。そしてあの栃木県警の警察官達もだ。「菅家はホシに間違いない」「日テレさん、変な報道したら恥かくよ」再鑑定前には自信満々にそう言い続けていた捜査幹部も、菅家さんが釈放されると掌《てのひら》を返すように取材を拒否した。それまでは取材に応じていた元幹部も「何だあ、あの番組は！」と怒鳴ると、「あなた達に話をしても、何の利益もないじゃないか！」と言い放って自宅に逃げ込んだ。

強引に菅家さんの自供を取ったH警部は自宅前で私の顔を見るなりこう言った。「もう話はしない。警察は辞めたんだから」と、くるりと背を向けると立ち去った。

H警部は菅家さんに三件もの自供をさせた。もし二件以上起訴されていたら死刑求刑は間違いなかったろうし、すでに執行されていたかもしれないのに、である。

逮捕から二週間後、菅家さんの父親がショックで病気をこじらせて亡《な》くなった時にH警部は菅家さんに何と言ったか。「年を取れば仕方ない。殺された人はもっと悲しいぞ」と言ったのだ。

H警部の家を見上げた。

白いモルタル壁の家。鉄の門扉《もんぴ》とブロック塀で守られた敷地。平和に、豊かに老後を送っているようだった。二〇〇七年に玄関で取材した際にH警部は私に言った。

「犯人が捕まらないから、その人におっつけちゃおうなんてできないよ。ダメでしょ。後で、裁判で違いますとか、別の犯人が出てくるなんて、あるんじゃないか？　別の人を捕まえれば……」

その言葉をH警部は今、どのように噛《か》みしめているのだろう。


判決の前日だった。

私はニューススタジオのキャスター席で、重要と考えられる二つのポイントを解説していた。

「無罪は確定的ですが、重要なのは無罪とするその理由です。検察はDNA型再鑑定で初めて菅家さんの無罪が明らかになったと主張しているわけですが、裁判所がそれと同じ判断をするのか。それとも元々、当時のDNA型鑑定は有罪とする証拠がなかったのに、強引に立件してしまったのか。これは同じ無罪でも全く違います」

つまり、最高裁が認めた当時のDNA型鑑定の証拠能力をどう評価するかということだ。

そしてもう一つ。

裁判所が菅家さんに対し、謝罪するかだ。

私は、スタジオでそんなことを前振りしておいた。そしてキャスター席を降り、ピンマイクを外すと心の中でこう付け加えた。謝罪というのは、高い所からするもんじゃないぞ。ちゃんと裁判官席から降りてきて、菅家さんと顔を合わせるべきだぞ、と。〈わずか四歳八か月でこの世を去った松田真実の冥福《めいふく》を祈ることにその生涯を捧《ささ》げさせるのが相当……〉一審で、菅家さんにそこまで求めた裁判所なのだから。

検察はすでに謝罪している。そのとき私は虚《むな》しくそれを聞いた。再審法廷で検察は「無罪が言い渡されるべきことは明らか」と無罪を求刑した。もちろん有罪求刑などしても一〇〇パーセント負けなのだから、ただのパフォーマンスにしか見えなかった。

三人の検察官が並んで立ちあがり、一人がこう言った。

「真犯人ではない菅家さんを起訴し、一七年半にわたって服役させた。取り返しのつかないことを招き、検察官として申し訳なく思っている」

現職の検察官として初めて頭を下げた。そこは評価できるだろう。だが、次で白けた。「今後、二度と繰り返さないようにしたい」と、実にあっさりと言ってくれたのだ。決意はともかく、その言葉は虚しく響いた。この再審は徹頭徹尾、MCT118法を守るための裁判だったとしか思えなかった。危うげな鑑定の隠蔽《いんぺい》を続けたままで、再発防止などできるのだろうか。

　裁判所はどうだろう。

「菅家さん、証言台にお進みください」

　三月二六日、法廷に裁判官の声が響いた。主文はもちろん無罪。静かにその理由が言い渡されていく。

　グレーの背広に赤いネクタイ姿の菅家さんは、じっと耳を傾けている。

　最高裁決定で認められたＭＣＴ118法については、法廷での鈴木、本田両証人などの厳しい指摘を認め、「本件ＤＮＡ型鑑定が、前記最高裁判所決定にいう『具体的な実施の方法も、その技術を習得した者により、科学的に信頼される方法で行われた』と認めるにはなお疑いが残るといわざるを得ない。したがって、本件ＤＮＡ型鑑定の結果を記載した鑑定書は、現段階においては証拠能力を認めることができないから、これを証拠から排除する」とした。

　最高裁決定を地裁が覆《くつがえ》す。

　前代未聞《みもん》のことであろう。だが、これこそが私の望んでいたことだった。ついに「絶対」と言われたＤＮＡ型鑑定を証拠から取り除いたのだ。

ようやくここまで来たか……という余韻に浸る間もなく、自供についてはこう判断が下された。

「菅家氏が本件自白をした最大の要因が捜査官から本件DNA型鑑定の結果を告げられたことにある」

つまり、DNA型鑑定により逃げ道を塞がれ、自白させられたと認めた。言い換えれば、この平成の大冤罪《えんざい》の主な原因が、DNA型鑑定に端を発するとしたのである。

「自白についても信用性が認められず虚偽のものであることが明らかになったのであるから、菅家氏が本件の犯人ではないことは誰の目にも明らかになった」

そして、今回のDNA型再鑑定が「菅家氏が本件の犯人でないことを如実《にょじつ》に示すものである」とした。

当然のことではあったが、完全な無罪判決だった。

そして、最後に裁判官が菅家さんの目を見てこう言った。

「菅家さんの真実の声に十分に耳を傾けられず、その自由を奪う結果となりました。この審理を担当しました裁判官として、誠に申し訳なく思います」

そこまで言うと、法衣を纏《まと》った三人の裁判官がすっくと立ち上がった。

そして深く頭《こうべ》を垂れたのだ。

「申し訳ありませんでした」

たまたま菅家さんの真後ろの席に座っていた私は、真正面からその光景を目の当《ま》たりにした。どこかで雷鳴が轟《とどろ》いたような、そんな気がした。予想はしていた。裁判官達はそうすべきだとも思っていた。だが、現実を前にしてみると、初めて目にするその光景は驚きを通り越した何かを私にもたらした。

確かに一段高い裁判官席からの謝罪だったが、私の中の反発も消え去るほどの力を秘めていた。いや、高いところからの謝罪であったからこそ、不思議な説得力があった。絶対であったはずの裁判所が、裁判官が、己の過《あやま》ちを認めて謝罪している姿を、私はただただ見つめ続けた。

私の身体のどこかに何かが起きていた。背筋を何かが上ってくるような、寒気のような、熱い血流のような何かだ。何やら新しい感覚に包まれた、そんな気分。

そうか、やっと今、日本が〝動いた〟のかもしれない……。

閉廷後、歓喜の声があがる中、顔をクシャクシャにした菅家さんと柵越《さくご》しに握手を交わした。

最高裁で証拠とされたＤＮＡ型鑑定は排除された。殺人犯と名指ししたはずの証拠が、同じ裁判所の法廷で崩壊したのだ。

だが一方で、本田教授の再鑑定結果については判決文の中では触れられることはなかった。同じ結論の鈴木鑑定書の結果だけを採用し、無罪の判決は下った。判決は当時の科警研鑑定が「一致」していたのか「不一致」だったのかという具体的なところには触れていない。なりふり構わぬ法廷闘争を続けた検察は、この一点のみでは逃げ切ったとも言えた。

気になることもひとつあった。裁判長が判決文を読みあげている最中のことだった。私は、視野の右隅である動きを捉《とら》えていた。それは、朗読がＤＮＡ型鑑定の部分に及んだ時のことだった。検事の一人がすっと立ち上がり、法廷の外に出たのだ。判決文朗読中に法廷を去る検事？　速報する報道記者のような振る舞いに違和感を持った私が、後に外にいた記者に聞いてみれば、その検事は廊下の片隅でどこかに電話をかけていたという。いったい「誰に」「何を」そこまで急ぎ伝える必要があったのだろう。

その光景を思い出しながら、私はそっと報道陣の輪を抜け出して裁判所を背にした。実はこの日、松田さんが再び検察庁に呼ばれていたのだ。検察庁は裁判所の隣だ。他社が気づけば無遠慮に雪崩《なだ》れ込んでくることだろう。それは面倒なので検察庁から出た松田さんと近くの公園で合流した。

検察官は裁判の結果を伝え、改めて松田さんに謝罪したという。そして、菅家さん釈放の時のことを話し出した。

「昨年ここでお会いしましたよね。お母さんに言われたあの言葉で、私達は菅家さんを釈放することになりました」

「菅家さんが無罪なら、早く軌道修正をして欲しい。捜査が間違っていたのであれば、ちゃんと謝るべきです……ごめんなさいが言えなくてどうするの」あの言葉だった。

当時、検察は苦しい立場に置かれていた。DNA型再鑑定結果の不一致、弁護側からの刑の執行停止請求、世論の高まり……。ある検察幹部がつぶやいたと聞いた。

「釈放は仕方ない。だが問題は遺族なんだ」

そんなタイミングの中で、松田さんからあの言葉が出たのだ。

取材を終え、公園から去る松田さんの後ろ姿に私は頭を下げた。この人の力が無ければ、ここまで来ることはあり得なかったということを、改めて痛感しながら。

とにかく再審は終わった。菅家さんは「犯人」という名のタクシーから降りたのだ。

これで捜査当局が「足利事件」、ひいては「北関東連続幼女誘拐殺人事件」の真相解明に「やる気を出すか否《いな》か」が本格的に問える状況にはなった。

そういう意味で、再審終了のタイミングを見計らったように最高検が提出した報告書は私にとって興味深いものだった。報告書は「いわゆる足利事件における捜査・公判活動の問題点等について」と題されている。私はその報告書を丁寧にめくっていく。

例えば目撃者の不在については、〈事件当日、パチンコ店あるいはその付近で菅家氏を目撃した者がいなかった（中略）供述した経路でも、被害女児らしき幼女を自転車に乗せて移動していた人物を目撃した者が全くおらず〉と、ようやく自供の矛盾点を認めている。

当時、栃木県警は現場の土手の下り坂で自転車のブレーキをかけたことなどを「秘密の暴露」としていたが、それもまた〈秘密の暴露と認められるものがなかった〉としていた。〈菅家氏方の押収《おうしゅう》証拠の中には小児性愛を具体的に示すものはなく〉などと延々と続くが、その大半は、すでに私が報じてきたことと同様で、目新しいものはない。別の言い方をすれば、その気になれば一介の記者ですら調べられたことだった。

松本さん達の目撃情報にも触れていた。「ルパン」についてもだ。

〈捜査本部による初動捜査の結果、当日午後六時三〇分ころから午後六時五〇分ころにかけて、渡良瀬川の河川敷において被害女児らしき女児と一緒に歩いている犯人らしき男を目撃した者二名が判明しており（中略）特に目撃者のうちの一名は、上記女児の服装や挙動を丹念に観察し、その女児が赤っぽいスカートをはいていたなど被害女児の当時の服装に符合する供述をしていたことなどからすれば、被害女児及び犯人を目撃していた可能性があった。しかし、主任検事は、菅家氏の「自転車に被害女児を乗せた」との自白に合致しないことから、上記各目撃供述は被害女児とは別の女児を目撃したにすぎないものと考え、同目撃者二名を自ら取り調べて確認するなどしなかった〉

赤いスカートの女の子なんていくらでもいる、県警幹部はそう言った。だがその栃木県警の誤った筋読みに強引に現場を合わせてしまった結果、「ルパン」を見過ごすこととなったのだ。その重大な捜査ミスも認めていた。

また、連続事件性についても触れられていた。

〈被害女児とV3ちゃんとはいずれも足利市内のパチンコ店付近から誘拐され、また、被害女児とV2ちゃんの死体遺棄場所は、渡良瀬川を挟んだ対岸の河川敷であったことなどからすれば、同一犯人による可能性もある事案であった〉

V2は福島万弥ちゃんでV3は長谷部有美ちゃんのことだろう。報告書は計三件の事件の共通性を認めている。

再発防止案の中にはこうも記されていた。

〈本件においては、未検挙重要事件である余罪二事件も、本件の犯人と同じ犯人による連続殺害事件である可能性もあり、かつ昭和六二年にも足利市にほど近い群馬県の現太田市内でも同様の事件が発生するなど、同事件を含めて同一犯人による連続犯行である可能性もうかがわれる状況にあった〉昭和六二年の事件とは「大沢朋子ちゃん事件」だ。

つまりどういうことか。

検察はついに「連続幼女誘拐殺人事件」の存在を認めたのである。

長かった――私は思わずため息が出そうになる。最初にこの一連の事件を連続事件として取材を始めてからすでに三年が経《た》っていた。

だがまだ「四件」だ。「横山ゆかりちゃん事件」が含まれていない。四件と五件では全く意味が違う。まだダメだ。

同時期に警察庁も栃木県警の捜査の問題点を公表している。内容については最高検のものと似通っており、過去に私が報じたものと大差ない。

松本さんの目撃談についてはやはりこう分析していた。

〈目撃時間や渡良瀬川方向に歩いていった状況等を考慮すると、2件とも同一の人物を目撃している可能性が高いだけでなく、1人の目撃者は、男が自分の娘と同年代の子供を連れていたことや子連れにしては遅い時間帯に運動公園に現れたことを記憶しており、男が連れていた女の子が自分の子供のはいているスカートよりも少し赤いスカートをはいていた旨《むね》、Xちゃんの服装と一致する特徴を具体的に挙げていることからすればその信用性は高いと考えられる〉

菅家さんを自供に追い込んだH元警部については、こう記していた。

〈捜査主任官である同警部に取調べ官を兼務させた結果、本来なされるべき、（中略）供述の信用性等の厳格なチェックが十分に機能しなかった〉

そんなことが理由になるのか、とも思うが、主任の行った取り調べだったから他の後輩捜査員は疑問を呈することが難しかったということを言いたいらしい。私はH警部の強面《こわもて》を思い出した。「私は班長で、指導補佐だった。刑事を指導する立場だったんだから。正しい捜査だ」ああまで言い切る人だ。確かに部下や後輩はものが言いづらかったのかもしれない。

気づけば、「足利事件」ブームはすっかり去っていた。

新聞やニュースからは「足利事件」の文字が急速に減っていき、渡良瀬川の現場は元のように静かになった。

私はまだ現場にいた。

「北関東連続幼女誘拐殺人事件」は何も終わってなどいなかったからだ。

だが、いつまで経っても肝心の捜査機関が動き出す気配はなかった。

菅家さん釈放直後に、事件は同一犯の手によるものではないか、という報道にトライした記者もいた。私の友人、ミスターTである。

一年半前、枯れ葉舞い散る冬の歩道で「足利事件」にご招待した際、見事に蹴《け》り飛ばしてくれたあの男である。案の定、と言うべきか、菅家さん釈放となるや否や、ミスターTはいけしゃーしゃーと私に電話をかけてきた。恥も外聞もないのかよ、と思ったが、確かにこんなことも言っていた。〈もし大騒ぎになったらその時にまた電話するわ、じゃあまたね～♪〉

なるほど私の負けだ。有言実行とも言える。で、今回はこんな調子だ。

〈どうもどうも～♪　ご無沙汰《ぶさた》しちゃってほんと。お元気でしたかあ、先生～〉

「はあ？　おたくどちら様でしたっけ？　投資型マンションなら間に合ってるよ」

イヤミの一つも言わせてもらおう。だがヤツはめげない。

〈いやいや、実は、あの目撃者の主婦の取材がしたいんすよお、よっ！　社長！〉

……簡単に言ってくれるではないか。私がどれだけ罵倒《ばとう》に耐えて松本さんの取材ができたと思っているのだ。

どうする……？

私は脳内で天使と悪魔を戦わせた。結局天使が勝ったらしく、松本さんとミスターTを引き合わせることとなった。

二〇〇九年六月二一日、ミスターTの所属する通信社は〈「よく似ている」と証言 九六年女児不明事件の不審者〉という記事を配信した。

記事そのものは、横山ゆかりちゃんが消えた現場の防犯ビデオに残っていたサングラスの男と「足利事件」の現場付近で目撃された男について、〈足の運び方や姿勢がよく似ている〉と松本さんがコメントし、モノトーンのスケッチ画も添えられたものだ。栃木と群馬の二つの事件が結びつく可能性を示唆《しさ》する記事で、「足利事件」報道真っ盛りの中ではスクープ記事と言えた。

この記事がもたらした反応は奇妙なものだった。

ミスターTの記事は翌朝、新潟県や静岡県など遠隔地の新聞九紙で一面トップを飾った。しかし、肝心の栃木県や群馬県、そして東京の新聞はと言えば、ボツか社会面隅の小さな扱い。まるで日本地図の関東平野の上にドーナツでも置いたかのように、地元の新聞はこれを無視した。不思議なことは続いた。例えば東京新聞は配信当日には自社のホームページに記事をアップしていたのに、配達された紙の朝刊からは煙のように消えていたのだ。私がこの目で見たのだから確かだ。

〈いったい、どういうことなんだよ。こんなこたあ、初めてだぜ〉

電話の向こうで毒づいたミスターTは謎《なぞ》を探ると意気込んだが、やがて彼からやってきたメールには一言、〈やってらんねえ〉という文字。傍らにはムンクの『叫び』の顔文字が添えられていた。

どういうことか。

スクープを抜かれた各社の記者は後追い取材に走ったらしい。だが肝心の松本さんの居場所がわからない。会えたところで取材に応じないだろう。結局、行きつく先はいつもの「当局」だった。

「桶川事件」で遺族の記者会見内容を反対当事者の警察に当てて不気味な担保を求めたように、今度は〈よく似ている〉という目撃者の「感想」を警察庁に確認したのだ。

その幹部は燃え上がりかけた炎に見事な放水を行った。ミスターTの記事をあっさりと〝誤報〟と片付けたのである。

なぜその幹部は、そんなことが言えたのか。

「今まで表に出していないが、太田の事件には、実は犯人の遺留品がある」

事実であれば、重大な発言だ。幹部はその遺留品が何なのかは明らかにしないものの、すでにＤＮＡ型鑑定を行っており、そのＤＮＡ型と「足利事件」の真犯人の型とは一致しなかったとまで述べたという。つまり、事件は同一犯によるものではないと説明し、警察庁幹部は「あの記事を追うと恥かくよ」とまで言ったというのだ。それを聞いて、記者達は記事の掲載を止めた――。

とにもかくにも、事件現場周辺に暮らす人々の目に触れる新聞から記事は消えた。一方、霞が関や栃木、群馬の警察記者クラブに入っていない地方紙は配信記事をそのまま載せた。

ドーナツの穴の中心は霞が関だったのである。

〈おいおい、『歩き方が似ている』という感想すら書かせないのかよ〉

ミスターＴは電話の向こう側で嘆いた。

私からすれば、結果的にだが、ミスターＴの記事は観測気球となった。するすると上がった気球に、霞が関方面からあっと言う間の機関銃掃射がなされた光景が目に浮かぶようだった。松本さんを紹介した時には「天使が勝った」と思ったが、案外勝者は悪魔だったのかもしれない。

しかしこれはすごい。

真犯人を野放しにしてでも報道を止めようとするその熱意である。当局は、何が何でも事件の連続性を打ち消そうとしているのだろうか。横山ゆかりちゃんが誘拐されて一三年。手がかりは防犯ビデオだけと言われてきた事件に突然登場してきた物証。それを秘匿《ひとく》していた警察が、たかだか一社の報道潰《つぶ》しのために切り札を使ったというのか？　大体、本当にそんなものあるのか？

横山ゆかりちゃんのお宅で取材中に私はこの話に触れた。すると父親の保雄さんが「その話、聞いたことがあります」と言い出した。ゆかりちゃんが行方不明になった直後、捜査員が横山さんの家に張りついていたことは書いた。刑事達の口から物証の話を聞いたのはそんな頃だ。サングラスの男は映像の中でタバコを吸っていたが、「刑事さんはそのタバコを調べたそうです」というのだ。

では、広いパチンコ店内からどうやって男のタバコを選別したのか？　男とゆかりちゃんが座っていた休息コーナーには縦型の灰皿があったから、あれか？

「男はそこに灰を落としていました。中にはいくつかの吸い殻が入っていた。本数はさほど多くなかったようで、タバコの銘柄を全部調べたとか……」

「灰皿の中に一本だけ、他の客が吸っていない銘柄が入っていたと。『誰のものでもないから、犯人のものだろう』と刑事さんが言ってました」

それが物証か。話を聞く限りでは相当危ういシロモノだ。コンタミはどうなる？　そんなものでＤＮＡ型を断定してしまい、大丈夫なのだろうか。しかも、もしＤＮＡが検出されたとしても、答え合わせをする先はまたもあのシャツのデータではないか。とはいえ見過ごせない情報ではある。「横山ゆかりちゃん事件」に物証があったとは。気になった私はその後、機会を見ては捜査関係者へ取材をかけた。だが、やはりサングラスの男のものと断定できるような物証などないという。

ちょっと待て。怪しげな物証の話まで持ち出して、なんだって同一犯による連続事件説を強引に消し去ろうとする？　過去の経験から言うと、警察側が自ら情報を出してくる時にロクなことは無かった。「桶川事件」で記者の夜回りを受けた警察幹部は「被害者は水商売のアルバイトをしていたらしい」と記者に耳打ちし、「風俗嬢のＢ級事件」に仕立て上げた。

何かがおかしい――。

私の中で警報が鳴り始めた。

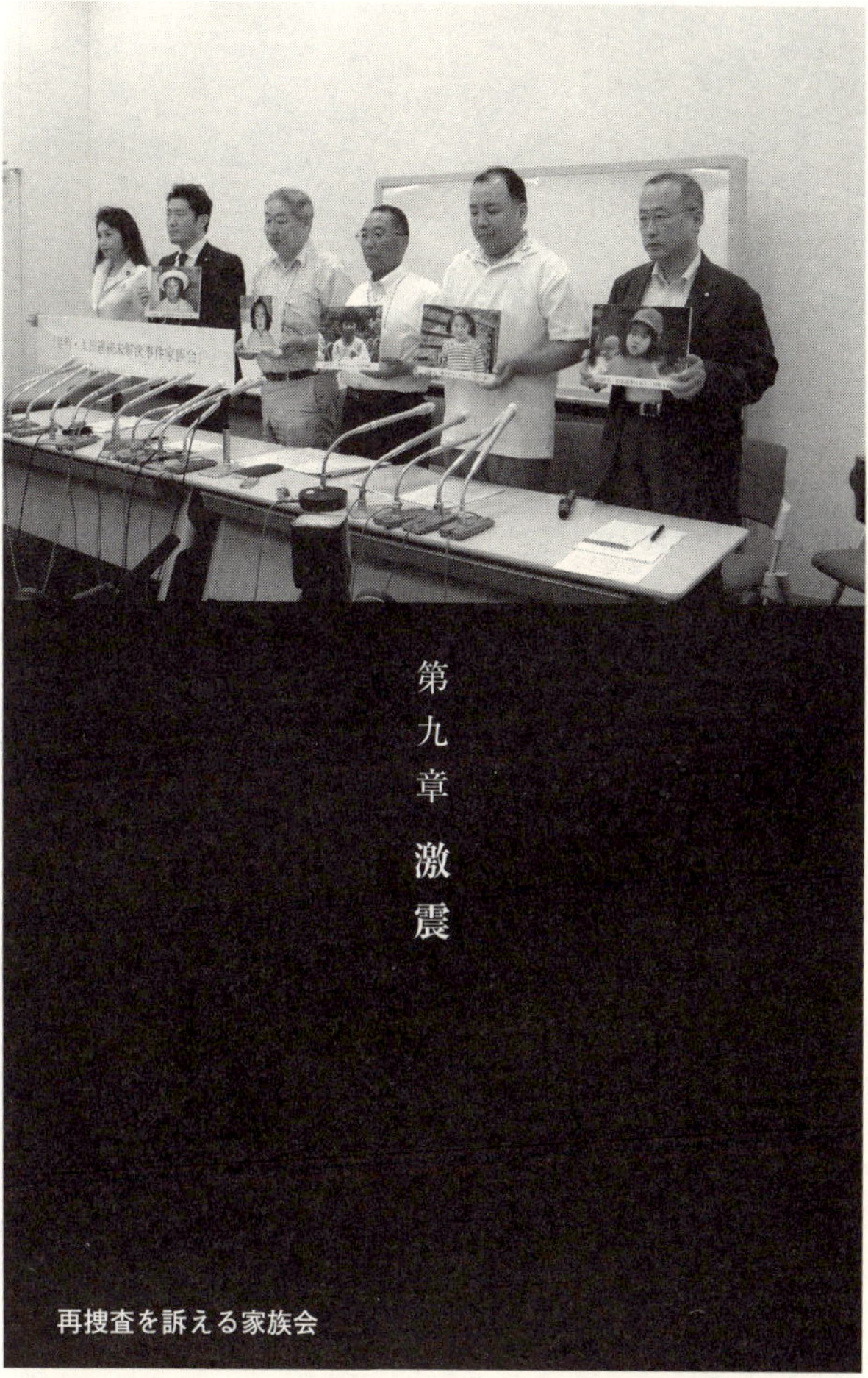

第九章 激震

再捜査を訴える家族会

警察も検察も、いったんは事件の連続性を認めながら、その後捜査を開始しもしなければ、あたかも事件そのものが存在しないかのように振る舞う理由——。

「北関東連続幼女誘拐殺人事件」はこのまま消え去る運命なのだろうか。

思い当たるところはある。だが今は述べない。わかっていることは、菅家さんを釈放したところで現実は何も変わらなかった、ということだ。

仕方がない。

ならば諦《あきら》めよう。

……などという性格の人間でないことは、ここまで読まれてきた読者もおわかりだろう。冗談ではない。何の罪もないのに非道な犯罪に巻き込まれた五人もの少女達がいるのに、ただ口を開けて突っ立っていろというのか。警察と検察の姿勢は良くわかった。ならば私もジタバタしてやる。新聞、雑誌、テレビ、何だってやってやる。

まずは「文藝春秋」からの依頼に応《こた》える。天下の「文藝春秋」である。私のような記者に執筆依頼が来る日が訪れるなど考えたこともなかったが、ありがたくお受けした。

「ルパン」のことも「書き残す」ことに決めた。二〇一〇年一〇月号に掲載された記事の冒頭はこうだ。

〈初夏の風がそよぎ始めた渡良瀬川。日没の時刻は過ぎたものの河川敷にはまだ十分な明るさが残っていた。低く垂れ込める雲を背に、細身の男が歩いてくる。どこかすばしっこそうに見えるその男は、赤いスカートをはいた幼女と手をつないでいた。雑草が茂る土手をゆっくりと下りると、今度は芝のグラウンドの上を大股《おおまた》で川の方に向かった。女の子はお遊戯の〝ちょうちょ〟を舞うように、両手を広げながら男の前後を付いていく。やがて二人は、流れの脇《わき》に横たわるコンクリート護岸の上に、並んで立っていた。

翌朝、すぐ近くの中洲《なかす》で幼女は全裸の遺体となって発見される。赤いスカートは川に捨てられていたが、かろうじてネコヤナギの枝にひっかかり漂っていた。その中にくるまれた幼女の半袖《はんそで》シャツ。それが全《すべ》ての始まりだった。

現場から消えた男の風貌《ふうぼう》は、細身で漫画の「ルパン三世」にそっくりだった――〉

「ルパン」のメディア初登場である。

「菅家さん冤罪《えんざい》足利事件『私は真犯人を知っている』」という編集部から提案されたタイトルは相当に刺激的だった。新聞広告や中吊《なかづ》りにその文字が躍るのを見るのは面映ゆい反面、「見てろよ」と闘志もかき立てられた。いったいどれくらいの人々が目を通してくれたのかわからないが、この雑誌は霞が関界隈《かいわい》でも大きな影響力を持っている。勝負に出る価値はあった。記事の前につけるリードには〈本来は連続殺人のはずだったこの事件。真犯人を当局も知っているはずだ〉と挑発的な文言も挿入しておいた。

反応は予想以上だった。

すでにテレビで報じたことも多かったのだが、番組視聴者と雑誌読者は層が違うのだということを実感させられた。捜査関係者や同業者、弁護士などさまざまな方面から問い合わせの電話やメールが届いた。私のデスクの上にばさりと届く封筒の束に、なぜか刑務所の検閲済みの判子が押されたものが混じるようになった。さすがに読者の幅は広いようだ。ハサミで開封してみれば、判で押したように〈私も無罪です、お助け下さい〉とある。あいにく私は弁護士でもないし、冤罪ジャーナリストでもない。こんな封書まで来た。〈私は、殺人は犯しましたが、主犯ではなく従犯なのです。なんとか証明して欲しいです……〉事情は知らないが、私にどうしろというのだ。

「文藝春秋」編集部は、記事の反響の大きさから、連載にしましょうと言ってくれる。ありがたい。今度は雑誌で大いにキャンペーンを張らせてもらおう。一一月号では「真犯人は幼女五人連続誘拐犯」、一二月号では「検察が隠蔽《いんぺい》する『真犯人のDNA』」を掲載、いつの間にやら検察批判にまで辿《たど》り着いてしまった。

ラジオ番組にも出演した。「ラジオ日本」のスタジオで一時間にわたり、封印された連続事件の存在を訴えた。

ついにはマンガである。今はノンフィクションだってマンガ化してしまうのだ。「週刊ヤングジャンプ」である。表紙はAKB48だ。私は正直「AKB」とやらの意味すら知らないのだが、その片隅でデフォルメされた私や杉本純子が毎週、「北関東連続幼女誘拐殺人事件」を追うのだ。連載後は『VS.』という単行本にまでまとめられた。もういい。なんでもいい。恥ずかしいなどと言っていられない。この連続事件のことを世に知らしめるためなら、チンドン屋でもなんでもやってやる。新聞、週刊誌、ネットのインタビューも受ける。

私の「ジタバタ」がそんなふうに続いている頃だった。

霞が関方面から突然の援軍が現れた。霞が関と言っても、法務省や検察といった司法エリアを飛び越えたその先、永田町からであった。複数の国会議員が、この事件の不条理さに疑問を呈し始めたのだ。私は幾人かの国会議員達から事情を聞かれ、説明に廻った。隠されようとしている事実がいかに重大なことであるか。科警研の危うげな鑑定でいったい何人が裁かれたのか、それすら明らかにされていない、そんな現実を知ってもらった。

一一月一一日、参議院行政監視委員会で事件に関する質疑が行われることになった。私は机の引き出しをかき回すと国会記者証を探し出し、国会議事堂に向かった。普段路地裏をふらつくような取材をしている私が、そんな立派な場所に行くのは数年に一度、有るか無いかだ。

大きな窓に分厚いカーテンが下がる委員会室。そこに張りのある声が響いた。

「一九七九年から九六年にかけて、栃木県の足利市、隣接する群馬県太田市で、連続幼女誘拐殺人事件が起きていました。いずれの事件も、この県境二〇キロ圏内に集中しており、菅家さんの事件はその一つ……」

マイクに向うのは風間直樹参議院議員だ。風間氏は最高検の報告書に触れ、五件の事件の共通点なども説明した上で質問に入った。「『文藝春秋』で日本テレビの清水潔記者による調査連載を掲載しています。この質疑では一部を引用しながら行わせて頂きます」

メモ帳に目を落としていた私は、突然飛び出した自分の名前に面食らった。

答弁するのは小川敏夫法務副大臣と岡崎トミ子国務大臣。

風間議員はこれまでにＭＣＴ118法によるＤＮＡ型鑑定が犯罪捜査や有罪立証で使われた数を尋ねた。岡崎国務大臣は一九八九年からの一五年間で科警研一二一件、科捜研二〇件の計一四一件が実施されたと答えた。

有罪立証については、小川副大臣が「八人の有罪確定事件の判決理由で述べられた」と答弁した。つまり、最低でも八人がＭＣＴ118法により有罪にされたということだ。

風間議員の質問はあのＤＮＡ型「18‐24」にまで踏み込んだ。そして検察と科警研が書き上げた本田鑑定書に対する意見書についても触れた。〈検査の方法等について疑問があり、全体的に信用性に欠けるものと考える〉というやつだ。風間議員はこう言った。

「この意見書の意図は、もし鑑定の誤りが証明されれば、同じ方法で行われ下された他の裁判の結果も、すべてやり直す必要が出てくるからではないかと思います」

そりゃあそうだ。私は思わずつぶやいた。普通の人間が普通に考えればそういう推測に辿り着かざるを得ない。

　風間議員は更に踏み込んだ。

「清水記者は、この真犯人と思われる人物について、独自に相当緻密《ちみつ》な調査をされて、氏名、住所も特定されております。この人物の氏名を清水記者が提供していると書かれております。小川副大臣は役所の中で聞いておられますか？」

　核心に迫る質問だ。私はドキドキしながらそれを聞いていた。議事堂内でするにはなんとも過激な質問にも思えたが、法務省はこれにどう答えるのか？

「個別の事件について、個別の報告を受ける立場にない……。捜査当局、検察当局におきましては法と証拠にのっとった対応をするものと考えております」

　……がっくりくる答えだ。何とも歯切れが悪いというか、中身がまるで無い。

　終盤で風間議員が、「再捜査を行って、真犯人検挙のために当局が動くことが、被害者ご遺族の心情に報いることと、そして何よりも再発を防止するため政治がなすべき当然の責務ではないか」と覚悟を問うと、小川副大臣はよりによってこう答えた。

「時効が完成していることが明らかだという場合に、訴追できる可能性もないのに、いたずらに、いたずらにという言葉はちょっと言いすぎかもしれませんが……被疑者を特定して、あるいは世間に晒《さら》すということが、今度は逆に人権問題も生じてくるのではないか」

　ほう……。

　私はメモ書きの手を止めて、答弁する小川副大臣をまじまじと見つめてしまった。何かがふつふつと私の内から湧《わ》き出すようだった。無実の菅家さんの人権を踏みにじった法務省が、捜査もせずに今度は真犯人の人権を口にするとは。殺人犯が野放しになっている現実や被害者感情よりも、まだ見ぬ「容疑者」とやらの「人権」と「時効」の方が大事だと国会で答えたのだ。

　おそらく答弁の大半は、殺害現場を見たこともなければ、遺族と話したこともない担当部局の人間が用意したペーパーの棒読みなのだろう。だが、人の命をなんだと思っているのか。五人だぞ。五人の年端《としは》もいかない女の子が消えてるんだぞ。こんな答弁、私の嫌いなものを選んで詰めた幕の内弁当だ。

　私は憮然《ぶぜん》として席を立ち、赤絨毯《あかじゅうたん》をいつもの靴でおもいっきり踏みつけ、その場を後にした。

　窮すれば「個別の事件については云々《うんぬん》」「法と証拠にのっとって云々」と使い分ける法務省の答弁には腹立たしいばかりだったが、この三日後、柳田稔法務大臣が放言した。

「法相は二つ覚えておけばいい。『個別の事案については答えを差し控えます』これは良い文句です。あとは、『法と証拠に基づいて適切にやっております』と。まあ、何回使ったことか」

なるほど。それでか。私は膝《ひざ》を打った。法務省と法務大臣の「仕事」ぶりには呆《あき》れるしかないが、〈法相就任を祝う会〉で放ったこの一言で、柳田大臣は辞任に追い込まれた。あんな答弁がまかり通ることに怒りを覚える人間が私だけではないのだと知って、少々ホッとした。

この少し前から、被害者遺族と検察の関係もこじれだしていた。

ことの起こりはあの真実ちゃんのシャツだった。

菅家さんが無罪となり、検察官が松田ひとみさんに謝罪したあの日、宇都宮地検の検察官は「公訴時効を迎えてしまったので……」などと真犯人への捜査ができないことを伝えていた。その際、松田さんは検察官に「もう捜査をしないなら、娘の遺品を返して欲しい」と申し入れた。

遺品とは、事件当時真実ちゃんが着ていた服やスカート、そして事件の鍵《かぎ》であるシャツだ。事件捜査を継続しないのであれば、それらの遺品を返して欲しいというのは当然のことだろう。娘が最後に身につけていたものだ。目にするのもつらいだろうが、国も不要と言っているものを間違って処分でもされてはかなわない。

その後の連絡がなかなかない。三月二六日に意思を伝え、四月に入っても返事がなく、警察庁と栃木県警幹部にも同じ申し入れをした。七月になってようやく宇都宮地検の女性検察官から松田さんに電話がきた。〈裁判所の手続きが終われば近く遺品をお返しできます〉とのことだった。

事件以来、マスコミに追われ続けた松田さんは、真実ちゃんの遺骨を納骨できぬまま引っ越しを重ねていた。命日の五月一二日と誕生日には、真実ちゃんの好物のメロンやジュースを供えた。だが、ようやくさまざまなことが落ち着いた八月に納骨することを決め、「遺品をお墓に一緒に入れたいので、それまでにお願いします」とその女性検察官には伝えた。

証拠品を保管していた宇都宮地裁に対して、検察が遺品の還付請求をしたのはその頃のようだ。

ところが、証拠品を手にすると、検察の態度は豹変《ひょうへん》した。あの女性検察官が〈遺品はいつでも返せる状態ですが、シャツだけはこちらで預からせて欲しい〉と言いだしたのだ。

松田さんは驚いた。それはそうだろう。捜査はできないと彼らが言ったのだから。

「お返ししますと言ったでしょう、突然、シャツだけは返せないって、矛盾していて納得できません。話が違います」

抗議したが聞き入れられない。それどころか、驚くべきことに、突然〈真実ちゃんの父親に連絡を取り、シャツを預かる許可をもらった〉と言い出したのだ。

その話を聞いて私は唸《うな》った。

またか。

まったく同じような目に、かつて被害者遺族が遭ったことを思い出したからだ。また「桶川事件」だ。「名誉毀損《きそん》の捜査が全うされていれば、このような結果は避けられた可能性もある」と謝罪会見で口にしていた埼玉県警だったが、その責任を遺族から問われ、国家賠償請求訴訟を起こされると、なんと、殺人事件捜査のために押収したはずの猪野詩織さんの遺品を使って攻撃したのだ。詩織さんの遺書やダイアリーを自分達の都合に合わせて解析し、被害者にも問題があったかのようなことまで主張した。あのときも、事件後に何度遺族が埼玉県警に「遺品を返して欲しい」と請求しても返さず、その果てに民事裁判の場で攻撃材料に使ったのだった。

松田ひとみさんは数年前に離婚していた。

元夫は真実ちゃんの遺骨や位牌《いはい》を残して家を出た。二人のきょうだいは松田さんが育ててきた。だからこそ、検察からDNA型鑑定などの協力を求められれば、被害者の母親として対応してきた。松田さんは元夫がどこに住んでいるかも知らない。検察は以前に松田さんにいきなり手紙を送りつけたようにご丁寧にも元夫を探し出し、「許可」を取ったのだろう。女性検察官は〈遺品は、お母様おひとりのものではありませんよね〉と言ったという。何を今さら……そんなセリフを聞いて心穏やかでいられるわけがない。

「なんで突然に、別れた主人が出てくるんですか。一旦《いったん》返すと言ったにもかかわらず、今になって、なぜシャツは私だけのものではないと言うんですか」

猫を膝に抱きながら、松田さんが哀《かな》しそうに怒りの言葉を口から押し出すのを、私は黙って聞くよりなかった。

時効を迎えたはずの事件のシャツを、検察は裁判所から取り戻し、返さない。なぜ今さらここまでシャツにこだわる必要があるのか。

刑事訴訟法一二三条にこうある。〈押収物で留置の必要がないものは、被告事件の終結を待たないで、決定でこれを還付しなければならない〉〈押収物は、所有者、所持者、保管者又は差出人の請求により、決定で仮にこれを還付することができる〉

私はこのシャツにまつわる不条理と疑惑を番組や雑誌上で報じた。その記事を読んだ風間参議院議員が法務部門会議で質問した。すると法務省の政務三役からはこんな回答がなされたという。

「真実ちゃんの相続人は、お母さんだけでなくお父さんもいる。いずれかは返してくれと主張し、いずれかが返さなくていい、検察で持っていてくれと言っていて、如何《いかん》ともしがたい」

わざわざ父親を探し出したのは検察ではないか。それを、遺族側の問題で、検察も困ってるんです、という答えはないのではないか。どうにも解《げ》せない。

行政監視委員会でも、焦点が当てられた。

「被害者のシャツが、なぜ遺族に返還されないのでしょうか」

舌鋒《ぜっぽう》鋭く風間議員に突かれた小川副大臣は「事情があってのことだと思います」と答えにならぬ答えを返す一方で、シャツの本来の役割については「真犯人と思われる者のＤＮＡ型は、出ております」とも答えている。検察推薦の鈴木鑑定によるＤＮＡ型を指すのだろうが、だとすれば、いよいよシャツは証拠品としての役目を終えているのではないのか。

検察の目的は何なのか？

とにかくこの顚末《てんまつ》も報じていくしかない。

さすがに不可解な検察の行動に不審の声があがり始めた。検察官出身の落合洋司弁護士も疑問を呈する一人だった。

「シャツを返さない理由を見いだしがたい。刑事訴訟法で、証拠品の返却については手続きが定められています。訳のわからない理由で返さないというのは違法なことです」

違法。私はしっかりその発言をメモした。続いて落合弁護士は、「飯塚事件」との関連についてまで言及した。「当時の鑑定自体の決定的な誤りが白日の下に晒されてしまうことを、非常に危惧《きぐ》している可能性がある」

やはりそう思われますか。私は心の中で深く頷《うなず》いた。

全体の構図を見て取れば、同じ結論にならざるをえない。

日本弁護士連合会は総理大臣や法務大臣などに「えん罪原因調査究明委員会の設置を求める意見書」というものを送付した。これは冤罪事件の原因を調査するには、内部調査と再発防止策では不充分であるとして、独立した第三者調査機関の設置を求めたものだ。この意見書の中でも、「足利事件」のシャツの返却を検察が拒んでいることが触れられている。日弁連がシャツの保管状況について宇都宮地検に問い合わせても、検察官は〈適切に保管されている〉としか答えないという。意見書では〈宇都宮地検検事らの姿勢に照らすと、検察官は、半袖下着のDNA再々鑑定が不可能になることを画策しているのではないかと疑われる〉と指摘は厳しい。〈早急に半袖下着のDNA再々鑑定を行い、犯人のMCT118型を含むDNA型を明らかにすべきである〉とも書かれていた。

確かにシャツの鑑定をやり直せば、鈴木鑑定書と本田鑑定書の食い違いの問題も解消される可能性がある。今のままでは検察が「答え合わせ」をするのは鈴木鑑定書、「ルパン」と一致したのは本田鑑定書、と平行線だ。交わらないレールのように私と検察も共闘できないいし、いつまで経《た》っても「ルパン」駅にたどり着かない。

鈴木教授にも取材を行った。

ご自身の鑑定結果についてどう考えているのだろう。杉本純子がご本人に電話インタビューを試みた。鈴木教授の回答はこうである。〈自信（がある）とか、そういうものではありません。データが語るんです。それだけです。科学の力でやっている検査のデータをそのまま提出したもの〉穏やかな口調でそう語った。

小川副大臣の「真犯人と思われる者のDNA型は、出ております」という発言とはずいぶんトーンが違う。

シャツの「再々鑑定」は可能かどうかと尋ねれば、〈我々はそれについてデータはもう出しております。それとまた別の答えが出るかもしれません〉との大胆な返事。

同じ頃、警察庁を震撼《しんかん》させるある事実が浮上した。

科警研は本田教授に対する意見書の中で〈本田鑑定ではPCR増幅も独自の方法で実施されており、品質管理・保証された市販のキットを用いていない〉として「キット」を使用していないことを批判の根拠の一つとしていた。

DNA型鑑定に詳しい笹森学弁護士は、私の取材に対してこう指摘していた。

「再審で、MCT118法の鑑定結果が出され、検察と科警研は慌《あわ》てたのでしょう。そこで本田鑑定は試薬キットを使っていない、という点などを責めた。鈴木さんの鑑定はキットだから信頼できると言い張ったのです」

ところが、まさかの事態が起きた。

鈴木鑑定でも使われたメーカーが製造するキットに問題が生じていたのだ。品質管理されていたはずのキットに、製造工程で何者かのDNAが混入し、汚染されていたのだという。

新品のキットのコンタミとは深刻である。警察庁が導入したそのキットはすでに全国の警察で二万五〇〇〇件の鑑定に使われており、問題に気づいて使用停止としたというが、警察庁は事実を数ヶ月間伏せていた。恐ろしい。その間に、混入してしまった何者かの型を二万五〇〇〇の鑑定結果から引き算でもしていたのだろうが、それにしても初歩的なミスだ。

松田ひとみさんは言う。

「検察は、シャツを返さない。ならばきちんと再々鑑定をして捜査に使って欲しいと言っても、それもしてくれない。どこで、どうやってこの事件を終わりにすればいいのか。こういった私達の気持ちをいくら言っても、検察は取り合わない。そこに過《あやま》ちを認めたくない、面倒なことに関わりたくないという、検察の保身を感じるんです」

なんとか膠着《こうちゃく》状態を打開したい。私のジタバタは相変わらず続いていた。

私は大勝負に出ることにした。

二〇一一年三月六日、報道特別番組をオンエアした。

『ａｃｔｉｏｎ！　特別版・連続幼女誘拐・殺人事件に新事実』である。「文藝春秋」での「ルパン」に対する反響の高さから、ここが攻めどきと私は腹を固めたのだ。報道フロアに立つ笛吹《うすい》雅子キャスターのリードで番組はスタートした。

「私達が北関東連続幼女誘拐殺人事件として取材を続けてきた未解決事件。その取材の中である不審な男が浮上しています。この番組の中で徹底検証します」

番組は一時間に及ぶ。

「本田教授の鑑定結果と完全に一致する人物がいる」私自身も解説者としてスタジオに立ち、「ルパン」との鑑定一致を報じる。STR法でもMCT118法でも同じ結果が出て、MCT118法で言うところの「18‐24」で一致したという事実だ。

ゲストは若狭勝弁護士、元東京地検公安部長だ。

「幼い子供が五人も亡《な》くなったり、行方不明という極めて市民の安全にとっては由々しき問題が起きているわけです。この五件の連続事件にどう取り組むか、検察が問われているというふうに思いますね」

これ以上ないほどありがたい発言だ。検察よ、動いてくれ。祈るような思いで番組を進める。番組のチーフプロデューサーはまたも杉本敏也。すでに報道局次長になっていた彼は、この番組をオンエアするため社内調整に走ってくれた。独自調査で浮上した疑惑の人物の存在に触れるという番組だ。腹をくくらなければオンエアなどできない。

番組の準備を始めた一ヶ月前、彼は持ち前の大きな目を見開くとこう言った。「辞職覚悟でやりますよ」私なんぞに鮨《すし》を食わせたがためにえらいところまで来てしまったものだが、思わずじんときた。そこにあるのは管理職とか何とかといったものを超越した、ジャーナリストとしての迫力だからだ。いつだって私の周りにはこうやって支えてくれる人がいる。だからこそ、糸が切れた凧《たこ》のようにどこかにぶっ飛んでいってしまっても帰ってこられる場所がある。

スタジオで手塚カメラマンが操るカメラに向かって笛吹キャスターが続けた。

「私達は、事件解決の可能性を踏まえ、捜査当局に情報の提供も行ってきました。この間この人物についての放送は控え、捜査の進展を待ちましたが、捜査は中断。事件は未解決のままです」

ＭＣＴ118法でこれまで八件もの有罪鑑定が認定されてきたことにも触れる。

「これは正義というものをどう捉《とら》えるかだと思うんです。五人の幼い子の事件、それを本当に解決するんだ、という意気込みを示すということが、国民からの信頼を得るということだと思う」

番組の最後で、若狭氏はそう言った。

同日のニュースでも同じ内容をコンパクトにして繰り返して報じた。

放送から二日後の三月八日には、参議院予算委員会でこの問題が取り上げられた。二〇〇〇年に「桶川事件」の怠慢捜査が追及されたのと同じ場所だ。同じように奇跡が起きないものか、私は固唾《かたず》を飲みながら見守った。特番の放送直後でもあるし、なにせ、総理大臣や閣僚が並ぶ場所である。事態が動き始める可能性はある。

有田芳生《よしふ》参議院議員が質問を始めた。ジャーナリストでもある有田議員は「オウム事件」報道で名を馳《は》せたが、この事件でも自らの目で現場を見、渡良瀬川の河川敷を歩き、関係者の取材もした上で質問を行っている。それほど深い関心を寄せてくれていた。

「渡良瀬川の河川敷で目撃された男、日本テレビはその男と考えられる不審な人物について報じ、その人物と本田鑑定という弁護人側のＤＮＡ型鑑定の結果、三十数ヶ所でＤＮＡが完全に一致したことが取材で判明したと報道しました」

「さらに、月刊『文藝春秋』に日本テレビの清水潔社会部記者が原稿を出しております。数万人どころか何兆分の一ぐらいの可能性でＤＮＡが一致し、しかも当日パチンコ店で真実ちゃんと話をしたという可能性のある男性、こういう事実が明らかになって国家公安委員長、どのように事件をとらえられますか」

振られた中野寛成国家公安委員長が立ち上がる。

「警察は、あらゆる可能性を常に認識をしながら、法律と証拠に基づいて捜査をするわけでありますが、既に再審において検察側が行ったＤＮＡ型鑑定が証拠採用されているということから、当面は、その結果のデータを使用することが適当であると認識をいたしております」

鈴木鑑定の結果だけを認めるという答えだ。予想通りといえば予想通りだったが、こんな答弁もなされた。

「御指摘の三件、また合わせて申し上げれば五件と言っていいのかもしれません。これにつきましては、いずれも幼女を対象とする誘拐殺人・死体遺棄事件でありますこと、それから、行方不明になった場所及び遺体遺棄場所が足利市内の近接した場所であるということ等から、一般的には同一犯人による犯行の可能性が否定できないものというふうに警察としても認識をいたしております」

おぉ。傍聴していた私は思わず声を上げた。

ようやく警察組織の頂点に立つ国家公安委員長が、「横山ゆかりちゃん事件」を含めた五件の事件について、同一犯の可能性に言及したのだ。

「関連性を否定しないで、ありとあらゆる可能性を追求すると、そういう視点で捜査に当たっていくべきものと考えております」

よし、私は膝の上でぎゅっと握り拳《こぶし》を固める。

長く続いたフラストレーションが、ほんの少し、希望に姿を変えた瞬間だった。

四年前、妄想とも言えるような取材から始まった「北関東連続幼女誘拐殺人事件」

がその日、ついに、国家から認知されたのだ。国家公安委員長から、「捜査に当たっていくべきもの」との発言を引き出したのだ。

事態が動く、かもしれない。〝日本が動く〟、かもしれない。得体の知れない期待感を感じながら、私は身を乗り出した。

有田氏の質問には吹き出しそうになってしまった。

「この男性を目撃したゴルフの練習をしていた人は、漫画のルパン三世に似ているという、そういう評価をしておりました。『ルパン』に似た男……」

国会議事堂などという厳粛な場所で、しかも並み居る閣僚の前で「ルパン」が連呼されているのだ。そして、ついには総理大臣までが答弁した。菅直人氏だ。

「足利事件は四歳の女の子が殺害、遺棄されたという大変痛ましい事件です。また犯人ではない菅家さんが、長期間にわたって刑に服すという冤罪事件でもあります。近隣で同じような事件が五件もあるという指摘もありますので、同種類の事件を防ぐという意味からも、しっかり対応することが警察等においても必要ではないかと、感じたところであります」

おぉ。総理がここまで言ったぞ。

国家公安委員長があそこまで言ったぞ。

検察、警察庁、さあ、どうする！

さらに二日後の三月一〇日には、「文藝春秋」四月号の発売を控えていた。「これが真犯人の根拠だ！」と題した記事では、これまで報じてきたことを総ざらいし、これが最後になってもよいと、最大級のパンチを繰り出した。

六日に特別番組、八日に参院予算委員会、一〇日に「文藝春秋」。

私なりに、渾身《こんしん》の勝負をかけた五日間だ。

何かが動き出すきっかけになるのではないか、マスコミ他社もさすがに静観できないのではないか──そう思いながら私は国会議事堂を後にした。

だが、それは三日後に起こった出来事ですべて泡と消えたのである。

三月一一日、東日本大震災。

私はカメラを抱え、笛吹キャスターと車に飛び乗り、激しく渋滞する道を縫いながら被災地を目指した。ふと思う。なぜこのタイミングなんだ。懸命に走り続けてきた連続事件報道が全て吹き飛んでいく。これも「ルパン」の悪運の強さなのか。

そんなことが頭をよぎったのも一瞬だった。次々と入る情報はこれまで経験したこともないような深刻さに満ちている。原発の建屋が爆発し、余震が続き、その数すら把握できないほどの人々が行方不明となっていた。今この瞬間に、報道人として為《な》すべきことは何なのか。

それは一刻も早く現場に辿り着き、カメラを廻し、取材したことを伝えることだ。今起こっていることを全国の人々が共有できるように。

ようやく辿り着いた東北の被災地はあまりに広大だった。私は津波の爪跡《つめあと》を追い、海岸線を彷徨《さまよ》った。名取、塩竈《しおがま》、石巻、南三陸、気仙沼、大船渡《おおふなと》、釜石《かまいし》、山田、宮古、田老《たろう》、久慈……。どれほど行けど、歩こうと、そこで出会うのは際限のない悲しみばかりだった。

数ヶ月間、被災地と東京を行き来する日々が続いたが、中断されていた国会での質疑も再開されるようになった。

五月一六日、参議院の行政監視委員会。

先の総理の答弁がその後捜査にどう反映されたのか、風間直樹参院議員が警察庁の金高雅仁刑事局長に質《ただ》した。局長はついにこう答弁し、私はそれを聞きながら深く頷いた。

「足利事件と、その前後に発生いたしました幼女を対象とする凶悪事件が、同一犯による犯行の可能性は否定できないものと認識しております」

「前後」。非常に重要な表現だ。「後」に起きたのは、「横山ゆかりちゃん事件」しかないからだ。つまり、ようやく警察庁も連続幼女誘拐殺人事件の可能性を認めたということになる。

とはいえ相変わらず歯切れは悪い。

「警察としては、引き続き捜査を尽くしてまいる、ということにしているところでございます」

紋切り型の答弁に対して風間氏が迫る。

「局長、それは典型的な官僚答弁で、私の尋ねたことに対して答えていない！　一言で言ってください。新たな捜査を指示したのかどうか」

「従来からそういった観点で捜査をしているところでございまして、新たな指示はしてございません」

「総理が踏み込んだ答弁をしても、捜査当局としては動いていないと。これら政治家の指示を実際にはまだ反映していないということですね」

私の胸の奥の方に暗雲が垂れ込め始める。大きな期待はしていなかったが、それでも、「新たな指示はしていない」という答えはないだろう。

風間議員は当局に更なる捜査を強く求めた。警察庁は事件が同一犯によるものである可能性は認めたものの、五件の事件を「広域重要指定事件」にはしていない。これほどの重大事件にもかかわらず、なぜなのか。

金高刑事局長は、この日こうも答弁していた。

「これらのうち、未《いま》だ時効を迎えていない事件について、そのような可能性を視野に入れて捜査に当たっているところでございます」

また「時効」である。つまりは「横山ゆかりちゃん事件」の捜査しかしないと言ったのだ。報道されても動かない。誤判冤罪も効果がない。捜査機関幹部に働きかけても、国会議員が要求しても、国家公安委員長が認めても、総理大臣が答弁しても、動かない。

ついには被害者家族達も行動を始めた。

まだ関東でも震災の影響が続く中だった。足利市駅に程近い、市民プラザの会議室に五つの家族が初めて顔を揃《そろ》えた。きっかけは、横山ゆかりちゃんの父、保雄さんが書いた一通の手紙だ。

〈はじめまして。私は、群馬県太田市のパチンコ店より行方不明になった横山ゆかりの父親です。突然お手紙をお送りし失礼します。これまで足利で起きた三件の事件は同じ犯人で、群馬県の二件は別の犯人と見られていました。しかし、今ここにきて五件の事件は、同一犯という見方が強くなってきました。なのに検察も警察も捜査をし

てくれません。つきましては、一度皆様とお会いし、何ができるのか相談するお時間を持ちたいと思います〉

菅家さん釈放により、事件をめぐる地図は大きく様変わりした。だが、自分の娘は誰に殺されたのか？という問いには誰も答えてくれない。そんな中、「ルパン」に似た不審人物の存在が報じられた。ゆかりちゃんの帰りを待ち続けていた両親は、そこに一筋の光を見出《みいだ》したのかもしれない。

互いの顔も住所も知らなかった被害者家族達の仲介は杉本純子が行った。認《したた》められたゆかりちゃんの父親の想《おも》いは他の家族の共感を呼び、その日、国会で質問を投げかけた有田芳生議員も同席のもと、彼らは顔を揃えることになった。

横山保雄さんが、イスから立ち上って話し始めた。

「国会のことを、ニュースで見たとき、私も、何かをやらなきゃいけないと思ったんです。ただ、私一人で警察や検察に訴えても、動かないだろうと思いました。これまでも散々経験してきたことです。でも、五つの事件の被害者家族みんなが集まって一致団結したら、少しは何かが動かせるんじゃないかと」そう言うと深く頭を下げた。

その言葉を受け、それぞれが、事件が起きてからの日々を話し始めた。

最初の事件の被害者、福島万弥ちゃんの父、譲さん。

「事件から、一二年が経ったある日、犯人が捕まったという連絡をもらいました。菅家さんです。でも結局は、うちの事件は不起訴になっておしまいでした。その後、嫁さんは死んじゃったんですが、菅家さんを犯人だと思って死んでいきましたよ」

話を聞いてはっとした。もはや書き換え不能な現実もあるのだと。譲さんが続ける。

「事件から三〇年経って、いきなり冤罪と言われて。しかも真犯人はその間に、時効で逃げ切っている。このまま逃げ得なのか……。それぱっかりは許せないんです。私の中では時効は関係ない。犯罪は犯罪です。まだ小さい子がこんな目にあってもいいのかと、いつも思って生きてきました……」

万弥ちゃん事件から五年後、被害者となった長谷部有美ちゃんの父、秀夫さんは娘をパチンコ店に連れていったことを今も悔やんでいた。

「大事な娘を亡くしてしまった……。娘がいなくなった日、妻と二人で、三時間ぐらい捜した。どうしても見つからなくて……。真犯人は今もどこかにいる、これは揺るぎない事実です。どうしても真犯人を捜してもらわないと、娘が浮かばれない」

群馬県で殺害された大沢朋子ちゃんの父、忠吾さんは、事件が起きた時は単身赴任先の富山にいた。列車もない時間だったため、家までタクシーで駆けつけたという。

「道中で『見つかったか？』などと電話をしながら帰ってきたんです。もどかしいぐらい時間がかかりました。自宅では、刑事さんが逆探知などをやっていました。平和な地域だったものですから、信じられない気持ちでした……」

　県をまたいだ隣町で連続していた誘拐殺人事件のことは知らなかったという。朋子ちゃんは一年二ヶ月後、利根川の河川敷から変わり果てた姿となって見つかった。

「骨を見ても、あの子だって信じられないですよね。でも白骨から復元した顔を見せられると、やっぱりそうで……。時効もとっくに過ぎてるもんですから、諦《あきら》めておったんですけどね。やはりうちのも含めた五件の連続犯なのかなと思って。『ルパン』という男の疑惑には、真実味があると思っています」

　そして、真実ちゃんの母親、松田ひとみさん。

「最初、警察が言った言葉は『またか』でしたね。すぐに家に刑事さんが来て。でも、うちは、翌日すぐに遺体は見つかりました。横山さんのように、まだ、どこでどうしているか分からないとか、長谷部さん、大沢さんのように、一年以上経ってから遺骨が見つかったというのとは違います。まだ恵まれた方です。皆さんの心中、察するに余りあります……」

　言葉を失った。恵まれた方とは……同じ体験をした人でなければ決して口にできない言葉だった。

「あれ以来、自分自身、生きることに対しての執着は持たなくなりました。親として、あの子を一人前にしてやることができなかった責任だとも思います。娘の三回忌が終わった後、『もし寂しかったらいつでも夢枕《ゆめまくら》に立って迎えにおいで』とあの子に言ったんです。『お母さん、いつでもそっちに行ってあげるから』って」

松田さんの話は、私との出会いにも及ぶ。

「清水さんが取材に来られて、最初は今さら事件のことを聞いて何になるのかと思いました。でもいざ会って話を聞いてみると、それまでの記者の方のようにコメントが聞きたいという訳ではありませんでした。非常に熱心だと解《わか》ったんです。『真犯人ではない人が捕まっている』という、そのたったひと言に、私は動かされたんです」

真相を知りたい。決着をつけたい。家族の思いは、やはりそこに収斂《しゅうれん》する。それまで、個別に取材を受けてもらっていた五つの家族が一堂に顔を揃え、互いに気持ちを伝えあっているその光景に、私は不思議な感動を覚えていた。

会の名は「足利・太田連続未解決事件家族会」と決まった。

六月二九日、永田町の参議院議員会館で記者会見が行われた。新聞、テレビ、雑誌、ネットニュース。多くの報道陣が詰めかける中で、横山保雄さんが緊張の面持ちでマイクを握った。

「徹底した捜査を警察、検察にお願いしたくてこの家族会を立ち上げました。私達一人ひとりでは何もできないけれども、家族が一緒ならば動かないことはない」

望むものは、事件の全面解決だ。会見には家族会を支援する有田参議院議員をはじめ、衆参の国会議員一〇名も顔を揃えた。

「五件の連続誘拐事件です。こんな事件は日本には他にない。それを未解決のまま放置している。もしこれでも警察、あるいは検察が動かないならば、司法、捜査機関の名に値しないと思います」

風間議員が訴え、三原じゅん子参議院議員が続けた。

「五件もの事件が解決していないということに非常に危機感を覚えました。幼女を対象とした事件は非常に再犯率が高い。時効という壁はあっても、何よりも事件を解決することが必要だと思う。まず風化させないことです」

大沢忠吾さんは「警察は正義を見せて欲しいです。おまわりさんは正義の味方であって欲しい、改めて再捜査を望みます」と訴えた。

松田ひとみさんは出席しなかったが、こんなコメントを出していた。

〈同一犯の可能性があると指摘された中、何もせず、答えを出さない警察の誠意のなさに納得がいきません。真犯人は間違いなく放置されているのです〉

実は、会見の数日前に、水面下である動きが起きていた。にわかに警察の動きが慌ただしくなっていたのだ。栃木県警から松田さんに電話があったのは会見の五日前だった。

〈急ぎお知らせしたいことがあります〉

それを知った私は、宮城県で被災地取材に当たっていたが、新幹線に飛び乗って北関東に戻った。松田さんの家に来たのは二人の栃木県警幹部だった。到着早々、彼らはこう切り出した。

「ルパンに似ているという男についてですが……犯人ではありません。警察庁から通知がありまして、今日、横山さんにも説明しています」

検察推薦の鑑定人が検出したデータと、「ルパン」の型は合わない、といういつもの説明だ。

「シャツに付いていたDNAの持ち主が、犯人であるという前提で申し上げると、『ルパン』という男は犯人ではないという結論に達してしまいます」

警察がそのDNAの持ち主を犯人と断定したから、一七年半も菅家さんは拘束されたのではなかったか……かつての「絶対的な証拠」がいつの間にか「仮定」の話になっていた。

松田さんがそれはわかりましたからと改めてシャツの返却を求めると、幹部は「それは検察庁に証拠品として送ってありますので……」と言葉を濁し、逃げるように立ち去った。

同じ日、群馬県警も横山さん宅を訪ね、同様の説明を行なっていた。

二つの県警の幹部が同日に動くならば、これは警察庁の指示だろう。

しかも同じ頃、家族会を支援する国会議員達の前にも警察庁の幹部が現れ、面談を求めている。その内容もまた、〝「ルパン」とはＤＮＡが合わない〟という話。

究極的なところ、被害者遺族だって私だって、「ルパン」が真犯人であろうが別人が真犯人であろうがどうでもよいのだ。家族や私が望んでいるのは真相究明であり、事件の解決だ。それだけだ。

警察庁はいったい何をこそこそやっているのか。

閑散とした夕方の日本テレビの社員食堂で、取り損なった昼食を一人で食べているときだった。高層階のウインドウ越しに目をやれば、富士山と丹沢山塊を背にする夕日が見えている。神奈川県の最高峰、蛭《ひる》ヶ岳《たけ》あたりがオレンジ色に輝いている。

赤いタワーの右手のビルの谷間には、窮屈そうに国会議事堂の三角頭。あの中で「ルパン」の名が響いたのがもうずいぶん前のことのように思えた。ちらと目を移せば皇居の手前にそびえる霞が関の要塞《ようさい》群。

うんざりだった。

何やら役者が勝手に増える一方ではないか。

四年前、「足利事件」の取材を始めた当初は、栃木県警とは衝突することになるだろうと覚悟していた。ところが再審請求棄却という形で宇都宮地裁がいきなり立ち去った。舞台は東京高裁に移り、担当は高検になる。おたくがいろいろ報じるからやってあげるよ、とばかりに実施された再鑑定が、まさかの不一致となると今度は科警研登場。タッグを組んだ検察と科警研を宇都宮地裁が多少たしなめるも、一度は「ルパン」を追った捜査当局幹部は突如投げ出す。国会議員に責め立てられると法務省は時効の壁をペタペタ修繕、警察庁が動きだし、群馬、栃木両県警がまたぞろ登場したかと思うと被害者家族に耳打ちを始める。

現場は渡良瀬川だ。霞が関じゃない。

ぽつんと孤立していた連続事件や「ルパン」の報道だったが、それでも裏取りを試みる他社の記者はいた。だが、そうした記者に対して当局は「あの報道は全く間違いだ」とその都度説明しているとも聞いた。

間もなく日没だった。

太陽が山間《やまあい》に入れば霞が関も闇《やみ》に包まれる。
私はその光景を眺めながら、腹を決めた。
もういい。
あの事件を取材するぞ。
どうなったって知らないぞ。
私は席を立ち、エレベーターに向かう。
下りボタンの感触は、まるで何かの起爆スイッチのようだった。

第一〇章　峠道

現場に立っていた一対のお地蔵さん

私は九州にいた。

福岡県朝倉市の通称八丁峠。滅多に車も通らぬ峠道に、真冬の灰色の天から雪が途切れることなくゆっくり舞い落ちてきては、私のジャケットにカサカサと小さな音をたてる。

そこは二人の幼い女の子が変わり果てた姿で見つかった「飯塚事件」の現場だった。「飯塚事件」をずっと注視はしていたし、死刑執行の報《しら》せを聞いた時には、そのあまりのタイミングに愕然《がくぜん》とした。だが、「同じＤＮＡ型鑑定ならこの事件も冤罪《えんざい》なのか？」と聞かれても、私はそこまで短絡できない。この事件は「足利事件」と違ってＤＮＡ型再鑑定が不可能なのだ。発見された「犯人のＤＮＡ」は、科警研の鑑定で全量消費されてしまったという。ならば、今となってはすっきりとした結末は望むべくもない。

さらに言えば、この事件にはＤＮＡ型鑑定以外にも証拠があり、複数の目撃証言もあるとも聞いていた。そもそも、「冤罪」は私の守備範囲ではない。

だが……結局、私は現場《ここ》に来てしまっていた。

何だか、果てしなく遠い迂回路《うかいろ》を歩かされているような気持ちにもなる。それでも自分の中の納得できない何かが、この地に足を運ばせたとしか言いようがない。この事件の取材を避けていたら、真相へたどり着けないのではないかという気持ちが強くなっていた。

二人の少女が殺害され、遺棄されてからすでに二〇年。現場に何が残っているわけでもない。ただ雪がしんしんと降り続き、九十九折《つづらお》りの路面を白色に変えていた。

オレンジ色の錆《さ》びたカーブミラーを見つけ、その支柱の脇《わき》から雑木林に降りていく。

事前調査では、遺棄現場は道路の端から南方に約九メートルのはずだ。ならばこちらか……いつもの軽登山靴でも急斜面では滑る。体勢を立て直しては杉の根を越えて下った。大きな岩の裏に廻り込んだ時、予想だにしなかったものに私は思わず息を呑《の》む。

小さなお地蔵さん。

苔《こけ》むす岩の庇《ひさし》の下にいた、その丸い顔と目が合ってしまっていた。まるで舞う雪から守られるように、一対の石作りの地蔵が庇の下に仲良く顔を並べている。このお地蔵さん達がここにある経緯に思いを馳《は》せると胸が詰まった。

ふと、どこからか音が聞こえる。麓《ふもと》の有線放送のチャイムか。

正午だった。樹林帯の向こうから届くメロディは、ウェルナーの「野ばら」だ。哀調を含む旋律を背に受けて、私はお地蔵さんに手を合わせた。足元には寒々とした斜面。こんな場所に、二人の少女は半裸で投げ捨てられたのか。

前言を撤回しなくてはならない。何も残っていない現場なんてない。幼い者が命を奪われた傷痕《きずあと》が、ここにもしっかり刻まれていた。

事件の発生は一九九二年二月のことだった。被害者は飯塚市内の小学一年生。二人は登校途中に何者かに連れ去られたと見られている。行方不明となった翌日、八丁峠から遺体で発見され、三キロほど離れたS字カーブ沿いの窪地《くぼち》からは二人の所持品が見つかった。黄色い傘、緑の靴、赤とピンクのランドセルはまだ新品のような輝きを残していた。

久間《くま》三千年《みちとし》容疑者が逮捕されたのは、事件発生から二年以上経《た》った九四年だ。久間氏は早い段階から捜査線上に浮上していたという。疑いをかけられたきっかけは、車の目撃証言からだったとされていた。

八丁峠は市街地から離れた山中にあり、犯行には車が使われたと考えられた。根気よく目撃者を捜し続けていた福岡県警は、ランドセルなど遺留品の発見現場付近に停まっていたワゴン車を見たという男性を捜し出した。男性は、ワゴン車のボディカラーは紺色、後輪はダブルタイヤだったと証言、その特徴から、車種はマツダ・ボンゴであると特定された。さらに、後部のウインドウに黒いフィルムが貼《は》られていたなどの細かい特徴から、県警は目撃された車が久間氏所有の車であると断定、久間氏に任意聴取を行った。

久間氏は犯行を完全否認したが、県警は土地勘がある、アリバイがない、などとして髪の毛を任意提出させる。

その時点ですでに科警研は、被害者の身体《からだ》や現場の枝に付着していた血液でDNA型鑑定を行っていた。例の欠陥マーカーと組み合わせたMCT118法である。血液からは「被害者のものではないDNA型」を検出したとしていたが、これが久間氏と同じ「16‐26」型であると結論づけた。

しかし、この時は逮捕は見送られる。

菅家さんのケースとは違い、自供も取れない。車の目撃証言とDNA型鑑定だけでは公判が維持できないと判断したのだろう。

それでも捜査本部は久間氏にこだわった。

久間氏の行動確認を続け、顔写真を持った刑事達が近所や知人に何度も聞き込みに回った。犯人前提の聞き込みではないか、と怒った久間氏が自ら警察署に怒鳴り込んだこともあったという。

トラブルも起きた。久間氏が警察官相手に立ち回りを演じ、剪定鋏《せんていばさみ》で怪我《けが》をさせたという。新聞記事にもなっていた。それらによれば、久間氏は、自宅近くで車の中で警戒に当たっていた私服警官に「お前はどこの誰か」と言いがかりをつけて怪我をさせ、傷害と暴力行為で逮捕されている。殺人事件の別件逮捕ではなく、別の事件として罰金刑を受けたという。

なぜ、警察はそこまで久間氏にこだわったのか。車の特徴が似ていたというだけなのか？

久間氏に、〝過去〟があったからだ。

「飯塚事件」発生の約三年前の八八年のことだ。同じ飯塚市内で別の少女Iちゃんが行方不明になるという事件が起きていた。Iちゃんは「飯塚事件」の被害者達と同じ小学校に通っており、事件当時やはり一年生だった。少女が姿を消す少し前に、久間氏の家で遊んでいたのが目撃されていたという。この事件から久間氏はマークされ、

「飯塚事件」の発生は、にわかに同一犯による連続事件の可能性を浮上させたのである。

当時、警察庁刑事局長が現場視察に訪れている。「足利事件」と同じだ。福岡県警にしてみれば警察庁肝煎《きもいり》の重大事件となったわけで、現場には「何が何でも解決を」という緊張感が漲《みなぎ》ったことだろう。

事件発生七ヶ月後に、久間氏は車を買い換えるためマツダ・ボンゴを下取りに出した。県警はボンゴを押収《おうしゅう》、一年後に車内から被害者と一致するO型の血痕《けっこん》と尿が発見されたとした。また、被害者の着衣に付着していた微細な繊維片が車のシートの布地と一致したという。

DNA型一致、目撃証言、車内の血痕、シート繊維の一致。条件は整ったとして検察と県警は久間氏の逮捕に踏み切る。事件発生からおよそ二年半、警察の執念が実ったと言える。

久間氏は逮捕後も一貫して犯行を否認したが、九九年、死刑判決が下る。

福岡地裁は検察が提出した証拠を全《すべ》て「情況証拠」であるとした。

〈被告人と犯行との結び付きを証明する直接証拠は存在せず、情況証拠によって証明することのできる個々の情況事実は、そのどれを検討してみても、単独では被告人を犯人と断定することができない〉とする一方、死体遺棄現場からは久間被告人と一致するDNA型が発見されている、などとし、〈諸情況を総合すれば、本件において被告人が犯人であることについては、合理的な疑いを超えて認定することができる〉と結論づけた。

控訴《こうそ》した久間被告人に対し、福岡高裁は二〇〇一年一〇月、一審を認めて死刑判決。DNA型鑑定の信憑《しんぴょう》性については「足利事件」の際の「最高裁平成一二年七月一七日決定」を引用し、MCT118法は信頼できるとした。

〇六年、最高裁で死刑が確定。

そして〇八年秋、死刑は執行された。

私が「飯塚事件」取材を逡巡《しゅんじゅん》していたのは、DNA型再鑑定不能という現実と、複数の「有罪の根拠」を聞いていたからだ。私の周りの記者や同業者も「飯塚はクロだろう」と唱える人も少なくなかった。例えば、この事件名でネット検索をかけるとすぐにウィキペディアの「飯塚事件」に辿《たど》り着く。判決文などを引用し、久間氏のクロ濃厚説が事細かに記されている（二〇一三年一〇月現在）。

例えば目撃証言についてはこうだ。

〈5名の目撃証言から、紺色の後輪ダブルタイヤのワゴンで窓に色付きフィルムが貼ってあるなどの特徴を持った車が犯人の車であることが極めて濃厚であるところ、Kが同じ特徴の車を有していた〉

「足利事件」のDNA型再鑑定結果の不一致後には、「飯塚事件」の場合、証拠はDNA型鑑定だけではないと強く指摘している。

〈MCT118型判定は絶対ではないとしてその信憑性に疑問を呈する報道が複数なされたが、判決も同判定の証拠力の低さを前提にしているため、そもそも両者の見解は対立していない〉

大抵の人は、そうか、となるだろう。自供こそないものの、五名もの車の目撃証言に血痕や繊維片という物証、刑事に対する傷害事件。何より、少女への声かけ事例どころか、自宅に招き入れていたというのは心証としては最悪だ。

当局は言うまでもない。「足利事件」とはまったく違う事件である、と断言していた。例えば「足利事件」の再審前にはこんな記事が紙面を飾った。

〈元検事も「飯塚と足利は似ているようで、立証構造が違う。DNA型鑑定はあくまで状況証拠の一つで、他の証拠もそろっていた」と断言する〉（朝日新聞〇九年一〇月二九日）

死刑確定から執行までの期間が早すぎる印象は確かにあった。

なにかの口封じなのではないか、とか、隠蔽《いんぺい》工作だといった声が上がっていたのも知っていた。なにしろ「足利事件」でＤＮＡ型再鑑定が行われると報じられた直後というタイミングだ。陰謀史観のような見方をすれば、そう思いたくなるのかもしれない。

だが、これまで取材を重ねて来た私の目には、事はもっと単純に映る。

当局は、まさか数ヶ月後に「足利事件」の再鑑定が不一致になろうとは夢にも思っていなかったのだ。後は、法務省という縦割り組織が、隣で何をやっているのかもわからぬままにお役所仕事を遂行したのだろう。周辺を取材しても、そんな話しか出てこないし、万が一にもＭＣＴ118法が「問題になるかもしれない」という可能性を少しでも把握していれば、むしろそんな危険な死刑を執行するはずがない。私には、単に縦割り組織の失態としか思えないし、この失態こそが、のちに大きな闇《やみ》を形成せざるを得なくなった理由ではないかとすら思える。

死刑の執行から一年後、久間氏の妻と弁護団は福岡地裁に再審請求を起こした。

これまで、死刑執行後に再審が行われた例はない。異例の再審請求と言えるだろう。

福岡地方裁判所は福岡城址《じょうし》にある。堀には多くの蓮《はす》が葉を連ね、その隙間《すきま》で灰色のゴイサギがすっと羽を広げている。住所は城内一番一号。

そこでは非公開の「再審請求審」が行われ、裁判官、検察官、弁護人の間で幾度かの三者協議が行われた。当然ながら、検察は再審など不要と主張していた。

弁護団の徳田靖之弁護士に話を聞いた。

「私達は『再審の準備』という理由で、拘置所で久間さんと面会をしていたんです。久間さんは妻や教誨師《きょうかいし》に対して『私はやっていない、無実だ』『必ず無罪になるから』という手紙も出していた。それは検閲されているのですから、少なくとも福岡拘置所は再審請求の予定は知っていたはずなんです。なのに、なぜ……。私は再審封じだったのではないかと思っています」

死刑判決が確定しても、再審請求中は刑を執行しづらくなると言われている。

久間氏自身も、執行まではまだ時間があると考えていたようだ。執行の約二ヶ月前には市民団体に向けてこんな手紙を書いている。

〈真実は一つしかない。私は無実である〉〈不当逮捕された私は、警察の拷問《ごうもん》による「自白」の強要も一貫して無実を訴えつづけたのは、裁判所は真実を分ってくれるという信頼をもっていたからである。しかし、繰り返される死刑判決によって、裁判所

に対する信頼は音を立てて崩れ去った〉（フォーラム90への手紙）

法務省は定期的に死刑囚の「現状調査」なるものを行っていると聞いた。その調査票には、再審請求の動きなどを記す欄もあるという。拘置所から報告は上がっていなかったのだろうか？

森英介法務大臣は死刑執行後の会見で、記者から「再審請求が出ているかどうかわかりますか？」と問われて目を丸くしていた。把握していなかったのだろう、手元の資料をガサガサと探し、一枚のペーパーを見つけ出すと読み始めた。

「その件につきましては、公表致しますと死刑を執行された者の遺族や、被害者の遺族の心情の安定をも損なうことになりかねませんので、お答えは差し控えさせて頂きます」

森法相の回答を聞いて、私は免田さんの言葉を思い出した。

「再審が決まった時には、検察が何と言ったと思いますか。『いつまでも死刑囚を生かしておくからこんなことになる』そう言ったとですよ……」

あの性急な死刑執行の裏に、そういう意図はあったのかもしれない。

私が九州入りしたのは、「足利事件」と同時期に行われた科警研のMCT118法が

「飯塚事件」では機能していたのかということを知りたかったからだ。ところが調べてみると、この事件の「犯人のＤＮＡ試料」は「足利事件」以上に状態が悪く、鑑定が難しい状態だった。

事件現場で採取された血液は一人のものではなかった。科警研によれば、試料は二人の被害者と犯人のものが入り交じった「混合血」だという。この手の試料鑑定は、現在のコンピューターを使った最先端技術でも難しいと言われる。

科警研はその血液からＤＮＡを抽出し、ＭＣＴ118法鑑定を実施していた。結果、ゲル上に現れた何本かのバンドから「被害者の型」と「犯人の型」が出たとしたのである。

一方、久間氏が任意提出した髪の毛によるＤＮＡ型鑑定は別のゲルで行われている。「犯人」と「久間氏」のＤＮＡは同時に泳動されていないのだ。

つまり、ゲル上で直接バンドの位置の比較はできないということになる。そこで、それぞれのバンドの位置を「ものさし」で読み取って数値化した。そうやって犯人と久間氏のどちらも「16-26」型で一致したと判定したわけだ。だが、この「ものさし」が例の欠陥「１２３マーカー」である。大丈夫なのかという疑念が拭《ぬぐ》えない。同時泳動されていた「足利事件」の鑑定ですら再審で証拠能力を排除されたのに、この事件のDNA型の一致は欠陥マーカーだけに託されているのである。

また、科警研のDNA型鑑定結果が出た後、久間氏はすぐには逮捕されなかったが、裏では何やら不思議なことが起きていたことも判明した。検事自らが働きかけ、第三者が再鑑定を行っているのだが、その結果を「残記録」としているのだ。

相談を持ちかけられたのは東京の帝京大学医学部、石山昱夫《いくお》教授である。ところが、帝京大に持ち込まれた鑑定試料はあまりに微量だった。

四つのビニール袋に分けて入れられた一センチ前後の薄茶色の細い糸状の繊維四本と、久間氏の毛髪だけ。帝京大はその量のあまりの少なさからMCT118法では鑑定不能と判断し、ミトコンドリア法とHLADQB法という二つの方法で同定を試みた。

すると、繊維片から被害者二人の型は検出されたものの、久間氏のDNA型は検出されなかった。それだけではない。ミトコンドリア法では被害者とも久間氏とも違う「別の型」が検出されたという。科警研鑑定とは矛盾する結果だ。

福岡県警はどうしたか。県警本部長名で依頼した鑑定だったにもかかわらず、検体が微細だったため久間氏のDNA型は出なかった——ということにして、帝京大の鑑定書を残記録としたのである。

警察のその行動を掘り起こしたのは弁護団だった。帝京大鑑定の存在を知り、検察に提出を請求、なんとか鑑定書は法廷に持ち出されたものの、裁判所は警察の筋書きをそのまま認めた。科警研鑑定だけを採用して死刑判決を下したのだ。

「足利事件」では、日本大学医学部で行った菅家さんの髪の毛の鑑定結果を宇都宮地裁が却下したが、「飯塚事件」でも帝京大の鑑定が採用されることはなかった。どちらの事件も判決文で鑑定は、〈専門的な知識と技術及び経験を持った者〉と科警研の技官が高く評価されているが、果たして科警研だけにそこまで高い評価を与えてよいものか？　私は首をひねらざるを得ない。大学も含めた専門家の人材交流は行われているからだ。二〇〇九年当時に科警研所長だった福島弘文氏が、以前は信州大学に在籍しており、１２３マーカーの欠陥を指摘していたことにはすでに触れた。

鑑定技術に対する疑問の上に、科警研の姿勢にも疑いを抱かざるを得ない点がある。科警研は、帝京大に送った糸状繊維以外の試料を全量消費したというのである。使い切ってしまったため再鑑定できないという問題だ。

元々現場から採取された試料は五種類あった。二人の被害者の身体から採取した四種の血液と、現場の木の枝に付着していた血痕の計五種である。検体の写真を見れば、それは直径一、二センチほどの脱脂綿の塊だ。しかし、それが帝京大に送られた時には糸状のものが一本ずつ計四本になっていたのである。

科警研が一九九一年に自ら作った『捜査と鑑識のためのＤＮＡ型分析』という冊子では、鑑定に必要な試料の量についてはこう書かれている。〈ＤＮＡ型分析ができる血痕の量と古さ　２㎜×２㎜以上の大きさ〉。かなりの小ささである。

飯塚事件の弁護人の一人である岩田務氏は言う。

「試料は指先大のものが四つもあったんです。あれだけの量があれば、百回は鑑定できたと言われています」

ではなぜ「飯塚事件」ではここまで大量に試料を消費することになったのか。法廷に提出した鑑定結果はたった一回分なのに、である。この時の鑑定の担当者は「足利事件」と同じく主任研究官のＳ女史などだった。

福岡県警が身内である科捜研の技官の供述調書を取っていた。帝京大に試料を持ち込んだのが福岡県警科学捜査研究所の所長と技官だったからだ。

〈久間三千年という男が事件の犯人である可能性が高いということになったのですが、科学警察研究所の鑑定を補うため第三者機関による鑑定を行う必要があるとのことで科学警察研究所で使った資料の残りを使用して民間の研究機関である帝京大学の石山教授に再鑑定を依頼することになりました〉

技官は、科警研の主任研究官Ｓ女史に電話をかけて、試料の返還を求めた。すると

S女史は、〈うちでは鑑定出来る量は残っていません。それでもよかったらどうぞ」とのことでした〉

アメリカでは、再鑑定が可能なように試料を残しておくことがDNA型鑑定の前提となっている。それはそうすべきだろう。科学的実験の結果を犯罪の証拠とするのであれば、その証拠が揺るがないという証明のためにも試料を保存することが必須《ひっす》だ。

実は日本でも警察官実務六法犯罪捜査規範の中にこんな条文がある。

〈第186条 血液、精液、だ液、臓器、毛髪、薬品、爆発物等の鑑識に当たつては、なるべくその全部を用いることなく一部をもつて行い、残部は保存しておく等再鑑識のための考慮を払わなければならない〉

……科警研は、四本の糸状繊維でこの「規範」を守ったと言いたいのだろうか？

九五年、証人尋問で福岡地裁に出廷した科警研の主任研究官S女史は弁護士からこう問われている。

「二度と実験あるいは鑑定もできないという状況ですか？」

「はい、そういうことです」

「追試可能性なんか考えないと、こういうことになるんですか？」

「結果が出ることが第一義。与えられた試料で鑑定結果を出すことが一番だと思っています。半分残して結果が出なくて、再鑑定したら当然半分残したほうも、再鑑定できなければ、何も結果が出ないんじゃないでしょうか」

道理ではあるが、そもそもの鑑定が間違っていたらどうなるのか。

ともあれ、こんな状態では、現場から採取された試料の再鑑定は不可能だ。

だが、久間氏のDNA型についてなら可能だ。

死刑執行後、遺族の元には久間氏の遺品が戻っている。衣服やヒゲ剃《そ》りなどから弁護団は独自の鑑定を試みた。鑑定人は「足利事件」で検察や科警研と因縁の関係となった筑波大の本田克也教授だ。

結果は驚愕だった。

これまでの科警研鑑定では犯人、久間氏ともに「16－26」型で一致したとしていた。ところが、本田教授の鑑定によると、久間氏の型は「16－27」だというのだ。またも欠陥マーカーの弊害か、「足利事件」の際に科警研鑑定と日大の鑑定がずれていたことを思い出させる結果だ。

科警研は「飯塚事件」の鑑定では、MCT118法以外に、HLADQα法という鑑定も実施していた（この鑑定結果は判決でも有罪の根拠として認められていない）。この方法も本田教授は行ってみたが、不一致。加えて、血液型にまで疑問が呈された。科警研は犯人、久間氏ともにB型で一致としてきたのだが、本田鑑定では真犯人はAB型だという可能性が出てきたのだ。

どうなっているのか。

本田教授の鑑定の結論はこうだった。

〈久間三千年の型である、血液型B型、MCT118が16－26型（18－30型）、HLADQαは1.3－3型はいずれの検査においても特異的な検出はなく、久間三千年は真犯人としては完全に排除される〉

きっぱりと誤鑑定を示唆《しさ》しているのである。

帝京大の「四本の糸状繊維」を用いたミトコンドリア鑑定、HLADQB鑑定でも、久間氏の型は見つからなかったし、この鑑定では「第三者のDNA型の存在」の可能性すら指摘されている。

科警研鑑定だけが久間氏を犯人と名指ししていることになるわけだが、そのゲル写真を実際に見てみると、「16－26」のバンドははっきりとは見えない。「16」はうすぼんやりとしており、「26」のバンドにいたってはほとんど見えない。バンドとされる位置には「足利事件」と同じように赤色でマーキングがされている。

帝京大学で鑑定を実施した石山昱夫教授は、当時、福岡地裁に証人として出廷している。その際、この科警研鑑定の写真を見てこう証言している。
「鑑定方法が杜撰《ずさん》で、技術が低い。私の教室ならやり直せ、と命じたい」

ここまでの取材で、他の証拠はともかく、飯塚事件のＤＮＡ型鑑定はかなり怪しい。私はそう思わざるを得なかった。「北関東連続幼女誘拐殺人事件」取材だけを考えれば、それさえつかめればよい。何しろ「飯塚事件」の証拠はＤＮＡ型鑑定だけではないのだ。目撃証言や物証もある。こちらの有罪判決は動かないだろう——などと私は思っていた。

だが取材を進めると、他の証拠も危うげなのである。

例えば車の目撃談だ。

ウィキペディアでは〈５名の目撃証言〉などと書かれていたが、取材してみると、五名のうち四名の証言はずいぶん印象が軽い。事件当日に被害者の通う小学校近くで紺色のマツダ・ボンゴと思われる車を見かけた、という程度なのである。「誘拐現場を見た」とか「久間を見た」とか「車両ナンバーを見た」といった証言ではない。

残る一人が八丁峠の遺留品発見現場での目撃証言を行っており、先述の小学校近くでの目撃情報と合わせて、二ヶ所で紺色のマツダ・ボンゴらしき車が目撃されているからマツダ・ボンゴは「犯人の車」の可能性がある、ということのようだった。

一審判決では〈ほぼ同じ特徴を持つ別の自動車がそれぞれの日時、場所においてたまたま目撃されたという可能性も皆無とはいえないが、むしろこれらの目撃事実に照らしてみると、それぞれの日時、場所で目撃された自動車は同じものであり、これが本件犯人の使用していた自動車であるという疑いが極めて濃厚である〉としていた。

八丁峠の目撃者は福岡県内に住むAという男性だった。

事件当日の朝十一時頃、A氏は軽自動車で八丁峠を下っていた。遺留品発見現場付近を通過した際に、停車していた紺色のワゴン車を目撃したという。供述はこうだ。

〈車両番号はわかりませんが、普通の標準タイプのワゴン車で、メーカーはトヨタやニッサンでないやや古い型の車体の色は紺色、車体にはラインが入ってなかったと思いますし、確か後部タイヤがダブルタイヤであった。更にタイヤのホイルキャップの中に黒いラインがあった（中略）車の窓ガラスは黒く、車内は見えなかったように思いますので、ガラスにフィルムをはっていたのではないか〉

詳細な証言である。

ボンゴと名指ししているわけではないが、この証言を元に、福岡県警はこの車を「マツダステーションワゴン　ボンゴ・ウエスト・コースト」というボンゴの特別仕様車であったと断定している。

高裁もA氏の目撃証言をこう認定していた。

〈本件の犯行に使用された車両がいかなるものかは捜査機関自体においても全く把握していなかったと認められるのであって、捜査機関は、〇〇（A氏）のそのような供述により、初めて犯行車両が〇〇の目撃したものである疑いを強め、それにより犯人車両につき紺色のマツダボンゴ車である可能性があるとして絞りをかけることが可能になった〉

車の横に立っていたという人物についてもA氏は証言している。

〈カーブの所に車を駐車して迷惑だなと思い、時速二五キロから三〇キロのスピードで走りながら駐車している車の方を見ますと、この車に向って右側の雑木林の中から男が一人出て来て、私の車の方を見るや、あわてたようで前かがみにすべったようでした〉〈男の人相は、頭の前の方が禿《はげ》ていたようで、髪は長めで分けていたと思うし、上衣《うわぎ》は毛糸みたいで、胸はボタンで止める式のうす茶色のチョッキで、チョッキの下は白のカッター長袖《ながそで》シャツを着ておりました〉

こちらの証言もかなりの細部にわたっている。

しかし……不思議に思わないだろうか。

なぜこんなに詳細なのだ?

弁護団も疑問を持った。現場は峠道の下りのS字カーブである。ハンドルを切りながら、カーブを十数秒通過する際に、人はそんなに多くの情報を確認し、しかも記憶を維持できるものだろうか。警察がA氏から調書を取ったのは目撃から一七日後なのである。

A氏は、マツダ・ボンゴの大きな特徴である後輪のダブルタイヤを確認しているが、カーブを曲がりながら運転席の窓から顔を出し、右後方を振り返って見たとも証言している。実況見分の写真では、軽自動車の運転席からA氏が身を乗り出すようにして右後方を振り返っている。二月の冷え込む峠道で、窓を開けて振り向き、ダブルタイヤを確認したことについて弁護団は〈あり得ない振り返り行為〉と指摘していた。

加えて、A氏がワゴン車を目撃した時点では、まだ殺人事件は公《おおやけ》になっていない。A氏は弁護団が言うところの〈日常の一コマとして起こった目撃〉にもかかわらず、車や人の細部を観察していたわけである。

弁護団の依頼を受けて日本大学心理学教室の厳島《いつくしま》行雄教授が目撃実験を試みた。厳島教授はこれまでにも自民党本部放火事件などで目撃証言の検証を行うなど、実績のある行動心理学者だ。今回の実験では八丁峠の同じS字カーブにボンゴのほぼ同型車を置き、車の横には目撃されたのと同じ服装をした人に証言と似た動きをしてもらう。

被験者は三〇人。実験の目的や内容を伝えずに、目撃者と同じような速度でそれぞれに峠道を下ってもらう。その上で、A氏が調書を取られた日より三日早い一四日後に聞き取りを行った。

結果から言えば——A氏と同じような証言ができた人は一人もいなかった。

厳島教授は言う。

「車の目撃に関しては『紺色の車』とか『ワンボックスの車でした』とか、大きな特徴は出てくるんですが、A氏のような詳細な目撃情報は出てこなかった。人物に注意がいってしまうと車の説明ができない。車の説明ができる人は人物のことがわからないという結果でした」

ボンゴの特定に重大な意味を持つダブルタイヤについては、気がついた人は誰もいなかった。

また、A氏の証言では〈車体にはラインが入ってなかった〉〈トヨタやニッサンでない〉といった表現が出てくる。このことに関して厳島教授は、「ない」という証言は〝体験しなかった事実〟の混入の可能性があるという。「目撃証言」にもかかわらず、「ない」ものをわざわざ証言するのは不自然だというのだ。

「最初に調書を読んだ時に『車体にラインがない』とあった。これは一体何のことだろう?と思ったんです。後からわかったのですが、(ボンゴに)ラインが入っている車があるんですね。つまり、それ以前にラインが入っている車を見たなどの経験がないと言えないはずです」

マツダ・ボンゴの特別仕様車には本来、赤系統の二本のラインが側面に貼ってあった。だが久間氏は購入後、このラインが派手で気に入らないと自分で剝《は》がして乗っていたという。つまり〈車体にはラインが入ってなかった〉のである。そしてこの特徴こそが、目撃された車を久間氏のものだと県警が絞り込んでいく根拠の一つとなっていた。

この証言について厳島教授は鑑定書で以下のように指摘している。

〈A氏の記憶には、同氏の直接体験した記憶を超えて、他の起源に基づく記憶が混入している〉

いったいどういうことだ? そんなことはありうるのか?

だがその後、厳島教授のこの指摘がまるで予言でもあったかのような事実が発覚する。

またしても「残記録」からである。

三者協議の中で、弁護団は検察に久間氏の車を特定した捜査経緯の「証拠開示」を求めた。その結果、残記録の中に「捜査報告書」が存在することが判明したのだが、そこにはA氏の目撃調書が録取される二日前、三月七日にある捜査員が久間氏の家に行き、彼のボンゴに〈ラインは無かった〉ことを〈現認〉した、と記されていた。しかも、その捜査員とは、その後A氏の調書を取っている人物なのである。

何が問題なのか。

これでは、目撃証言がA氏の純粋な記憶に基づくものなのか、それともその捜査員が「車にラインはありましたか？」などといった質問を行ったことによって得られたものなのか、境目がわからなくなってしまうのだ。〈他の起源に基づく記憶が混入している〉証言ということになる。

そうなると話はラインについてだけではなくなる。捜査員は車のメーカーや車種、フィルムの有無等も事前に知った上でA氏の目撃調書を作成したことになるからだ。控訴審判決における〈本件の犯行に使用された車両がいかなるものかは捜査機関自体においても全く把握していなかったと認められ……捜査機関は、○○（A氏）のその供述により……犯人車両につき紺色のマツダボンゴ車である可能性があるとして絞りをかけることが可能になった〉という前提と矛盾する。

「足利事件」で、菅家さんが渡良瀬川の現場で見つかった足跡の写真を示され、「靴の裏の絵」を描かされた話をご記憶だろうか。あれを思い出さずにはいられない。

こうなれば、「北関東連続幼女誘拐殺人事件」を離れてでも報じないわけにはいかない事態だ。

私も目撃証言の検証実験をしてみることにした。

同タイプの軽ワゴン車の運転台に座り、写真と同じ角度まで振り返ってみる。確かに、反対車線の車の後輪を識別するには振り向かなければ無理だ。目や首だけ廻《めぐ》らせても到底見えない。窓を開け、上半身と首を大きく捻《ひね》ってやっとだが、実際やってみると相当に違和感があるし、そもそも運転中の行為だ。怖い。

現場のS字カーブに五〇メートルの巻尺を持ち込んで細かい測量を行った。ガードレールやカーブミラーの位置を基準に、目撃された車両の停車位置や目撃角度を調べる。入手した詳細なデータや地図、衛星写真などを使い、CGで目撃状況を再現してみる。もちろん、放送するためだ。

CGはドライビングビュー、つまり目撃した運転手の目線で作成した。

緑に囲まれたS字カーブを、証言に基づいて時速二五キロで下って行く。右手に紺色のワゴン車が近づいて来る。「危険を顧みず一秒間だけ振り返った」という設定で、窓から身を乗り出しての首振りを行う。果たしてワゴン車のディテールや隣に立つ人物の服装や髪型まで見えるのか。

放送前にこのCGを何人かに見てもらったが、見えるどころか、そもそも一瞬では視聴者に状況を説明することすらできないことがわかった。CGを何度も止めて、繰り返し流すことでダブルタイヤや後部ウインドウのフィルム、ラインの有無などを説明するように変更を加えた。それでもわかりづらかったので、最終的にはCGの動きを完全に停止させ、該当箇所に色をつけ、明滅させて示すことにしなくてはならなかった。

つまるところ、一瞬でそれだけの物を見分けるなど不可能なのではないかと思わざるを得なかったのだ。

これは、あまりに謎《なぞ》が多すぎる目撃証言なのではないか。

私はA氏の自宅を捜し当て、取材を試みた。

玄関先で社名を伝え、頭を下げて取材を申し込む。

「すみません。二〇年前の事件を取材しています……」と、そこまで言っただけで、A氏は穏やかだった表情を急速に変えてこう言った。

「いや、全然話をしたくない。結構です」

ドアをぴしゃりと閉めてしまった。驚いたがもう一度声をかけ、せめて名刺を渡したいと申し入れた。だが、それすら受け取ろうとしない。A氏を責めに来たわけではまったくないのだが、なぜここまで頑《かたく》ななのか？

もしも、目撃証言がひっくり返るとどうなるか。

その他の証拠の一つとしては、久間氏のマツダ・ボンゴから発見されたO型の血痕がある。県警は車を押収した時点で徹底的に車内のルミノール反応検査を実施しているが、その時は血液反応は出ていない。ところが、不思議なことにそれから一年後、切り取ったシートの布地の裏から血痕が見つかったとして鑑定、これが被害者の血液型と一致したという。しかし、久間氏の家族にもO型はいる。

被害者の着衣に付着していた繊維とボンゴのシート繊維が一致した、という証拠もあるが、地裁判決では〈被害児童の着衣に付着していた繊維片がマツダステーションワゴン・ウエストコーストから脱落した繊維片であるとまで断定することはできない〉と結論づけている。控訴審では〈マツダウェストコーストの座席シートの繊維と着衣付着の繊維とは極めて類似しほぼ一致するものと認めることができる〉と変更されたが、〈付着繊維に関する鑑定等の結果は（中略）各目撃供述を補強するものであり、目撃された車両がマツダボンゴ車と認められることと併せると、本件の犯人車がマツダボンゴ車以外の車種であるとの現実的な可能性は認め難く〉と堂々巡りの論理である。つまりはいずれも弱い状況証拠であり、それらが互いにもたれ合っている構造だと言わざるを得ない。目撃証言がひっくり返れば、他も総崩れになってしまうのである。

DNA型鑑定は怪しげ、他の証拠も弱い……「飯塚事件」も冤罪《えんざい》なのではないか？との疑いが大きくなっていた矢先、目撃証拠の真偽さえ吹き飛ぶような情報が入ってきた。

また科警研がらみである。

最初にそれを聞いたのは、本田教授との電話中だった。

「いやー、驚きました。全く別のバンドらしいものがあったんだ。それも写真の枠外です。写真はカットされていたんです」

何やら大変なことらしい。私は教授に何度も聞き直した。最初はなかなか意味がわからなかったのだが、脳に像が結ばれるなり私は愕然《がくぜん》とした。

急ぎ筑波大学へ出向き、本田教授から直接話を聞くことにした。

きっかけは、例の三者協議の中で、鑑定書に添付されていたゲル写真の「ネガフィルム」を裁判所が取り寄せたことだった。届いたネガフィルムを弁護団がデジタルカメラで複写し、本田教授にパソコンで解析してもらった。すると、驚くべき事実に行き当たった。

法廷に提出されていた鑑定写真がトリミングされていたのだ。

全体写真かと思いきや、実は一部ですなどとは許されるのか。ネガフィルムには実験を終えたゲル全体が写っている。だが、法廷に提出された写真では上部が大きくカットされ、実験結果の一部が見えないように加工されているのである。しかも、カットされたすぐ上部のあたりには、バンド様のものがはっきり写っている。型は「41－46」あたり。同時泳動されている欠陥マーカーでは正確な数値が出せないから、そう言わざるを得ない。このバンドが「残記録」にされていたのである。

被害者のものでも久間氏のものでもない、第三のＤＮＡ型があったのだ――。

愕然とせずにいられるだろうか。

「足利事件」では、鑑定時のネガフィルムは「紛失した」とされた。だが、「飯塚事件」のネガフィルムは弁護団の請求によって、かつて法廷に提出されたことがあり、弁護団も目視している。その際の小さなフィルムでは、カットされたバンドの存在は弁護団も気がつかなかったという。一度は証拠とされたネガフィルムだ。敗戦処理とも言える「足利事件」のネガフィルムのように「紛失した」とは言えず、渋々ながら科警研が提出に応じた結果がこれであった。

カットされた「41－46」型のバンド。

それが何を意味するのか簡単に断定はできない。しかし、真犯人の型である可能性もまた否定できない。その上これは、裁判所すら知らなかった事実ではないのか。

この点を指摘されるや、検察はこれを「エキストラバンド」（実験目的外のバンド）というもので、DNAのバンドではないという反論を始めた。エキストラバンドというものがいったい何なのか、取材をしてみたが明確に答えられる人はほとんどいない。それでもわかってきたのは、稀《まれ》に実験で出現するDNA以外のもの、という意味らしく、エキストラバンドであるか否《いな》かは複数回の実験を行なえばわかるらしい。同じ実験を繰り返し、問題のバンドが消えればエキストラバンドということのようだ。ほぼ全量消費するほど実験を繰り返した科警研ならば、その実験結果も残っているは

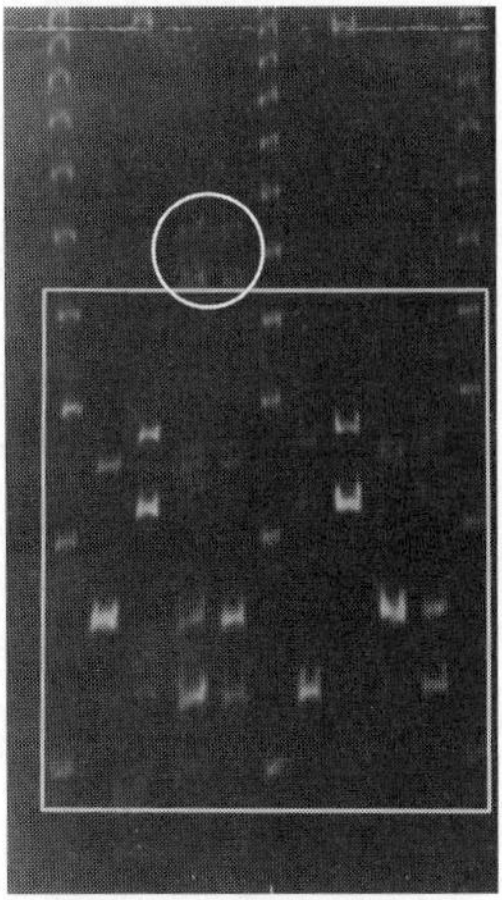

ネガの全体写真　四角い枠が元々の鑑定書の写真サイズ。丸印が切られた「41－46」。

ずなので、裁判所は「他の資料や実験ノートが残っていないか調査するように」と指示した。ところが科警研は、他の写真やフィルム、ノートなどはすでに処分したと言う。となると、エキストラバンドと主張する根拠は何なのだ？

弁護団はこれを厳しく断じた。

〈自ら実施したＤＮＡ鑑定の真実を、闇から闇に葬《ほうむ》るという明確な意図の下に、ネガフィルムや実験ノートを廃棄したものと解するほかない〉

写真をカットした理由については、検察は鑑定書のサイズの都合と言う。だが、実際には写真は十分に入るサイズで、根拠がわからない。現に、鑑定書にあるもう一枚の写真、久間氏の毛髪のＤＮＡ型鑑定結果は更に大きなサイズで掲載している。それでも入らないのならば縮小するなり別紙添付にすればよい。

ネガフィルムから判明した事実はそれだけではなかった。

「飯塚事件」では、科警研により被害者鑑定も行われていた。遺体の心臓から抜いた血液を使って鑑定は実施されており、鑑定試料として状態は悪くないはずであった。

その結果、被害者Ａちゃんは「18－25」型、Ｂちゃんは「23－27」型とされていた。ところが、ネガフィルムの解析では、ゲル上の被害者の血液からも「16」型あたりにバンドが見えていることが判明したのだ。「16」は犯人の型の片割だ。

いったいどういうことなのか?

本田教授が説明する。

「被害者の血液からも加害者の型のバンドが見えているということは、DNA抽出に失敗したのか、実験者の汚染なのか、PCR増幅の失敗で出るはずのないバンドが出たのか。いくつかの可能性はあります」

原因と考えられる可能性に触れた上で、こう指摘した。

「いずれにしても、被害者単独の試料から出たバンドの型を、犯人の型とすることは絶対にできないということです」

それはそうだ。被害者の心臓の血液の中に加害者のDNAが入り込む可能性などゼロなのだから。これも、プリントではわからなかったことだった。鑑定書の写真はなぜか暗く、「16」が見えない。この事実がネガで初めて明らかになると、検察はこう釈明した。

「これはバンドではなく、ゲルを染色した時のムラである」

徳田弁護士は記者会見で反論した。

「エキストラバンドとか、染色ミスとか、そんな問題ではない。本質は、鑑定写真に工作が加えられていたということです。ひょっとしたら、真犯人の型かもしれないものが写っていた。その議論すらなされずにカットしていたんです。今になって説明できる簡単なことなら、最初から隠す必要などない。きちんと紙上で説明すべきでした。我々はこれらを改竄《かいざん》と捉《とら》えています」

改竄。

重い言葉だが、確かにここまで事実が明らかになれば、その疑惑を拭うことは難しいのではないか。私のような素人《しろうと》が見ても、なぜ鑑定写真を「41－46」の真下、ギリギリの位置で切るのか、そこに不審を抱かざるを得ない。

岩田弁護士は「飯塚事件」は思い込み捜査だったのではないか、と言った。八八年の「Ｉちゃん行方不明事件」の直前、Ｉちゃんが久間氏の家にいたという情報から本件を強引に結びつけたのではないかと。

捜査に当たった県警捜査員が裁判で久間氏について次のように証言していた。

「Ｉちゃんという小学校一年生がいなくなったことがありまして、その最後の接触者といいますか、目撃者といいますか、そういう人だということです。久間被告人の家に遊びに来ていて、それ以後行方が分からなくなったと、それ以後確たる目撃者はない、ということです」

だが、取材をしてみれば事実は少し異なる。

確かにその日、Iちゃんは久間氏の家にやって来ていたようだ。だがそれはIちゃんの弟と一緒にだ。そしてその弟は、久間氏の息子と幼稚園で友達だったのだ。その日曜日、久間氏は庭の塀にニスを塗っていたとのことで、妻も家にいたという。どこが声かけ事例なのだ。小さな子供がいるごく普通の家庭に、ごく普通に友達が遊びに来ただけではないか。

久間氏逮捕の翌日、警察は家の徹底捜索をしている。庭に大きな穴まで掘り、事件に関わる物証やロリコンである証拠を得ようとしたが、何一つ見つからなかった。

久間容疑者が起こしたという警察官の傷害事件。新聞によれば車の中で警戒に当たっていた私服警官に「お前はどこの誰か」と言いがかりをつけ、剪定鋏《せんていばさみ》で怪我《けが》をさせたということだったが、関係者に言わせればこうなる。

「刑事は、久間の家のゴミを回収しようとしたそうです。それに気がついた久間が誰何《すい か》して揉《も》み合いになった。その際、剪定鋏で刑事が怪我をしたんです。でも、刑事達は名乗らず、警察手帳を見せずに逃げた。だから公務執行妨害は成立せず、傷害事件となったんです。ところが……後に、この刑事の一人が自殺したんです」

自殺の理由が捜査の不手際《ふてぎわ》を問題にされたことなのかどうか、その真相はわからないが、その後、「飯塚事件」の捜査は自殺した刑事の弔い合戦の様相を見せていったという。

ここに至って、私は東京で古新聞を漁《あさ》り、マウスを叩《たた》いて事件を判断していた自分を恥じた。確かに現場取材を重ねるには距離もあり、足場も悪かったかもしれない。だが、それを省いてわかったような面《つら》をしてはならなかったのだ。

ある日の取材を思い返す。

徳田弁護士のインタビューを終えた私は、居酒屋の隅で彼と雑談していた。

ふと思った。一審から弁護を担当し、被告人が死刑執行された後も再審のために奔走するこの人は、実際のところ久間氏をどう捉え、どんな想《おも》いで弁護を続けているのだろうか。私は箸《はし》を揃《そろ》えて置くと、徳田氏に真正面から尋ねていた。

「あえてお尋ねしますが、徳田さんは、この事件を無罪だけではなく、無実とも信じているんでしょうか？」

徳田弁護士は私の問いかけを受け止めると、一度うつむいた。そして顔を上げ、姿勢を正すと穏やかな目で私を見つめ、そっと口を開いた。

「死刑が執行されてからなんですね。特にその気持が強くなりました。久間さんは、無実ではなかったかと……私はそう思っています。そして、もっと早く再審請求をしていれば、死刑は執行されていなかっただろうなと。私達が殺してしまったようなものです……」

ある冬の午後、私は飯塚市内の商店街で聞き込みをしていた。

事件発生当時の新聞に気になる記事を見つけたからだ。事件の当日に、ある店の従業員が被害者の二人に似た子供達を目撃していた、という記事だった。それが被害者の二人ならば、時間経過から考えて久間氏にアリバイが発生する。その真偽を調べてみようと思ったのだ。

長い月日を経て商店街は変わっていた。目指した店はすでになく、今は倉庫に変わっていた。それでも周辺を訪ね歩くと、二人を目撃した元店員を捜し当てることができた。だがその女性は「赤とピンクのランドセルを背負った子供の後ろ姿を見ただけです。新聞記者の人達にも、そう言ったんですけどね」と言うだけだった。元々、人定などできていない「飛ばし記事」だったのだ。仕方がない。取材ではよくある徒労の一つだった。

礼を言い、取材を終えようとしたその時に、元店員は気になる言葉をぼそっと付け加えた。

「以前にも、あなたと同じことを聞きに来た人がいましたよ」

いつ頃ですかと尋ねてみれば、そんなに昔のことではないという。そしてこう言った。

「その人は、逮捕された人の奥さんだって言ってましたよ」

言葉に詰まった。

飯塚市の町外れに立つ一軒の家には、再審を請求する久間氏の妻がひっそりと暮らしていた。犯人の家族として、市民にも厳しい目を向けられ、家に石を投げられたこともあったという。子供は「くまの子、鬼の子」といじめられたとも聞いた。

その家族が今は「遺族」となり、国家を相手に必死の闘いを続けている。もしも何かを勝ち得たとしても、帰ってくるのは名誉だけで、命が還《かえ》ることはない。

私は問いたい、死刑執行は本当に正しかったのか、と。司法関係者に「もしや」という思いはなかったのか、と。事実上、DNA型鑑定を根拠に死刑を執行することに躊躇《ちゅうちょ》はなかったのか、と。

その朝、福岡拘置所で久間氏が見せられたはずの「死刑執行命令書」。

そこにはいったい何が記されていたのか?

情報公開請求した結果はこうだった。

法務省刑総秘第１４７６号
福岡高等検察庁検事長　栃木庄太郎
　平成19年2月7日上申に係る久間三千年に対する死刑執行の件は、裁判言渡しのとおり執行せよ。
　平成20年10月24日
法務大臣　森　英介

文末に法務大臣の角印が押されたA４サイズの書類が一枚。書かれていたのはこれだけだ。二月七日の上申とは、検事が書いた別の書類の「死刑執行上申書」のことだった。

福岡高等検察庁検事長佐渡賢一名で、当時の法務大臣に出されたその書類は五枚綴《つづ》り。

〈次の者に対し、下記のとおり死刑の判決が確定したから、死刑執行命令を発せられたく上申します。1死刑確定者　氏名　久間三千年……〉〈捜査の端緒及び検挙されるに至った経緯は、別紙記載のとおり〉となっていた。だが肝心の「別紙」三枚を私は見ることはできなかった。

まるで黒いカーボン紙のように全面が墨塗りされていたからだ。

国が法の下に行った裁きの公文書がなぜ墨塗りなのだ？ 「死刑事件審査結果」という書類に至っては、一ページ目の「犯罪事実の概要」以外、九ページまで全ページが塗りつぶされている。そこにいったい何が書かれていたのか見当もつかない。MCT118法鑑定をどう評価していたのか知りたいが、それが書いてあるかすらわからない。

「死刑執行始末書」という書類の執行立会者欄も墨塗りだ。

福岡高等検察庁　検察官検事 [redacted]

福岡高等検察庁　検察事務官 [redacted]

なぜ、検事の名まで隠すのか。非難しているのではない。単純に疑問なのだ。

検察官は独任制とされ、一人の裁量で起訴、求刑もできる。そこまで大きな決定権を有する唯一《ゆいいつ》の職業だ。だのに、なぜ？

別の死刑執行に立ち会った経験を持つ元検事に話を聞いてみることにした。

「確定判決が出た検察庁から、検事が死刑に立ち会うんです。執行までが長いので、公判を担当した検事はすでに異動していない場合がほとんどですから」

話を聞いて意外に思った。死刑求刑をする検事と執行に立ち会う検事は別だというのだ。立会者は法務省から送られた関係書類を読んで、事件内容を理解した上で拘置所に向かうのだという。

「拘置所長に刑場に案内されます。初めて見た刑場は板張りの綺麗《きれい》な場所でしたね。上には裸電球が点《とも》っている。立会者は刑場の向かい側に設置されているイスに座って待っている。やがて真正面にある観音開きの扉が開くと、白い布で目隠しをした死刑囚が出てくる。両脇《りょうわき》を刑務官に連れられてです。素早く首にロープをかける」

刑場の壁の裏側には三つとも五つとも言われている執行用の赤いボタンが並ぶ。

それをボタンの数と同数の刑務官達が同時に押す。すると、油圧によって死刑囚の足元の床が一気に二つに分かれて開く。作用したのがどのボタンかは、刑務官自身にはわからない。

「床が開いて、すっと受刑者が落ちていって……。ガラス張りですから音は何も聞こえません。私がいた部屋にはお経のテープがずっと流れていましたね。三〇分待つ……死ぬまでです。その後でロープを外して医師が診断する。検死ですね。検事が死亡を確認します」

検事の立ち会いはここまでで、遺体はその後、棺《ひつぎ》に納められ、遺族に引き渡される。

「検察庁に戻ると封筒に入った三万円のお金をもらい、その日の仕事は昼で終わりですね。慰労金ということでしょう。事務官が『執行始末書』を書いて、検事が署名して全部が終了です」

慰労金を振り込みにしないのは、死刑執行に立ち会ったことを家族に気づかれないようにするためだという。

立会検事はどうやって決めるのですか？　私は何気なく尋ねた。

「あぁ、アミダクジですね」

アミダクジ……。三万円もらい、イスに座って執行を待つ……なるほど、私が検事なら名前を隠してもらいたくなるかもしれない。

言っておくが、私は死刑反対論者ではない。むしろ重罪には厳罰をと考える。だが、同時に死刑は不可逆の罰だ。

万が一にも起こってはならないことだが、その万が一が起こったとしたらどうするのか。

沈黙するのか。

謝罪し、原因を究明し、再発防止の策をとるのか。

免田事件はどうだったか。

強いられた自供で逮捕され、三四年もの歳月を獄中で過ごし、無罪を訴え続けた免田さんはついに死刑判決を覆《くつがえ》した。そう、免田事件はあってはならぬ「死刑の誤判」だったのだ。

その再審で熊本地検の伊藤鉄男検事は、最後まで免田さんに死刑を求刑した。無罪になった後は、上層部に提出する原稿用紙二〇〇枚の反省文を書きながら、「風雪に耐える捜査。時間の経過に左右されない捜査を尽くすのが検察官の使命」と自身に誓ったという。

その免田さんの釈放からわずか八年後、今度はいったい何が起こったか。

菅家さんの誤認逮捕である。

さらに一七年後、伊藤検事は最高検次長検事という立場で菅家さんの釈放後の記者会見に臨み、「検察としては、真犯人と思われない人を起訴し、服役させたことは、大変申し訳ないことをしたと思っている」と謝罪することとなった。

「風雪に耐える捜査」とやらはどうなったのだ。

弁護士会館で免田さんと菅家さんの二人が向かいあって握手した時、私の中で何かが引っ掛かったのはそれだった。

元死刑囚と元無期懲役囚が娑婆《しゃば》で握手をする。

私はその光景に「再発」を見たのだ。

この事実があってなお、検察官たちは軽々しく「今後、二度と繰り返さないようにしたい」などと口にすることができるのだろうか。菅家さんの再審法廷で謝罪した検察官達のように。

繰り返される、あってはならぬ過《あやま》ち――。

栃木県のある記者からこんな話を聞いたことがある。

取材のため県内の現場に集まっていた報道陣に、警戒に当たっていた制服警官が唐突に話しかけてきた。

「菅家は、実は本当の犯人なんだよ」

驚いた記者達がその根拠を問うと、「先輩がそう言ってるから間違いないんだ」と言う。何の根拠もないわけだが、どうやらそれが県警内で囁《ささや》かれていることらしかった。

重大な冤罪を生んでしまった反省はあるのだろうか。県警自身が当時の捜査の不備を認識せず、ＤＮＡ型鑑定によりかかった責任を今も理解していないという現実。この先も変わらず、そんな話が伝播《でんぱ》してゆくことになるのだろう。「科警研が言ったから」「先輩が言ったから」「本当は犯人なんだよ」とレッテルを貼《は》りながら。

　八三年に免田さんを取材した時のことが、忘れられない。

　脳裏に、今も焼きついているその表情。

　熊本市内で夕食を一緒に取り、帰路タクシーを拾った。後部座席で車窓に目をやっていた免田さんが、ふと思い出したように前方に顔を向けるとこう言った。

「あんた、免田って人、どう思うね？」

　尋ねた相手は運転手だった。当時熊本で「免田事件」を知らない人はいない。免田さんは続けた。

「あの人は、本当は殺《や》ってるかね、それとも無実かね？」

　ハンドルを握る運転手は、暗い後部座席の顔が見えない。まさか本人が自分の車に乗っているとは微塵《みじん》も思わなかったのだろう。

「あぁ、免田さんね。あん人は、本当は犯人でしょう。なんもない人が、逮捕なんかされんとですよ。まさか、死刑判決なんか出んとでしょう。今回は一応、無罪になったけど……知り合いのお巡《まわ》りさんも言ってたと」笑ってハンドルを廻した。

「そうね……」免田さんは、目線を膝《ひざ》に落とした。

　人は、ここまで寂しい表情をするものなのか。

車の移動に合わせて街灯の灯りが横顔を照らし出す。かける言葉を懸命に探してみたが、まだ若かった私は、何ひとつ口にできなかった。

車を降りてから、免田さんはぽつりと言葉を吐いた。

「あれが、みんなの本心とですよ」

拷問《ごうもん》のような取り調べで自供をさせた警察。その自供を信じ込んだ検察と裁判所。それをただ報じ続けたマスコミ。無罪になっても誰もが「無実」を信じるわけではないという現実を、私は肌で感じた。私は、夜道を歩んでいく免田さんの後ろ姿を、ただ見送ることしかできなかった。

砂利を踏む足音が闇《やみ》に響き続ける。

その乾いた音すら昨日のことのように思い出される。

第二章　警鐘

法務省など司法の心臓部、霞が関

ここまで読めば、おわかりいただけただろうか。

「北関東連続幼女誘拐殺人事件」が葬《ほうむ》られたということを。

五人の少女が姿を消したというのに、この国の司法は無実の男性を一七年半も獄中に投じ、真犯人を野放しにしたのだ。報道で疑念を呈した。獄中に投じられた菅家さん自身が、被害者家族が、解決を訴えた。何人もの国会議員が問題を糺《ただ》した。国家公安委員長が捜査すると言った。総理大臣が指示した。犯人のＤＮＡ型は何度でも鑑定すればよい。時効の壁など打ち破れる。そのことはすでに示した。にもかかわらず、事件は闇《やみ》に消えようとしている。

本来、シンプルな話のはずだった。

五人の少女達。罪もない幼い命が一七年の間に、半径一〇キロの地域で、殺されたり行方不明になったりする事件が起きたのだ。それを黙認するというのか。

私は、許せない。

だから報じ続けてきた。本を執筆するのは事件の行く末を見届けてから、最後の最後にしようと思っていたが、もうよい。私は知りうる事実と問題点を書き残すことにした。

そもそも報道とは何のために存在するのか——。

この事件の取材にあたりながら、私はずっと自分に問うてきた。

職業記者にとって、取材して報じることは当然、仕事だ。ならば給料に見合ったことをやればよい、という考え方もあるだろう。だが、私の考えはちょっと違う。謎《なぞ》を追う。事実を求める。現場に通う。人がいる。懸命に話を聞く。被害者の場合もあるだろう。遺族の場合もある。そんな人達の魂は傷ついている。その感覚は鋭敏だ。報道被害を受けた人ならなおさらだ。行うべきことは、なんとかその魂に寄り添って、小さな声を聞き、伝えることなのではないか。

権力や肩書き付きの怒声など、放っておいても響き渡る。だが、小さな声は違う。国家や世間へは届かない。その架け橋になることこそが報道の使命なのかもしれない、と。

そこにこだわると、警察や検察、裁判所といった国家権力や同業者と対立することもある。勇ましい気分とかそういうものとは程遠いし、本心を言えばそんな面倒は御免被《こうむ》りたい。だが、懸命に取材を続けていればそうしたことは起こりうる。孤立しようが、腹をくくるよりない。

「足利事件」では何が起きたか。当時のマスコミが警察発表にそのまま乗って、菅家さんの冤罪《えんざい》を看過したことは否《いな》めないだろう。

四五歳無職、元幼稚園バス運転手、週末の隠れ家にはロリコン・ビデオ。

菅家さんが「無職」だったのは、勤め先の経営者が警察の内偵捜査で腰が引け、解雇したからだ。「隠れ家」は四五歳の男性が親元から独り立ちした住まいだ。押収《おうしゅう》されたビデオにロリコンものなど一本もない。

メディアは警察が作ったそんな「物語」を報じるだけでよかったのか。ありえない自供を強いたDNA型鑑定についても喧伝《けんでん》に努め、警察庁の思惑通りの「神話」の形成にも力を貸した。各社の記事のおかげかどうかは知らないが、菅家さん逮捕の三週間後、警察庁は翌一九九二年度の鑑定機器予算として約一億一六〇〇万円を獲得している。警察庁もPRに力を入れたようだ。これらの記事がほぼ警察庁発だったことは栃木県警幹部の口からも聞いた。

スピードを求められる報道取材の初動でこうしたことが起こるのは、ある程度仕方がないかもしれない。だが、菅家さんが無実を主張してからはどうだっただろう。いちいちは挙げないが、警察や検察との対立事案について、まさにその警察や検察の言い分ばかり報じるのは本当に解《げ》せない。

大手メディアの記者の仕事は官庁を取材することで、「小さい声」を聞くことではない、ということなのだろうか。私が考える「報道」とは違うジャンルの仕事だ、ということなのだろうか。

私が菅家さんの無実を信じたきっかけは二つある。

一つは、もちろん「ルパン」という男の存在に気づいたことだ。だがもう一つは、菅家さんの書いた手紙を読んで、ある一節に出会ったことだった。菅家さんが私に向けて書いてくれた手紙ではない。母親や妹に宛《あ》てた手紙だ。逮捕された菅家さんが、あろうことか市民税の滞納を心配している手紙。

〈あと一回税金（二〇〇〇円）がのこっておりました　どうかよろしくお願いします〉

最初に読んだとき、なんでこの人はこんなことを心配しているのだろうと不思議だった。この手紙を菅家さんは「三人の幼女を殺害した」と自供した直後に書いているのだ。もし犯人なら、心配するのは税金の未払いなどではない。

死刑だ。

なのになぜ、菅家さんはそんなことを書き送ったのか。

菅家さんの側に立って考えてみれば想像がつく。菅家さんは自供を強いる警察のことは諦《あきら》めても、この国は信じていたのだ。実際、「裁判になれば、きっと大岡越前《えちぜん》みたいなすごい人が出てきて、何も聞かずに無罪とわかってくれる……」と後に私に語っている。絶対に間違っているはずのDNA型鑑定と、無理やりに作られた自供など、立派な裁判官が見抜いてくれる、すぐに牢屋《ろうや》から出してくれる、と信じていたのだ。

だから、税金の滞納はできない。

私はこの一節に出会った時、この人の無実は信じられる、と思った。信じてもいい、と思った。裏を探るのが商売のような記者でも、伝えるべき「小さな声」に出会った時はそうと感じるものだ。

だが、「もう一度DNA型鑑定をやってもらえばわかります」と何度も繰り返された、その無邪気とも言える菅家さんの信頼に、この国の司法は応《こた》えられたのだろうか。真剣な声に、マスコミは耳を傾けただろうか。

「飯塚事件」でも同じことが繰り返されていた。

再審を求める弁護団は何度も記者会見を行った。科警研のDNA型鑑定の疑惑や目撃証言調書の聴取経緯など、弁護人が世間に伝えたいことは多かった。そこには毎回大勢の記者達も集まった。だが、なかなか記事にならない。久間氏が逮捕され、有罪となった際には当局情報を一面で書き続けた新聞社も、弁護団の主張となると小さな記事かボツにする。徳田弁護士が会見で苦渋の表情でその不条理を訴えたことがあった。

「前回、検察側から反論書が出たとお伝えしました。私はその反論がおかしいとレクチャーしたんです。そしたら翌日の新聞には『検察側反論』という記事だけが出ました」

彼は重い息を一つ吐くと続けた。

「みなさんは、どんな思いで我々の話を聞いているのか。弁護側からレクチャーを受けて書く記事が、検察側の反論だけなら、何のためにレクチャーしているのか……。私は報道に当たっているみなさんと距離を感じます。もし……あえて、もしという言葉を使いますが、再審が開始され、無罪が明らかになった時に、この事件の報道におけるジャーナリズムの姿勢というものが問われるわけです。かつて自分の社がどんな報道をしたか、ぜひ検証してください。犯人に違いないという報道が流れまくり、久間さんの家族はここにも出て来られないんですよ」

報道とは何なのか。

例えば、親が幼い子供を車に残して買い物などに行き、車内で子供が熱中症で亡《な》くなる。そんな悲しい事故が毎年繰り返される。定型文とも言えるニュースが流れる。

〈××署は保護責任者遺棄致死の疑いで、母親である○○を逮捕し、△日送検しました〉

そんな報道を目にして、あなたはどう思うだろう。「馬鹿《ばか》な親だ」と思うだろうか。あるいは、「私はそんな愚かなことはしない」と笑うだろうか。

しかし、このニュースの問題点はどこだろう。報じるべきなのは警察による広報文なのだろうか。事件を担当する警察署の名称や罪状、送検予定なのだろうか。

あなたがスーパーに行くとする。後部座席ではいつの間にか子供がぐっすりと寝入っている。起こすのもかわいそうだと思う。エアコンはセットされている。すぐに戻るからねとそっと車を離れるが、あいにく店は混んでおり、買い物は思ったようなスピードで進まない。目を覚ました子供はあなたの姿を捜し、泣きながら車内を移動する。外に出ようとあちこち触り、やがてエアコンのスイッチを切ったり、エンジンキーそのものを廻してしまう。そして車内温度は春先でも五〇度を超える……。

報じるべきことは、こういった事実なのではないのか。

原因はなんだったのか。同様の事故を二度と起こさぬためにはどうすべきか。それを報じるべきなのではないか。

絶対に子供を車に残してはならないのだ。特殊な人が、特殊な条件下で起こした事件、事故だと突き放さず、寄り添い、苦しみの中から絞り出される声に耳を傾けること。それが報道に課せられたことではないか。

横山ゆかりちゃんの父親、保雄さんにインタビューを行った時のことを思い出す。あえて、こんな質問をぶつけたことがある。

ゆかりちゃんを、パチンコ店に子供を連れていったことを、今どう思いますか？

保雄さんは俯《うつむ》き、絶句した。やがて、絞り出すような声で言った。

「悪いのはパパなんだよ……」

テレビカメラの前で、ゆかりちゃん本人に向かって謝るように言うと、ポタポタと涙をこぼした。私は、その姿を番組の冒頭に持っていった。その少し前のキャンペーン報道第一弾の放送後に、視聴者からこんな声が出たからだ。

「パチンコ店に子供なんか連れていく親が悪いんじゃない？　そう放送すべきでしょ」

予想はしていた声だったが、たまらなく不快だった。もちろん、パチンコ店は子供が行くべき場所ではない。そんなふうに考える人がいても不思議ではない。起こったことから逆算すれば、「そこに行かなければ起きなかった事件」ということになるのかもしれない。

だが、考えてみてほしい。

これはれっきとした誘拐事件だ。犯罪である。非道を働いた犯人がいる。悪いのは被害者だろうか? 犯人に決まっている。自分はパチンコ店に子供など連れていかない。目を離すようなこともしない。だから事件に巻き込まれることなどない。そう言いたいのだろうか。何を言うのだ、と思う。

人様に指摘されるまでもなく、被害者の家族は自分の犯したミスを悔やみ続けている。娘を、誰よりもかわいい娘を、パチンコ店に連れていってしまったことを悩み、涙を流し、生きてきた。日々の生活の中で〝パチンコ〟という言葉に触れるだけで、どれほど傷ついてきたことか。そんな人達をさらに追い込み、「私達とは関係ない」などと人々を安心させるために報道はあるのだろうか。

足利で松田真実ちゃんが行方不明になった時、愛娘《まなむすめ》を必死に捜し続ける父親に、現場に駆けつけた県警幹部は何と怒鳴ったか。

「なぜ子供をパチンコ店に連れてきたんだ!」

知らなかったからだ。

足利で未解決の重大事件が続いていることなど、知るよしもなかったからだ。

真実ちゃんの一家は、事件の四〇日前に関西から栃木県に引っ越してきたばかりだった。新しい生活を始めようとしていたその矢先だ。足利市の連続幼女誘拐殺人事件など知るはずもなかった。

群馬県の大沢朋子ちゃんの事件もそうだ。

「平和な地域だったものですから、信じられない気持ちでした」

父親の忠吾さんは被害者家族の集まりでそう言った。隣の県で起きていた未解決事件を知らなかったからだ。

真実ちゃんの父親を怒鳴った栃木県警はその後、何をした?

菅家さんを逮捕し、足利の三事件は全《すべ》て解決したと広報した。

「地域社会の不安解消ができ、本当によかった。三件目でやっと検挙になったのは、警察の執念でしかない」「三件の事件は全容解明ができた。苦節一三年、執念の捜査が実って感慨無量」そう胸を張り、逮捕した警察官に賞を出した。だが実際は誤認逮捕の上、三件中起訴できたのは一件だ。それでも警察は〝全面解決〟をうたい、マスコミはそのまま報じた。警鐘が鳴らされることはなかったのだ。

そんな有様で、横山ゆかりちゃんの両親が危機感を抱けただろうか。

何も知らぬまま、七夕のあの日、パチンコ店に向かってしまった彼らを誰が責められよう。

私は思う。

事件、事故報道の存在意義など一つしかない。

被害者を実名で取り上げ、遺族の悲しみを招いてまで報道を行う意義は、これぐらいしかないのではないか。

再発防止だ。

少女たちが消えるようなことが二度とあってはならない。

だからこそ真相を究明する必要があるのではないか。

捜査機関はどうだっただろう。

警察庁は「同一犯による連続事件」すら認めようとしなかった。五件の事件のうち四件までの可能性には言及したものの、どれほどしつこく報じられようと、「横山ゆかりちゃん事件」だけは連続性を認めようとしなかった。被害者家族会の記者会見の前には警察官が一斉に家族宅を説明に訪れ、ミスターTが松本さんの「歩き方が似ている」という証言を記事として配信すれば、怪しげな物証までちらつかせて他社の記者を牽制《けんせい》し、事件が発生した地域の新聞から記事を消し去った。

なぜそうまでして「ゆかりちゃん事件」だけを切り分けたいのか。

九〇年、「松田真実ちゃん殺害事件」
九一年、菅家さん誤認逮捕
九六年、「横山ゆかりちゃん誘拐事件」

二つの事件が「同一犯」であると認めたら、いったいどうなるか。

「足利事件」で正しい捜査が行われていれば、「ゆかりちゃん事件」は起きなかった……ということになってしまう。再発防止どころではない。広域捜査を所管すべき警察庁のプライドはズタズタになる。

栃木県警に捜査一課長を本部長として送り込み、何が何でも逮捕をと意気込んで、まだ完成していなかったDNA型鑑定を推進、科警研に実施させた警察庁だ。誤認逮捕を引き起こした上、真犯人によって「横山ゆかりちゃん事件」が起こったなどとは絶対に認めたくないだろう。

それでも国会で追及され、五件の同一犯説を無視できなくなった警察庁はどうしたか。次は「時効」である。あくまで捜査を行おうとしない。

しかし――捜査をしない理由はそれだけなのか。

「飯塚事件」のＤＮＡ型鑑定写真の「改竄《かいざん》」を思い出していただきたい。

ギリギリの位置で切り飛ばされた、真犯人の型かもしれない「41‐46」。

引き起こされた結果は重大過ぎる。

もしもあの「41‐46」が真犯人のものであれば、久間氏は犯人に、な、れ、な、か、っ、た、のだ。

菅家さんのケースと同じである。他の証拠は意味を失い、死刑判決が下ることも当然なかった。

あの「改竄」を知った時、私は科警研の「闇」に触れたような気がした。まるで「自供」のようにすら見えるトリミングの仕方。それは、警察庁肝煎《きもいり》の事件となってしまい、何としてでも犯人を捕えなければならなかった県警と検察に対して、科警研が上げた「悲鳴」にも思える。

「足利事件」の「18‐24」、「飯塚事件」の「41‐46」。

本質は、同じなのではないか？　これこそが彼らの「守るべきもの」だったのではないか？

同時期に行われたＤＮＡ型鑑定で、ともに消されたＤＮＡ型はすなわち――犯人のものかもしれない型だ。逮捕された人間とは合致しない、野放しになった男の型ではないのか。

「足利事件」と「飯塚事件」のDNA型鑑定を担当した科警研の主任研究官S女史は二〇〇一年に自著を出している。「足利事件」でDNA型鑑定神話が完成した一年後のことだ。その本の前書きにこうあった。

〈自分が書いた一行によって、被害者、被疑者双方の運命が変わってしまうかもしれない……。そう考えると、資料の状態が悪く鑑定が難しかった場合など、鑑定書を書くときに、文字通り命の縮む思いがするのである〉

そして「DNA型鑑定の落とし穴」という項にはこう書かれていた。

〈犯人のDNA型さえ割り出せれば、すぐに事件が解決するように考えるのは、大きな間違いなのである。（中略）DNA型鑑定は、捜査を補佐する役割しか担《にな》えない。ここを間違えると、いつかとんでもないことが起こる……。私はそう危惧《きぐ》している〉

（傍点筆者。『血痕《けっこん》は語る』時事通信社）

私には、この一文には痛々しい響きが伴っているように思えてならない。

私が連想したのは「書き残す」という行為だった。警察庁職員という立場であり、科学捜査のエキスパートという立場にある人物が、DNA型鑑定は補佐的な役割しか担えないとはっきりと書き記していた。ＤＮＡ型鑑定はあくまで参考であり、殺人事件の証拠の主柱にはなり得ないのだと。

だが、現実はどうだったか。菅家さんは刑務所へ送り込まれ、一人の男が死刑台へと足を運ぶことになった。これこそ、彼女が書き残したとんでもないことなのではないのか。

「飯塚事件」の調書の中で、科警研の主任研究官Ｓ女史はこうも言っていた。

「鑑定出来る量は残っていません」

供述録取用紙に残るその文字は私の脳内で別の言葉とシンクロする。

宇都宮地検の女性検事が松田ひとみさんに言ったあの台詞《せりふ》。

「シャツだけはこちらで預からせて欲しい」

「41‐46」が出るかもしれない「飯塚事件」の犯人のＤＮＡは、全量消費してもうないと言う。

「18‐24」が出るかもしれない「足利事件」の犯人のＤＮＡが付着するシャツは、返さないと言う。

二つの事件の真犯人のＤＮＡさえ封印すれば、鑑定の闇は永久に閉ざすことができる。

これこそが、捜査当局が何としても葬りたい真実だったのではないか。

事実、私は当局の「生の声」も聞いているのだ。告白しなければならないだろう。

私がコンタクトを取った、あの捜査当局幹部のことだ。

菅家さんは釈放されたものの、まだ再審が始まらないという時期だった。私は「ルパン」という男の存在を、何とか捜査機関に知らせる必要に迫られていた。

あの日、私と杉本敏也社会部長が向かったのは銀座のとある店だった。高級そうな懐石料理の店は落ち着いた和風の造りで、丸い小石を敷き詰めた瀟洒《しょうしゃ》な三和土《たたき》には相変わらず私の靴だけが不似合いだった。その眺めには、若干悪い予感がしないでもなかった。

少し遅れて到着したのは、背広が板についた立派な体格の人物だった。

最高検察庁の幹部。

飛驒牛《ひだぎゅう》の料理などが運ばれる中、私と杉本部長は声を落としてこれまでの取材で判明したことを伝えた。「ルパン」の目撃証言。私がその男の存在に気がついた経緯。これまで見落とされていたファイルの存在。その男の住所と氏名。連続事件との関連性。そして男のDNA型が「18－24」型であるということについて――。

「足利事件」の捜査過程で、「ルパン」の目撃証言があったことすら知らなかったその幹部は、驚きを隠せなかった。私が持参した資料、地図、男の写真などの根拠を目にしてこう言ったのだ。

「これはそのまま犯人だよ」「この男が誘拐し、女の子と手を繋《つな》いで河原を歩き、首を絞めて殺害したと考えた方が普通だ」と言い、写真に目をやって、「こんな男がいたのか」と、深いため息をついた。

検察幹部は、どっしりとした低い声で、こう続けた。

「何とかしたい、二ヶ月だけ待ってくれないか」

「ルパン」について報道するのを待って欲しいと言ったのだ。私が「ルパン」の存在を摑《つか》んでから、その時点ですでに二年近くが経《た》っていた。今さら急ぐ必要などなかった。それより事件解決が優先だ。異存などあるはずもなかった。

その幹部も、時効を突破する方法としてはやはり刑訴法二五四条第二項の解釈を考えているようだった。

私がこれまで、法律の専門家でもないのに「時効の壁は突破できる」などと書いてきたのは、この幹部の反応も大きい。なんと言っても犯罪捜査のプロだ。頼もしいと思った。

それまでも、マスコミにも理解が深いという元警視庁の大物幹部や群馬県警の刑事など幾人かの捜査関係者と接触を持ったことは書いた。皆、最初は熱心に聞いてくれたが、途中からは掌《てのひら》を返した。しかし、この最高検幹部の感触は違った。

私はその日、検察幹部と固い握手をして別れた。

だが――。

その最高検幹部が豹変《ひょうへん》したのが六日後のことだったのだ。

つくば駅近くのフードコートで、再鑑定結果の食い違いに私が呆然《ぼうぜん》としていたまさにその時かかってきたあの電話、〈DNA型が合わねえんだよ〉という、まるで放り投げるような声。

本当にそれだけが理由だったのか。私は納得できなかった。元々きわめて状態の悪い試料だ。鑑定できなかったとしてもおかしくないものから、少なくとも一つの鑑定ではDNA型が完全一致したのだ。

それでも、幾人もの少女の命が消えた事件の追及を諦めるというのか。検察の正義とは、そんなにか細いものなのだろうか。何か、おかしくないか。

私はある言葉に思い当った。

それは、銀座の店での会話だった。

最高検幹部は話の中で、私からふと目線を逸《そ》らし、野太い声でぼそっとこう言った。

「あの18－24ってやつ、止《や》めてもらいてえんだよなあ……」

空気が止まる瞬間、というものがある。

それはそんな一瞬だった。私は最高検幹部のその言葉を本気であり、本音と受け止めた。

検察にとって、やはり「18－24」こそがアキレス腱《けん》だったのだ。

私の報道は、知らぬ間にそこに触れていたのだろう。

そこで取引を行ったとは思わない。真犯人逮捕のため、私は報道より捜査を優先しただけだ。私は二ヶ月間待つことで事件が解決をするならと「18－24」の報道を一旦《いったん》中断した。

結果、約束は果たされなかった。

今思えば、この事件が葬られる当然の理由があったのだ。「18－24」である「ルパン」を逮捕してしまえば、科警研の誤鑑定が確定する。それは、死刑が執行された「飯塚事件」にも重大な影響を与えることになるだろう。そんな「爆弾」を抱えこんでまで「ルパン」を逮捕しようと決断する人間が、霞が関にいなかったのだ。

かくして、「北関東連続幼女誘拐殺人事件」は「爆弾」と共に葬られようとしている。

だがこれだけは言いたい。

私は、ＤＮＡ型鑑定が一致したから「ルパン」が真犯人だと推論を立てたのではない。まったく逆だ。二〇〇七年夏、取材開始から二週間目に、私は「ルパン」の存在を知ったのだ。だからこそ菅家さんを排除する必要に迫られ、冤罪報道を続けることになったのだ。その結果はどうだったのか？　この国の司法は誤認逮捕を、誤判を認めた。警察官も検察官も裁判官も頭を下げた。しかし、最後に登場したのは謎の「手品師」だった。彼が見せた手品とは、そう、「桶川事件」で使ったあれだ。

逮捕したくなかった肝心の主犯のストーカー男を消し去ったあのトリック。

今回も当局は、都合の悪い犯罪者を消し去って真実にフタをしたのだ――。

何度でも書く。

私は、冤罪にもＤＮＡ型鑑定にも元々興味など無かった。

私がこの事件にのめり込んだ理由は一つだけだ。

五人の子供達の命だ――。

いったいこの子達が、何をしたというのだ。

私は問いたい。

殺人犯がそこにいる。罪を問われず、贖《あがな》うこともなく、平然と。

司法機関は、それを放置するのか？

法治国家にとって、これ以上の問いは存在するのか、と。

＊

私は渡良瀬川を見下ろす田中橋に立った。川が大きく右に曲がっていくその手前が現場だ。二人の少女、真実ちゃんと万弥ちゃんが発見された場所。

初めてここに来てから、どれほどの時間が流れ去っただろう。

枯れたアシを踏み分け、進む。

青すぎる空の下、風が冷たく頰を撫《な》でる。

五人の丸顔の子供達。

活発だった万弥ちゃん。

甘えん坊だった有美ちゃん。

誰にも優しかった朋子ちゃん。

猫が大好きだった真実ちゃん。

花火を楽しみにしていたゆかりちゃん。

黒髪に赤い帽子。タスキがけにされた黄色いバッグ。笑顔の向こうに揺れるおさげ髪――。

あなた達が生まれた日、ご両親はどれほど喜びに包まれただろうか。

あなた達の笑顔は、どんなに安らぎを与えたことか。

お父さん、お母さんと小さな手をつないで歩いたことがあったろう。賑《にぎ》やかに食卓を囲んだ日々があったろう。友達と笑い、丸い目で生き物を見つめ、クレヨンを手にした日常があったろう。

どんな未来が待っていたはずだったか。

学校では何を勉強したのだろう。校庭を走ったり、歌を歌ったり。やがて、素敵な人に出会って、結婚したり、お母さんになっていたかもしれない。

平穏な日々。誰にでも、平等に与えられるはずの人生。

それが突然に、冷酷に、断ち切られた。

一人の男の手によって。

ルパン、やったのはお前だな。

なぜ連れ去った。ここでお前は何をした。少女達は最後に何と言ったのだ。それでもお前は、今なお堂々と街を歩けて幸せか。週末のパチンコは楽しいか。

なあ、夢に彼女達は出てこないか？

お前には遺族の苦しみなど到底わかるまい。

大切な家族を突然に失って、その名を呼び続けたことなどないだろう。気が狂いそうになるほどの喪失感を、永遠に終わらぬその地獄を、お前は知るまい。死を告げる乾いた声と、霊安室の床の冷たさと、そこに跳ね返る自分の声の虚《むな》しさを。少し前まで温かかった大切な人の身体《からだ》が、手の先で、止めようもなく冷たくなっていく感触を。

そして、家族が一人減った部屋の途方もない寂しさを。

なぜ殺した。

ゆかりちゃんは今どこにいる。

私は、狂おしいほどにそれが知りたいのだ。

自分が到達できない真実に、地団駄を踏み、歯ぎしりを繰り返す。

「ならば真実を教えてやろう。その代わりお前は、それを一切報じることはできないぞ、それでもいいか」

もし悪魔が私の耳元でそんな契約条件を囁《ささや》いたら、頷《うなず》いてしまいそうだ。

立ち尽くす私に、どぉっと風が吹き下ろす。

枯れたアシ達が一斉に音を立てる。

それは、誰かが囁く声のようだ。

今も耳の奥から消え去ることのない、小さな声。

「つらかっただろうね。夜暗くなって、知らない人にこんなところに連れてこられて」

「おねえちゃんに会いたかったよ……なんで真実ちゃんだったの？」

「お母さんもそれがわかんないんだ。返して欲しかった」

何度も何度も報じたぞ。

ルパンよ、お前に遺族のあの慟哭《どうこく》は届いたか。

お前がどこのどいつか、残念だが今はまだ書けない。

だが、お前の存在だけはここに書き残しておくから。

いいか、逃げきれるなどと思うなよ。

あとがき

ふと目を開けると、薄暗い部屋のベッドの横に誰かが立っていた。
丸顔の、黒い髪の女の子。肌の色が黒くて目がつぶらで。
フローリングの床に、素足のままでだ。
私の娘だった。
いかないでくれ――。
そう念じ、抱き寄せようと手を伸ばす。膝《ひざ》に、私の膝の上に座って欲しい。
けれどその手は宙を切る……。そして、そこできまって目が覚める。
そこには暗く、冷えきった部屋だけが、天井が、広がっている。
何度も見た夢だ。
なぜもう少しだけ、夢は終わりを待ってくれないのか……。
あの日、足利のホテルで見た少女達の夢は、どこかそれに似ていた。

私自身、事故で娘を失っている。

そのことに対する己への怒りや、悲しみがある。救えなかった命、守れなかった人がいることに。

人は、生を享《う》ける。

産声《うぶごえ》を上げたその時、周りには誰がいるだろうか。男の子も、女の子も、愛情をこめて名前をもらうだろう。その名にはどんな想《おも》いが込められているのか。哺乳瓶《ほにゅうびん》を自分の手で持った、伝い歩きができたと、一喜一憂する日々。幼稚園や学校に通う。友人ができる。学歴や肩書、立場や財産というものも身にまとったりするだろうか。

時に、何かに躓《つまず》いて大切なものを失うこともあるかもしれない。それを絶望と感じることもあるだろう。でも大丈夫だ。大抵のことなら取り返しがつく。何とかなる。やり直せる。私はそう信じて生きている。

だが「命」だけは違う。唯一無二《ゆいいつ》。どれほど嘆こうが取り戻すことなどできない。どれほど、どれほどどれほどどれほど嘆いたところで、戻らぬものは戻らない。私はそれを、娘の死で痛感した。

私は、そこにこだわらずにはいられない。

だからこそ、現場に通う。

頭《こうべ》を垂れるような思いに駆られる、尊い命の姿があるからだ。

多くの修羅場があった。凄惨《せいさん》な事故現場で救い出された生存者をカメラで追い、命尽きた多くの人を目の当《ま》たりにした。ＪＡＬ123便墜落事故、阪神淡路大震災、三・一一……。

狭いドクターヘリの中で、私の手が届く距離で心肺停止してしまった名も知らぬ人がいた。私の隣で泣き続けるその人の妻の手を握り、励ましたこともあった。もうカメラなんぞ放り出してしまえ、心がひりつくようなそんな現場。限界まで人命救助を繰り返し、自身が殉職したハイパーレスキューの隊長の生き様も追った。

そんなぎりぎりの現場では、いつも救急隊員、消防隊員、自衛官、医師、看護師達の全力の姿があった。

私はその現場の姿の尊さを知っている。

そして、根底でそれを担《にな》うのが警察官、検察官、裁判官の仕事と信ずる。厳格な司法なくして、国民は守れない。安全と平和はない。

本書はそんな人達に対して手厳しいとは思う。我ながら、馬鹿《ばか》みたいに青臭くもある。けれども私は、彼らには正義の味方であって欲しいと切に願っている。誇りを持ち、胸を張り、仕事に取り組んでもらいたい。格好良く悪を罰し、弱者に手を差し伸べる。いつか職を退いた時、恥じることなき仕事として。

報道の仕事もだ。小さな声にこそ耳を傾け、大きな声には疑問を持つ。何のために何を報じるべきなのか、常にそのことを考え続けたいと私は思う。

本書は、様々な形で命に関わる人達に対し、そんな私の一方的な想いを記したものだ。批判や個人の責任追及が本書の目的などではないことは、ここできっぱりと断っておく。

人は誰でもミスをする。私だってもちろんそうだ。誤りは正せばよい。原因を突き止め、再発を防止することに全力を尽くせばいい。だが、隠蔽《いんぺい》しては是正できない。過《あやま》ちが繰り返されるだけだ。

「北関東連続幼女誘拐殺人事件」のテレビ報道はストレイト・ニュースとは別に、特集、企画だけで五〇回を超えた。月刊誌の連載は一年間。何でもやった。それぞれ評価を受けて、いくつかの賞も頂いたが、残念ながら真犯人は今も野放しだ。無念極まる。しかし、私は記者だ。ならば取材を尽くし、報じ続けるしかない。

それでも、菅家さんが無罪となった後、「布川《ふかわ》事件」「東電OL殺人事件」と重大事件の再審無罪判決も続いた。最近は、冤罪《えんざい》事件を取材する大手メディアの記者も増えている。また同時に、DNA型鑑定の絶対視も薄れたようにも思う。希望を捨てることなく、この事件と司法の行く末を見守り続けたいと思う。

困難の多い報道だったが、それを続けられたのは取材を受けて頂いた多くの方々のおかげだ。

中でも被害者のご家族には深く感謝したい。

また、目撃者や関係者のみなさん。取材に真摯《しんし》に向き合って下さり本当にありがとうございました。そして、一緒に制作に当たってくれたスタッフ達。こんな記者である私をテレビ業界に引きずり込み、勝手をやらせてくれた当時の報道局長足立久男氏をはじめ、ここに書き切れない数多くの人の支援がいつもあった。深く感謝したい。

前著に引き続き、新潮社の北本壮氏に、また本書では内山淳介氏にサポートに当ってもらった。本当にお世話になった。

そして何より――

四名の子供達の冥福《めいふく》を心から祈りたい。

福島万弥ちゃん

長谷部有美ちゃん

大沢朋子ちゃん
松田真実ちゃん
そして、横山ゆかりちゃんの消息が一日も早く判明することを。

二〇一三年一一月

著者

文庫版あとがき

本書の単行本版が世に出て二年が過ぎた。

今回の文庫化にあたって、この間の各方面の反応について触れておきたい。

刊行直後、まずネットが動いた。私の想像を超える数の書評が次々にアップされ、ツイートが流れた。年も押し詰まってからの刊行であるのに、「今年のベスト」という声もあった。多くの有名作家や著名なライターが内容について呟《つぶや》いてくださり、HONZという書評サイトでは、この一冊のために立て続けに四本もの関連書評がアップされた。異例のことだという。それに加えて前作『桶川《おけがわ》ストーカー殺人事件――遺言』や、この北関東連続幼女誘拐殺人事件取材の経緯をマンガ化した『VS.』まで取り上げてくれ、著者インタビューも掲載された。新聞、雑誌に掲《の》った書評やインタビューが最終的に何本に及んだのか数えていないが、相当な数だろう。その後も大宅壮一ノンフィクション賞にノミネートされ、新潮ドキュメント賞を受賞し、紀伊國屋《きのくにや》書店の店員さんたちが選ぶ「キノベスト!」や「本の雑誌」の年間ベストで2位となった。日本推理作家協会賞の「評論その他の部門」にも選ばれた。同協会がこうした事件ノンフィクションに授賞するのは稀有《けう》なことだという。冒頭で「これは小説ではない」と断っている本書が、推理小説と誤解されそうな賞を頂いて大丈夫だろうか……という思いもよぎったが、ありがたく頂戴することにした。少しでも多くの人々に、事件の全容を知ってもらうことが肝要と考え直したからだ。本について、私はどんな取材も受けたし、テレビやラジオの出演依頼にも応《こた》えたし、大学からの講演依頼も受けた。本書を取り上げてくださり、私に取材や出演を依頼してくださる方々も、本書を読んで事件の真相に触れ、私同様、声を上げなければ、伝えなければ、と熱意を持ってくれたのだと思ったからだ。声を上げてくださったすべての方々に感謝したい。

だが、肝心の事件自体は動かなかった。

ある程度、予測していたことではあった。菅家《すがや》さんの釈放後、私は何度もテレビでこの問題を報じた。月刊誌では連載で詳述し、県警に情報を伝え、検察上層部にまで働きかけた。疑念は国会にまで持ち出され、当時の首相が指示し、国家公安委員長が捜査を約束したが、その後ルパンに捜査の手が伸びなかったことは本書で述べた通りだ。だが、だからこそ、私は怒りをもって、半ばやけくそのように、本書にすべてをぶちまけたのだ。少しでも、声が上がることにかすかな望みを託して。「ルパンを野放しでいいのか」「なぜ警察は動かないのか」「真相解明はなされないのか」といった声は高まった。

二〇一五年七月には、再度国会でこの問題が取り上げられた。有田芳生《よしふ》参議院議員が行政監視委員会で質《ただ》したのである。有田議員はまず、五件の連続事件の「同一犯性」について改めて確認を求めた。

答弁したのは警察庁長官官房審議官・露木康浩《やすひろ》氏だ。

「いずれも幼女を対象とする誘拐容疑、あるいは誘拐殺人といった事案でございます。また、行方不明になった場所などが近接をしているということもございまして、同一犯による犯行の可能性は否定できない」

との返答。ならば、と有田議員は現在の捜査状況について尋ねた。

「群馬県警察におきましては、栃木県警察と連携を図りつつ、時効のまだ完成していない横山ゆかりちゃん事件を中心に、他の四事件との関連を含めて捜査中であるというふうに承知をいたしております」

官房審議官は従来の捜査方針を繰り返した。言い換えれば、「時効の壁」を越える気はない、連続性についてもさして重視していないということだろう。

この二年の間には、実はこんなテレビ番組も放送されている。

「ゆかりちゃん事件」の犯人は、「実は、女ではないのか？」というものだ。

防犯カメラの捉《とら》えた「サングラスに野球帽の男」が一五八センチという身長であり、その骨格などから類推すると、犯人は女である可能性もある、というのだから相当に大胆だ。ゆかりちゃん自身が誘拐される直前、母親に向かって「優しいおじちゃんがいる」と言っていたことはどうなるのだろう。いちいち反論するつもりはないが、この番組から言えることはある。あの防犯ビデオでは、犯人の男女も見分けられないということだ。犯人の人相や着衣の特徴を指す、警察用語で言うところの「人着《ニンチャク》」が、ほとんど無意味だったということだ。

犯人の一五八センチという身長の信憑性《しんぴょうせい》については、私は疑念を持っている。第六章で「群馬県警の元捜査幹部に取材したところ、『実際はプラス・マイナス二センチ程度はあり得る』とのことだから、身長は一五六から一六〇センチ程度の幅がありそうだ」と書いたが、身長の割り出し方法について、私はこの元捜査幹部からもう少し詳しく話を聞いている。取材の前は、犯人の身長を割り出すのだから、防犯カメラの取り付け角度や映り込んだ背景などから、科学的に算出が行われているのだろう、と思っていた。だが、苦笑いを浮かべた元捜査幹部はこう言った。

「ええ、それはですね。まず現場に、大、中、小の三人の捜査員を用意しまして、映像と同じ場所に立たせてみたんです。そうしたら一番小さい人物が大体同じ高さに見えまして……、そいつが一五八センチだった。なので、実際はプラス・マイナス二センチぐらいは有り得るかなと……」

私は、手にしていたメモ帳を取り落としそうになった。そんな方法で身長を決めていたのか……今更、当時の捜査方法を問題にしているのではない。「身長一五八センチ」という情報が、確定した事柄でもあるかのように、一人歩きしている状況が恐ろしいのである。

例えば、未解決事件として名高い「府中三億円事件」。一九六八年にニセ白バイが現金輸送車を停車させ、三億円を強奪した事件だが、この白バイ男のモンタージュ写真は多数作製されたポスターなどの形で日本中にばらまかれた。ところが三年後、捜査本部は「犯人はモンタージュ写真に似ていない」と捜査方針を大転換することとなる――が、この期《ご》に及んで「似ていない」と言われたところで、すでに人々の脳裏にはヘルメット姿の男が刷り込まれている。「書き換え」など不可能で、事件は迷宮入りし、いまだに犯人はあのモンタージュ写真通りだと信じている人もいる。

「ゆかりちゃん事件」も同様だ。野球帽にサングラス、長袖《ながそで》ジャンパーとダブダブのズボンという、変装と考えた方が自然であろうこの姿もまた、犯人の特徴のように伝えられている。しかしこの「人着」がほとんど無意味であるならば、初動捜査において効果がなかったばかりか、当時この男を目にした人々にも誤った印象を植え付け続けることになる。

「足利《あしかが》事件」の現場でルパンを目撃した主婦の松本さんは、防犯カメラの男の「足の運び方」に反応している。「歩いている時の雰囲気」で何かを感じたというのだが、事件解決のためには、こういった事件の連続性をひとつひとつ丹念に追っていく捜査が不可欠だろうと私は思う。

国会で有田議員は警察庁の官房審議官にこうも問うた。

「清水潔記者が『殺人犯はそこにいる』という本でも明らかにしましたけれども、犯人のものと思われる資料を最新のＳＴＲ型法でやったところ、三十数か所でこの男性（ルパン）のＤＮＡ型と一致したという報道があります。御存じですか」

「御指摘の報道については承知をいたしております」

重ねて、「その具体的な情報を検察の最高幹部が知っていたということは御存じですか」と有田議員が問うと、官房審議官はこう答えた。

「具体的な経緯については承知をいたしておりませんけれども、私どもとしては、参考人、関係者についてはあらゆる捜査を尽くしておるという立場でございます」

捜査はしているし、報道も承知していると官房審議官は言う。だが、殺人犯が野放しになっている現実は変わらないのだ。

第一〇章で触れた「飯塚事件」のその後についても紹介しておきたい。

二〇一四年三月、福岡地裁は再審請求を棄却する決定を出している。平塚浩司裁判長は検察側の主張をほぼ全面的に採用、逆に弁護団の疑問はほとんどを否定し、あるいは言及すらしなかった。この日、弁護団は「すでに死刑を執行してしまったという結論ありきの決定だ」と怒りを隠さなかった。

弁護団の主張のうち、認められたものが一点だけあった。科警研のDNA型鑑定疑惑である。裁判官の判断はこうだ。

「現段階においては、事件本人と犯人の型が一致したとの鑑定結果を直ちに有罪認定の根拠にはできない」

つまり、DNA型鑑定結果を有罪の証拠から排除したのである。例の、欠陥マーカーに同時泳動無し、加えて残資料無しで再鑑定不能、あげく泳動写真はカットしていたあの鑑定である……当然と言えば当然の判断だ。

だが、このDNA型鑑定結果を証拠から排除してなお、福岡地裁は「鑑定を除いた場合でも、本人が犯人であることには高度の立証がなされている」と結論づけた。

違和感を覚えざるを得ない決定だ。

再審開始に必要なのは新規性の認定である。重大な証拠を「有罪認定の根拠にはできない」としたなら、「よって再審を開始する」と続くのが自然だろう。

この事件においてDNA型鑑定が指し示していたのは、被害者と久間三千年《くまみちとし》氏が直接接触したということである。遺体から発見されたDNAが久間氏と同じ型だから、久間氏が犯人であるというロジックだ。その証拠を排除すれば、久間氏と被害者を直接に結ぶものは無くなる。残っているのは目撃証言（遺体遺棄現場から三キロ程離れた「傘やランドセルが見つかった場所」に久間氏所有の車に似た車両が止まっていたというもの）や車内の残留物などの乏しい証拠だけだ。これらは十分、再度審理すべきだと思われるものだが、裁判所は「高度の立証」とする。

一貫して犯行を否認し続けた久間氏は、獄中からの手紙でこう訴えていた。

〈DNA以外でも、繊維鑑定などが行われているが、それは決め手には遠く、結局DNA鑑定が裁判を大きく左右することになった……〉

これが死刑となった本人の認識だ。

私は想像してしまう。

もし、死刑執行後でなく、執行前にこうした判断がなされていたら、結果はどうだったろう？　ＤＮＡ型鑑定という証拠が「引き算」されていても、法務大臣は躊躇《ちゅうちょ》なく死刑執行命令書に判子を押したろうか。

弁護団が「結論ありきの決定だ」とするのも、ゆえないことではないのではないか。

さらに言えば。

死刑執行後に有罪の証拠からＤＮＡ型を消す——それは、真犯人の可能性を示すあの「41-46」というＤＮＡ型もまた、葬り去るということだ。科警研のでたらめな鑑定の連鎖を断ち切るため、司法自ら、「爆弾」の信管を抜き取ったということなのか。

久間氏の妻と弁護団は福岡高裁に即時抗告した。

私は昨年の冬、韓国のソウルに行った。

飯塚事件の取材でずっと感じていたのは、死刑というものの強烈な閉鎖性だった。第一〇章で「墨塗りの書類」に触れたが、起案から執行まで、全《すべ》ては密室で行われている。過去に東京拘置所の刑場が公開されたことがあるが、私は見ていない。普通の人間にとっては、刑場という建築物さえ分厚いベールに包まれているのが死刑という制度だ。

そのもどかしさから、かつて上空からヘリで刑場を撮影しようとしたことがあった。旧東京拘置所の一隅に一戸建ての建物があり、それが刑場だという。鬼門と呼ばれる丑寅《うしとら》の方角、北東に位置する小さな建物では、「連続婦女暴行殺人事件」の大久保清など幾人もの死刑囚が刑を執行された。私は高高度からそれをファインダーに収めたが、密室の内部がどうなっているかは想像するしかなかった。

ところが意外な場所で、その答えを知ることになった。それがソウルなのである。西大門《ソデムン》刑務所跡。頂に白い岩肌を見せる山の麓《ふもと》に、赤茶色の煉瓦《れんが》塀と古い建物が並んでいた。現在は歴史館として内部が公開されており、朝鮮独立を目指した運動家達を幽閉した真っ暗な独房や拷問《ごうもん》室、煉瓦塀で扇状に仕切られた運動場なども見ることができる。日本の古い刑務所とそっくりだ……と思ったが、それも当然だ。かつて日本が植民地支配した時代に「京城監獄」として開所したものだからだ。片隅に、塀で隔てられたエリアがある。撮影禁止となっていたその一戸建ては、かつて私が撮影した建造物とそっくりだった。

まさに刑場。

十字の桟がついた上げ下げ窓からのぞき込んだ内部は下見板張り、木製の祭壇が設《しつら》えられていた。検事や所長が座るのだろう、茶色い長椅子《ながいす》がある。目線の先には小さな舞台のような場所、その中央には一メートル四方の四角い踏み板。

頭上に、輪になった白いロープ──。

裏手に廻った。滑車から延びた締め縄が、壁の金具に巻き付けられていた。死刑囚の身長に合わせて長さの調整をしたのだろう。そして、床から突き出ていたのは、一本の木製レバー。黒光りする握りの部分は、そのレバーが何度となく使われたことを物語っていた。ここで、何人の人間が死刑を執行され、そのうち何人が無実のまま露と消えたのだろうか。


「飯塚事件」に関しては、本書に対して〝何者か〟による奇妙な反応があったことも付記しておこう。ネット上に、〈久間は絶対にクロ〉〈判決文を読めば間違いなく真人だと分かる〉、というような匿名《とくめい》の書き込みが多数行われた。すべて、「足利事件は冤罪《えんざい》だが、飯塚事件はそうではない」という主張である。判決文まで延々と引用し、DNA型鑑定などに疑問を呈する記事や書き込み（もちろん私の著作を含む）があると、名指しで批判していた。

言葉遣いは特徴的で、「推定無罪」「誘導」「供述調書」「一審判決と二審判決の評価」といった専門的な用語が多く、どうやら刑事裁判に精通している人物らしい。本書の「北関東連続幼女誘拐殺人事件」部分についてはべた褒めなのに、「飯塚事件」関連の記述に対してだけはその攻撃が熾烈《しれつ》になるので、「なんなのだろう」と私も不審だった。調べてみると、複数の書き込みに使われたパソコンのＩＰアドレスは同一。更に調べていくと、そのＩＰアドレスから接続されたサイトも分かった。福岡県関連サイトが多い。どうやら、「飯塚事件」に利害関係のある、司法分野の〝何者か〟であるようだ。何が特定できたかこれ以上は書かないが、水面下で懸命に防戦する人物が存在する――という事実は、この事件の根の深さを私に痛感させたとだけは記しておこう。

また、本書への意見ということでは、例えばルパンについて触れた部分でさまざまな声を聞いた。ルパンとはいったい誰なのか？　どこに住んでいる男で、どうやってこの人物に辿《たど》り着いたのか？　この男の属性について、もっと書けることがあったのではないか？　等々といったことだ。

執筆段階から、そんな声が上がるであろうことは私も十分承知していた。これが小説であるならば確かに外せないディテールだろうと思うし、私にとっても、何よりこの部分にこそ「ルパン真犯人説」の強い心象が存在する。実は私が一番書きたかったことは、そういった場面だったのだとすら言える。

なぜそれを外すことになったのか。本書の成り立ちを踏まえて説明しておきたい。

本書が事件ノンフィクションでありながら、事件の「本記」に加えて、事件の「側面」や「その後」、「記者自身の行動」にもページを割いたのは、日々流れているニュースの裏側には、実は多くの情報が埋没していることを知ってもらいたかったからだった。

例えば、報道では、情報源や取材方法を曖昧《あいまい》にする場面が多々ある。「関係者によれば……」というスタイルだ。情報の受け手にしてみれば、「関係者」など、出処不明で危うげに映るかもしれないが、取材源秘匿の原則に従っている。常に情報源が明らかになってしまうのであれば、不利を承知で情報を明かす人間はいなくなってしまう。だからこそ「関係者」の属性はすべて剝《は》ぎ取られて報じられるのだが、実際には、血も肉もある人間に直接当たってわれわれは話を聞いている。報道人の一人として言わせてもらえば、この原理原則を忘れて〝嘘《うそ》〟を垂れ流すメディアなどない。ないと信じたい。

本書では、一般的な報道では語られることのない、どんな手段で取材対象を探し出し、どう説得し、どんな状況で報じたか……といったことまで詳細に記した。これは、当局が関知しない、すなわち「担保」がない報道では、取材の裏舞台もできる限り公開しておいた方がよいと判断したからだ。必然的に、前著『桶川ストーカー殺人事件』同様、本書もまた「私」という一人称で書くこととなった。言い換えれば、この「北関東連続幼女誘拐殺人事件」報道は、「私によれば」という責任負荷型の報道ということになる。

だからこそ、書くことを思いとどまらざるを得なかった場面が多々ある。

私は裁判官ではない。検察官でも警察官でもない。一ジャーナリストだ。個人を特定できるような報道を私自身の判断で行えば法に問われることもあるかもしれない。その大前提を踏まえて、私としてはプライバシーに配慮しつつも、最大限の情報を本書で伝えたつもりだ。だが、それでもルパン到達の詳細経緯は公表できなかった。公表すれば当然、同業他社の記者もトレースが可能となる。本来なら、他社からの援護射撃は望ましいことだが、ルパンは当局が認めていない人物だ。当局の担保が得られぬ記者は、どう行動すると予測できるか？

「今は報じられないが、事件が弾《はじ》けた時のために取材しておこう」「映像だけでもおさえておくか」と、及び腰のまま取材現場に到達することとなる。だが、担保がないため、当局が動くまで報道そのものは封印されるだろう。現場が荒らされるだけの取材活動が繰り広げられる可能性が高い。実際、朝日新聞のとある記者は、私を訪ねて来て「必ず報じます」と取材協力を取り付け、相当量の取材をしたが、それっきりだ。「広く真相を知らせるべきだ。一人で真実を抱え込むなど、記者のエゴだ」という声もあるかもしれない。

だが、さらに大きな問題が生ずる可能性がある。このネット社会、事件に興味を抱いた「個人」が独自に動く可能性だ。この事件で人々の興味の焦点の一部が、「ルパンとは誰なのか?」という点にあることは、例えばインターネットの検索エンジン履歴を見ればわかる(〈足利事件　真犯人　ルパン〉などが上位に並んでいる)。もし男の素性が明らかになるような書き方をすれば、情報の一人歩きが懸念《けねん》される。実名の公開や、考えたくもないが、「私刑」というおぞましい事態を招かぬとも限らない。

報じるということは怖ろしいことだ。人の運命を左右しかねない。だからこそ大手の報道機関は、当局の発表を担保したがる。

私はこの事件では、あいにくと、担保なしの「責任負荷型」の報道を行うことを選択した。だからこそなおさら、どれ程世間に関心を抱かれようとも、どれだけ私自身が報じたくとも、報じられることと、報じてはならぬことの線引きは厳密に行いたかった。

＊

最後になってしまったが、孤立無援の思いに何度も駆られながらも、取材を続けられたのはやはり関係者の皆様のおかげである。また、本書を応援してくださった多くの方々。志を共にして頂けたようでなんと心強かったことか。すべての皆様に御礼を申し上げたい。また、今回の文庫化にあたっては、新潮社新潮文庫編集部の岑裕貴氏にお世話になった。感謝とともに記しておきたい。

菅家さんが出所した、あの日の千葉刑務所の喧騒《けんそう》を思い出すことがある。頭上を舞うヘリの轟音《ごうおん》、待ち構える報道陣の熱気、痩《や》せた菅家さんと握り交わした手の感触……。

あれから確実に、時は流れた。

自由の身となった菅家さんは、冤罪を訴える人々の支援のため、日本中を駆け回っている。出所直後の大人しい様子からは考えられない程に、今ではたくましくなり、力強くマイクを握って自身の体験を伝えている。

だが、ゆかりちゃんの行方は今もわからない。

折に触れて被害者遺族の方々と接すれば、消えない悲しみが私の胸を刺す。

ルパンは相変わらず、パチンコ台に向って玉を弾いている。

確かに、事態は何ら動いていないかも知れない。

断腸の思いとしか言いようが無い。

だが、これだけは言っておく。

どれだけ時が流れようと、私は事件から目を離すつもりはない。

二度と起こってはならぬことを、決して起こさせぬこと。

それだけが事件報道の唯一《ゆいいつ》の存在価値であると信じ、私は事件記者として、現場に赴き、取材し、報じる。しつこく、粘り強く――。

それは、決して変わらない。

清水　潔

二〇一六年三月

解説――「真犯人」の存在を明らかにした〝調査報道のバイブル〟

牧野　洋

徹底した「調査報道」のスタイル

調査報道のバイブル――。本書を読み終え、こんな表現がぴったりではないかと思った。

正直に言うと、民放テレビ業界については「そこは報道ではなくエンターテインメントの世界」と見下していた。そのため、メディア業界を取材するなかでも、ジャーナリズムという視点からこの業界を観察したことがなかった。本書の著者が民放テレビ局の記者だと知り、自分の無知と思い込みを恥じた次第だ。

本書は、足利《あしかが》事件をはじめ北関東で起きた一連の事件を「北関東連続幼女誘拐殺人事件」としてとらえ、真犯人「ルパン」に迫るルポだ。すでにテレビ報道を見たり雑誌記事を読んだりして、この事件の概要を知っている人も多いだろう。だが、一つの物語としてまとめて読むべきである。

なぜなら、事件の大きさはもちろんのこと、ジャーナリズムが本来担《にな》うべき機能について考えさせられるからだ。著者は事件の全容を描きつつ、自分自身が職業ジャーナリストとしてどう行動したかについても克明に記している。本書は読み物として第一級であると同時に、「公益に資する報道」とは何かを考えるうえでも秀逸なのである。「殺人事件について記者が興味本位で書いたエンターテインメント作品」と思ったら大間違いだ。

著者の清水潔氏は、「桶川《おけがわ》ストーカー殺人事件」を扱った『遺言──桶川ストーカー殺人事件の深層』（二〇〇〇年新潮社刊、現在は『桶川ストーカー殺人事件──遺言』に改題し、新潮文庫）で見せた調査報道のスタイルをここでも貫いている。警察や検察など「官」からの情報をそのまま信用することはない。公的な文書であっても、である。たとえば清水氏はこう書いている。

〈私自身を納得させるためには、はっきりとした根拠を探し続けるしかない。新聞記事や関連記録、報道資料に起訴状、冒頭陳述書、判決文の写しなど、あらゆる資料に当たる。（中略）どんな資料も鵜呑《うの》みにしない。警察や検察の調書や冒頭陳述書は被告人を殺人犯として破綻《はたん》がないように書かれている〉

「一番小さな声を聞け」

大量の公開情報を入手し、徹底分析するのは調査報道の王道だ。そこから矛盾点を探し出し、権力側が何か隠していないかヒントを得るのである。ウォーターゲート事件などで調査報道の伝統がある米国では、「今時のジャーナリストは回帰分析ぐらいできないとダメだ」（米コロンビア大学ジャーナリズムスクールのニコラス・レマン前学長）と言われるほどデータ分析能力が重視されている。

次も本書からの引用だ。足利事件を語る文脈で出てくる。

〈「一番小さな声を聞け」――。それは私の第一の取材ルールであり、言い方を換えれば「縛り」とすら言えるものだ。この事件ならそれは四歳で殺害された真実ちゃんの声であり、その代弁ができるのは親しかいない〉

「小さな声」とは、言い換えれば非権力側である。調査報道では権力側と対立する内部告発者の声に耳を傾け、権力側の不正を暴《あば》くケースが多い。ウォーターゲート事件では、ワシントン・ポスト紙の記者が「ディープスロート」と呼ばれる内部告発者とパイプを築き、当時のニクソン政権の不正を明らかにした。

清水氏は、捜査当局と実質的に二人三脚で動くマスコミについても手厳しく書いている。

〈マスコミが「お上」という「担保」によりかかってしまい、右から左に情報を流すだけになってしまったらどうなるか。実際、現場にも行かず、容疑者や遺族と会ったこともない捜査幹部から、記者が話を聞くだけ、という「伝聞の伝聞」取材もあるのだ〉

調査報道と聞くと、何やら小難しい話ばかり出てくるのではないかと思う人もいるかもしれない。本書ではそんな心配は無用だ。清水氏は取材の手の内を明かしながら臨場感あふれる筆致で物語を展開していく。読者も一人の記者になった気持ちで引き込まれ、最後まで一気に読み進めることができる。

杜撰《ずさん》なＤＮＡ型鑑定と「警察広報紙」

清水氏の調査報道が大きな威力を発揮したのが足利事件だ。同氏は独自取材によって冤罪《えんざい》の可能性を浮き彫りにし、警察など巨大権力と対立。ついには、無期懲役囚として十七年半も服役していた菅家利和《すがやとしかず》氏の釈放を実現させることに成功した。まさに公益に資する報道だ。米国ならば、ジャーナリズム最高の栄誉であるピュリツァー賞の中でも最も格が高い「公益」部門の受賞作に選ばれてもおかしくない。

タイトルが「殺人犯はそこにいる」となっているのは、菅家氏が釈放されたのにいまだに真犯人が野放しにされたままになっているからだ。警察が真犯人を捕まえると、菅家氏有罪の決め手になったＤＮＡ型鑑定のミスを認めることになり、ほかの事件でも冤罪が発覚しかねない——これが警察が動かない理由かもしれないのだ。

ＤＮＡ型鑑定をめぐる攻防は本書の中でもとりわけ生々しい。これほどいい加減なＤＮＡ型鑑定が行われていたのかと愕然《がくぜん》としてしまうのだが、菅家氏逮捕を伝える新聞紙面はまるで「警察広報紙」である。何しろ「指紋制度にならぶ捜査革命」（読売新聞）などと報じていたのだから。

殺人罪などで服役していた無期懲役囚の無実を明らかにする証拠を示し、釈放させたとすれば、文句なしの大スクープとして胸を張れる。ならば、すでに死刑が執行されている事件で冤罪の証拠を示し、司法当局に認めさせたらどうか。「日本を動かす大スクープ」と言ってもいいだろう。本書に何度か出てくる「日本を動かす」というフレーズは大げさに聞こえるかもしれないが、決してそうではない。

一つの報道がもつインパクト

本書は、一九九二年に福岡県飯塚《いいづか》市で起きた幼女殺人事件「飯塚事件」についても一章を割き、冤罪の可能性を示唆《しさ》している。同事件では足利事件と同様にDNA型鑑定が決め手になり、死刑判決を受けた男性の死刑はすでに執行されている。本書が示す疑問点を目《ま》の当たりにすると、「ひょっとしたらこれも冤罪では……」と思わずにはいられない。

清水氏は本書の中で「私はそもそも冤罪報道に興味はない。狙《ねら》いは最初から許し難い犯罪者だ」と書いている。理不尽にも五人の幼女を誘拐したり殺害したりした「ルパン」を捕まえることに狙いを定めてきたというのだ。

確かに真犯人が野放しになっているのは大問題だ。これでは人々は安心して生活できない。だが、本書を読めば分かるように、日本には冤罪事件がこれまでも起きてきたし、これからも起きるかもしれない構図がある。これは日本社会に深く根ざしたシステム上の問題である。このシステムを変えない限り、仮に今回「ルパン」を捕まえることができたとしても、「第二のルパン」「第三のルパン」が現れるのではないか。

ここで留意しておきたい点が一つある。そもそも清水氏の報道がなければ、菅家氏は今でも刑務所の中におり、「ルパン」の存在についても誰も知らないままだったかもしれないということだ。「ルパン」を生み出すシステムを変えるうえで、報道は大きなインパクトを持つというわけだ。

国民にとって重要でありながらも、永遠に闇《やみ》に葬《ほうむ》り去られかねないニュースを掘り起こす——これこそ報道機関の根源的な役割であり、職業ジャーナリストとしての清水氏の立ち位置でもある。

スクープの四形態

米ニューヨーク大学教授でジャーナリズムの論客ジェイ・ローゼン氏によれば、スクープには四形態ある。清水氏による足利事件報道は、第一形態の「エンタープライズスクープ（発掘型スクープ）」に該当する。調査報道と同義と考えていい。ローゼン氏は次のように定義している（引用元はローゼン氏のブログ「パブリック・ノートブック」の二〇一二年四月二十日付記事）。

〈これは記者が独自に掘り起こしたニュースであり、記者の努力がなければ決して明らかにならなかった特報のこと。典型例は「CIAはテロ容疑者を秘密収容所に監禁」。デイナ・プリーストによるスクープだ。彼女がスクープしなければ、われわれは今もブラックサイト（CIA秘密収容所）の存在を知らないかもしれない〉

デイナ・プリースト氏とは、米ワシントン・ポスト紙のスター記者である。同氏は、非合法に拉致《らち》したテロ容疑者を拘束するために中央情報局（CIA）が世界各地に設置した秘密収容所「ブラックサイト」の全貌《ぜんぼう》を明らかにしたことで、二〇〇六年にピュリツァー賞を受賞している。

ローゼン氏は第四形態の「ソートスクープ（思考型スクープ）」とともにエンタープライズスクープを高く評価し、「これこそ本来のスクープであり、特ダネを狙うときにすべての記者がお手本にしなければならない」と強調している。ちなみに、ピュリツァー賞最高格の公益部門ではエンタープライズスクープが常連だ。

では、日本の報道界ではどんなスクープが主流なのか。スクープ四形態のうちの第二形態「エゴスクープ（自己満スクープ）」である。次もローゼン氏による定義だ。

〈エゴスクープの特徴は放っておいてもいずれ明らかになる点。何もしなくても発表されるニュースであるにもかかわらず、それを誰よりも早く報じようとしてしのぎを削っている記者がいる。読者の立場からすれば、誰が初報を放ったのかはどうでもいい話であり、こんなスクープの価値はゼロである〉

特徴が「放っておいてもいずれ明らかになるニュース」であるから、事件報道であれば「警察はあすにもA氏を逮捕」といった報道が典型的なエゴスクープになる。ローゼン氏は「エゴスクープを放って喜んでいる記者は、公益とはまったく関係ない世界に身を置いて自己満足しているだけ」と手厳しい。

エゴスクープは「日本版ピュリツァー賞」とも呼べる新聞協会賞を受賞することもある。朝日新聞による「紀宮《のりのみや》さま　婚約内定」や日本経済新聞による一連の巨大合併スクープが代表例だ。厳密には巨大合併スクープは第三形態の「トレーダーズスクープ（業者型スクープ）」なのだが、ここでは議論単純化のためエゴスクープに含めておく。

一貫して市民目線

足利事件など「北関東連続幼女誘拐殺人事件」で登場するエゴスクープは、警察情報に頼った報道だ。警察がいずれ発表する情報を誰よりも早く入手するには、警察に気に入ってもらわなければならない。警察の〝宣伝〟になるような記事を書かなければ、エゴスクープをモノにできないというわけだ。

たとえば、菅家氏逮捕直後の読売新聞には次のようにも書かれていたという。

〈菅家容疑者　ロリコン趣味の四五歳〉

〈〝週末の隠れ家〟借りる〉

〈この「週末の隠れ家」には、少女を扱ったアダルトビデオやポルノ雑誌があるとい い、菅家容疑者の少女趣味を満たすアジトとなったらしい〉

これは警察側の説明をそのまま垂れ流した誤報である。清水氏自身が自分の足を使って確かめ、当時の報道がいかにゆがめられていたか本書の中で明らかにしている。記者クラブに常駐する記者が書く「記者クラブ報道」は警察寄りの報道であり、清水氏が重視する「小さな声」を無視していたのだ。この場合、「小さな声」とは菅家氏本人や菅家氏の友人らの声のことだ。

記者クラブがない米国では、報道現場で記者は「市民目線」を保つよう口を酸《す》っぱくして指導される。市民目線の報道は、英国人作家でジャーナリストのジョージ・オーウェルが残した名言「権力が報じられたくないことを報じるのがジャーナリズム。それ以外はすべて広報」の延長線上にある。

清水氏はまさに「権力が報じられたくないことを報じる」ジャーナリストだ。日本の大新聞については「警察や検察との対立事案について、まさにその警察や検察の言い分ばかり報じるのは本当に解《げ》せない」と書いている。記者クラブに属さず、いつも「小さな声」に耳を傾ける同氏の目線は一貫して市民目線だ。

本書と前作『遺言』で清水氏が見せた調査報道は、事件報道に限らずあらゆる分野の報道に適用できる。「小さな声」はどんな分野にも必ずある。事件報道であれば「警察ではなく市民」、政治報道であれば「政府ではなく納税者」「政治家ではなく有権者」、経済報道であれば「大企業ではなく消費者」「経営者ではなく労働者」の声を聞けばいいのだ。ちなみに、記者クラブは権力側にばかり配置されているため、たとえば「財政研究会（財務省の記者クラブ）」はあっても「納税者記者クラブ」はない。

調査報道で日本は変わる

調査報道では、発表報道とは比べものにならないほど時間と労力が必要とされる。

にもかかわらず、「北関東連続幼女誘拐殺人事件」では、清水氏は多い場合でもせいぜい数人のチームで真犯人に迫っている。

片や日本の大新聞は、一社当たりで千人以上の記者を抱えている。大半を記者クラブから解放し、市民目線に軸足を置いた調査報道に従事させたら、どんな変化が日本に起きるだろうか。「これでは日々の官庁発表モノを処理できない」とぼやくメディア幹部が出てくるかもしれないが、発表モノは通信社に任せておけばいい。清水氏級の調査報道記者が何十人、何百人と現れたら、それこそ「日本が動く」のではないか。

私は二〇一四年夏に清水氏に会い、そんな思いを一層強めた。私が非常勤講師を務める早稲田大学ジャーナリズムスクールに同氏をゲスト講師として招いたところ、調査報道をめぐって議論が盛り上がり講演は大盛況になった。

教室で清水氏を待っていたのは、日本、中国、台湾、シンガポールなど国際色豊かな大学院生九人。このほか現役のジャーナリストや編集者、さらには高校生による勉強会「高校生が考える未来のジャーナリズム」を運営する女子高校生も話を聞きに来た。当初予定の一時間半を超えても質問が相次ぎ、その後の夕食会でも清水氏の話に熱心に耳を傾ける院生らの姿があった。

個人的に最も印象に残ったのは、質疑応答の最後だ。高校生が「日本に調査報道を根付かせるにはどうしたらいいですか？」と質問したところ、清水氏は「記者クラブなどのシステム的な問題で、記者は大量の情報に溺《おぼ》れているから、そこから別の方向へ進むことがなかなかできない。そんな環境を変えていくのは簡単ではない」としながらも、次のように答えたのである。

「ここにこれだけの人がいます。みんなが『調査報道は大事だよね』という意識を共有できれば、それが第一歩。みんながいろんな場所に散って、いろんな立場で少しずつでも調査報道をやっていけば、世の中を変えることができるかもしれない」

これまでは日本の報道機関が調査報道をやろうにも、調査報道のスキルを備えた人材を育ててこなかったから、右往左往するのがオチだった。調査報道を体系的に教えるためのジャーナリズムスクールもなかったし、教科書もなかった。だが、これからは違う。『殺人犯はそこにいる』という〝バイブル〟を一つの指針にすればいいのだから。

（二〇一六年二月、ジャーナリスト）

「フォーサイト」二〇一四年二月二十一日付記事に加筆した。

この作品は平成二十五年十二月新潮社より刊行された。

新潮文庫の新刊

宮島未奈著
成瀬は天下を取りにいく
R-18文学賞・本屋大賞ほか受賞
中二の夏を西武百貨店に捧げ、M-1に挑み、二百歳まで生きると堂々宣言。最高の主人公・成瀬あかりを描く、圧巻の青春小説!

畠中恵著
いつまで
場久と火幻を助け出すため、若だんなが「悪夢」に飛び込むと、その先は「五年後の江戸」だった! 時をかけるシリーズ第22弾。

千早茜著
しろがねの葉
直木賞受賞
父母と生き別れ、稀代の山師・喜兵衛に拾われた少女ウメは銀山で働き始めるが。生きることの苦悩と官能を描き切った渾身の長編!

重松清著
答えは風のなか
いいヤツと友だちは違う? ふつうって何? あきらめるのはいけないこと? 〝言いあらわせなかった気持ち〟が見つかる10編の物語。

田村淳著
母ちゃんのフラフープ
「別れは悲しい」だけじゃ寂しい。母親との希有な死別をもとにタレント・田村淳が綴る大切な人との別れ。感涙の家族エッセイ。

川上和人著
鳥類学は、あなたのお役に立てますか?
南の島で待ち受けていたのは海鳥と大量のハエ? 鳥類学者の刺激的な日々。『鳥類学者だからって、鳥が好きだと思うなよ。』姉妹編。

殺人犯《さつじんはん》はそこにいる

隠蔽された北関東連続幼女誘拐殺人事件

新潮文庫　し－53－2

平成二十八年六月一日　発行
令和　七　年六月二十日　二十九刷

著者　清《し》水《みず》潔《きよし》
発行者　佐藤隆信
発行所　株式会社新潮社
郵便番号　一六二―八七一一
東京都新宿区矢来町七一
電話　編集部(〇三)三二六六―五四四〇
読者係(〇三)三二六六―五一一一
https://www.shinchosha.co.jp

価格はカバーに表示してあります。

乱丁・落丁本は、ご面倒ですが小社読者係宛ご送付ください。送料小社負担にてお取替えいたします。

印刷・株式会社光邦　製本・株式会社大進堂

ISBN978-4-10-149222-3 C0195